江氏操盘手
Jiang Shi Cao Pan Shou

趋势为王

波段操作利器

（修订本）

—— 江海 著 ——

四川人民出版社

图书在版编目（CIP）数据

趋势为王：波段操作利器 / 江海著. —2版（修订本）. —成都：四川人民出版社，2019.5（2024.9重印）
（江氏操盘实战金典）
ISBN 978-7-220-11317-8

Ⅰ.①趋… Ⅱ.①江… Ⅲ.①股票交易-基本知识 Ⅳ.①F830.91

中国版本图书馆CIP数据核字（2019）第053486号

QUSHI WEIWANG BODUAN CAOZUO LIQI
趋势为王：波段操作利器
江 海 著

出 品 人	黄立新
策划组稿	王定宇
责任编辑	王定宇
装帧设计	李其飞
责任校对	何佳佳
责任印制	祝 健
出版发行	四川人民出版社（成都三色路238号）
网　　址	http://www.scpph.com
E-mail	scrmcbs@sina.com
新浪微博	@四川人民出版社
微信公众号	四川人民出版社
发行部业务电话	（028）86361653　86361656
防盗版举报电话	（028）86361653
照　　排	四川胜翔数码印务设计有限公司
印　　刷	成都蜀通印务有限责任公司
成品尺寸	185mm×260mm
印　　张	15.5
字　　数	250千
版　　次	2019年5月第2版
印　　次	2024年9月第10次印刷
印　　数	46001-51000册
书　　号	ISBN 978-7-220-11317-8
定　　价	49.00元

■版权所有·侵权必究

本书若出现印装质量问题，请与我社发行部联系调换
电话：（028）86361656

证券投资的新篇章

北京大学中国金融研究中心证券研究所所长　吕随启

我与江海老师相识已经7年，他在股市中的投资经验已16年有余，拜访过十几位中国股市中的前辈，跟随其在股票投资上的授业恩师8年，加上自己的自律、勤奋，因此在证券投资上取得了非凡的造诣。从2011年到今年一路走来，2011年7月20日、2011年10月17日、2014年7月24日、2015年6月12日……大盘每次的变盘点都能够提前做出精准预判。

我们早在几年前就有约定，如果江海老师出版股票投资的书籍，我一定会为他作序。因为我见证了中国股市一次又一次的涨涨跌跌起起落落，见证了中国股民在这条道路上所走的弯路，甚至有的人走向了万劫不复的深渊，伤害了自己、伤害了家庭、伤害了周围的朋友。江海老师愿意将他所学、所知、所悟向中国股民公开，对于整个证券市场都是值得庆祝的好事。而且更让我欣慰的是，江海老师会将其所学的证券投资知识通过江氏交易天机系列丛书的方式毫无保留地向读者公布出来。

曾经和江海老师开玩笑时问道：你的这套交易体系已经足够让您轻松地在这个市场中如鱼得水甚至平步青云，为什么还整天不辞辛苦地奔波于全国各地讲课，每天工作时间都超过14小时？他回答：我个人以及我的家庭在这个市场中都不会为财富发愁，我也可以通过我的财富去帮助更多需要的人，但是授人以鱼不如授人以渔，凭一己之力又能帮助多少人呢？我愿意通过讲课的方式将我们交易体系的知识传授给有缘人，愿意帮助他们在这个市场中成长：一方面是将我们交易体系的知识进行传承，成就更多的人一起把爱传递开来；另一方面"法布施得智慧"，生命不息、学习不止，这是我的人生信条，也是我愿意站在讲台上的原因，为证券投资传经布道，启迪他人，修炼自己。

中国证券市场还在不断发展和完善的过程中，上市公司的数量会不断增多，交易规则会不断完善，投资的难度越来越大，如果不通过有效的学习把自己变得更加专业，就很可能让自己变成任人宰割的羔羊。江氏交易天机的整套书籍在经典技术分析的基础上，充分结合了A股市场的特性，从多方位对股票价格的运行进行分析，而且充分考虑到不同水平投资者的需求，从浅入深，充分结合案例进行深度解读。证券投资不是一招一式就能做到稳定盈利的，一定是在对技术有了全方位的研究之上，熟悉了股价运行的结构和逻辑后，才能够"悟"到的，更不是按照自己的思维方式去预测股价。在丛书中，作者会经常提到主力思维的重要性，培养散户要养成这种思维方式，建立自己的交易模型，并且需要严格去执行，不去妄测市场，而是要跟随趋势。

K线是证券投资的基础，是进入证券市场的第一堂课，《买在起涨》对各种K线形态进行了量化的定义，每个形态背后多空资金是如何博弈的，散户的思维方式和主力的思维方式有何不同，同一个形态在股价运行的不同位置出现时的不同含义是什么等问题，都进行了深度解读。在传统的技术分析中，从K线图中只能解读到高开低走有限的信息，《买在起涨》颠覆了这种红买绿卖表象的分析方式，而是从多空博弈的角度解读了股价运行的逻辑。

涨停板是最吸引投资者的一种股价快速上涨的技术形态，因为它可以带来最丰厚的投资利润。从统计学和概率论的角度上来说，风险和收益之间是对称的，获得更大的收益要面临更大的风险，但是对于理解股价运行逻辑的人来说，好的投资机会一定是承受小的风险的同时能够带来更大的收益。《涨停聚金》是针对不同位置的涨停板进行透彻分析，深度剖析什么位置的涨停板最具有小风险大收益的投资机会。

趋势是打开证券交易的一把钥匙。这把钥匙在这个市场中已经传递了近百年，但是能够正确使用这把钥匙打开证券投资这把锁的人却屈指可数。每一位能够正确使用这把钥匙的人都付出了无数的努力和辛酸，所以都不会轻易讲出它的核心在哪里，更不愿意将其公之于众。《趋势为王》是我读过的证券投资类书籍中关于趋势、波段讲解比较透彻的一本，它将道氏理论、波浪理论、时间周期理论等多种定性的理论进行定量分析，一层一层地揭开了股价运行的内部结构，是能够实现投资者同市场进行对话的一本难得的好书。

虽然盘口是股票交易中的最小单位，但是它决定了任何一种行情机会的转变，更是主力资金同散户进行互动的最直接的"战场"。投资者经常以为能够从盘口中看出当下的主力是在建仓、拉升还是出货，但是结果却是事与愿违，股价的真实方向和判断的主力意图是相反的。这就要上升到人性和博弈层面上，并且切实地结合股价运行的位置要素进行综合分析，才能准确地发现主力运作目的。这是市场上众多盘口书籍不能解决的问题，却正是《庄散博弈》这本书最大的亮点。

均线对于交易的辅助作用非常大，但是均线的参数该如何设置，不同的均线参数会直接决定交易的结果。实际上均线和K线的阴阳一样，只代表市场运行过程中的一种表象，均线背后的真实意义才是最具有研究价值的。《黑马在线》立足于从面到点，从整体到局部的分析方式，建立了均线分析之前的位置要素分析模式，跳出"均线参数"的谜团，更注重主力行为和趋势的分析，回归价格结构的本源分析。

本人对《价值爆点》的感触最大，证券市场不仅有股价的起起落落，更有其背后人性上的明争暗斗。西方传统的价值投资经典在A股上难免水土不服，但是有理论支撑的基础上再结合A股的特色，更容易形成一套战无不胜的交易系统。如果说江氏操盘经典系列的其他书籍偏向于对"术"层面上的讲解，那么《价值爆点》则是百尺竿头将整个体系的投资精髓晋升到了"法"和"道"的层面上。

我对国际金融研究得比较多，中国的金融市场和证券市场正在蓬勃发展，严格监管更是为它的健康发展提供了新的机遇，在这个过程中会有无数优秀的投资个体、投机机构快速发展。《江氏交易天机》一定会为想在中国证券市场快速发展的进程中取得优异成绩的您插上双翼，助您快速起航、搏击证券投资的苍穹。

2017年6月1日

前 言

投资既是一门科学又是一门艺术，它有着自然科学的客观规律，也有着无法用自然科学解释的反人性思维。

当你把投资理解为某种现象+某种现象+……=盈利时，已经误入歧途；

当你把投资理解为找到老师就是找到大树时，已经误入歧途；

当你把投资理解为它必然存在着盈利的圣杯时，已经误入歧途……

投资是一种修行，市场时刻在变，也就要求我们能够带着一颗"求变"的决心缓慢前行。江氏操盘出版的书籍已经超过了10册，没有一本书告诉投资者股票交易是非常容易的，不是看了某本书、上了某堂课就可以财富倍增的，而是一再向大家强调守住本金和要求大家不断学习、精进才会成为市场的寿星。

趋势作为万事万物中都无法脱离的一种规律、一种天道，也存在于投资中，这也是我们江氏操盘要求每位投资者必须懂得趋势、遵循顺势的原因。

有一对双胞胎一起大学毕业，一个加入腾讯，一个进入餐饮管理公司。

几年之后，去腾讯的那位已经是年薪百万，而且满街都是要挖他的猎头。去餐饮管理公司的那位，因为行业早已饱和了，他曾经寄托理想的整个产业已经在金字塔顶端，一切都需要重来。

双胞胎的素质或者能力相当，为什么差异会这么大？核心问题是这两个单位所附着的经济体，一个在快速崛起，一个在日落西山。

这个现实生活中的案例道出了选择不同的趋势方向取得的截然不同的两种结局。在A股的交易过程中依然存在这样的问题，一旦买到了下降趋势中的股票是很难获得收益的，同时却要承担更大的风险，但是买到了上升趋势中的股票则不然，更多的是享受到股价在上升趋势中所带来的红利。

趋势为江氏操盘的核心所在，所有的分析方法都是为趋势服务的。没有趋势存在，市场就没有机会；没有趋势存在，交易就没有盈利。关于趋势，我总有说不尽、道不完的内容，它是我同市场有深度连接的工具，是我在资本市场中有今天的成就的前提。在江氏交易天机中，有4个关于趋势的课程，总的授课天数达到19天9夜，但是依然不能穷尽我对趋势的理解和认知。尤其在2018年A股持续下跌的行情中，各媒体均见证了我对下降趋势的坚定，这让无数投资者避免了大幅亏损。

有人说，任凭市场中各路枭雄角逐，只有在2018年坚定看空的才是股神。面对这样的评价，我有的是对江氏操盘整个体系的感恩，因为这套技术让我们具备了帮助亿万投资者的能力，因为这套技术能够让迷途的投资者重新走向投资正路。

《趋势为王》从2016年上市以来得到了各方投资者的一致好评，更成为西南财经大学MBA金融学院的教材。但是因为市场时刻在变化，知识要随着市场的变化不断更新换代，修订版的《趋势为王》在原版的基础上添加了更细致的案例讲解，以帮助投资者更好地理解趋势。

江氏交易团队坚守要成为"守望和保护中国亿万散户投资者"的责任和使命，决定将本书修订出版。开卷有益，欢迎踏上证券投资进阶的大道！

2019年2月11日

小 序

我是江氏操盘006号弟子,从2015年开始至今4年一直跟随恩师江海学习江氏操盘体系,现在是江氏操盘王牌讲师,同时也是趋势实盘训练导师。

深耕的4年

《趋势为王》是我学习的第一本书,帮我实现了在证券市场从小学向大学进阶的过程,对价格的运行规律有了深度认知才明白为何"三分技术、七分博弈",为何亏钱亏在了散户思维上、唯有建立主力思维才是走向盈利的开始。

投资东方通信(600776):从其10倍的强势上涨过程中,看到的不应该只有每天的涨停板,学习让我懂得什么时候有出货的痕迹、什么时候有新的游资进场的痕迹,从而找到与强者为伍的机会。

投资人民网(603000):作为以人民日报社为实际控制人的新时代互联网公司,在科技股王者归来之时,它成为互联网行业摇旗呐喊的先锋。通过对其趋势的学习,我懂得了随着趋势级别的变大,股价创新高意味着稳健性的买点的形成,此时不该望而却步。

为人处世,需要的是活得明白;股票交易,需要的是亏得清楚、赚得心安。跟随江海老师学习的4年里,我认真阅读了老师几百万字的交易笔记和大量经典案例截图,收益颇丰,对老师的投资智慧有了更深的领悟。

见证的4年

跟随老师一路走来,我见证了江氏操盘课程体系逐步完善——30个课程,构成了足以应对市场牛熊变化、识别资金属性的知识体系;见证了江氏操盘学员队伍的不断壮大——从2015年的几百人到今天的逾百万人的投资者受众。《趋势为王》是认识市场的开始。

一路走来，我见证了江氏操盘从2015年以来数十次对大盘顶底的精确研判，见证了一批又一批学员能够及时地在危机中躲避风险、在反弹有限的行情中获取盈利。

一路走来，我见证了数千位的江氏家人们已经找到了适合自己的投资模式，数万位投资者朋友开始客观地认识证券市场，逐渐走向理性交易。

长存的体系

唯有体系才能攻无不克！继2008年席卷全球的金融海啸后，2009年证券市场迎来了强势的反弹行情；2018年经历长达1年的持续性下跌后，2019年春季的强势反弹行情必然为全年乃至今后数年奠定慢牛行情的基础。历史一定会重演，只是不会简单地重复！江氏操盘对趋势的分析不仅尊重规律，更能够第一时间把握规律的转变信号。2008年，江氏操盘还在酝酿中；2018年，江氏操盘体系已经完全成熟！

唯有体系才能所向披靡！从2019年1月4日开始，江氏操盘就在不断地强调慢牛行情开始，可是没有接触过江氏操盘趋势理论的朋友仍然在不断地观望，很难从2018年的恐怖行情中走出来。只是，江海老师的学员在大家还在恐惧中已经获利颇丰。巴菲特的格言是，别人贪婪时我恐惧，别人恐惧时我贪婪。江海老师的交易格言是，该贪婪的时候贪婪，该恐惧的时候恐惧。要想成为交易的胜者，必须要有敢于出击、敢于亮剑的勇气！

交易需要一位教练

教练，是指一个长期伙伴，旨在帮助我们成为生活和事业上的赢家。教练可以激发我们自身寻求解决办法和对策的能力，因为教练相信我们是生来就富于创意与智慧的。教练的职责是提供支持，以增强我们已有的技能、资源和创造力。

不仅人生需要教练，交易也需要教练。交易上的教练，帮我们在瓶颈期找到突破的方向，成为我们前进道路上的一盏明灯。江海老师是我及江氏操盘众弟子交易和人生的教练，他在传授知识的同时也激励我们成为更多投资者的教练，让千万投资者日上竿头。

交易的"第一性原理"

趋势不仅是证券市场的核心灵魂,也是江氏操盘的核心灵魂,其实它更是万事万物的核心灵魂。顺势者昌,逆势者亡,是对趋势最早、最全面的诠释,道破了趋势对于事物发展的重要性。无论你从事什么工作,脱离了趋势,就像没有罗盘的船只,是没有办法行驶到彼岸的。凡事必有因果,必有根源和现象,趋势就是股市中的第一性原理,是理解市场的第一步。

江氏操盘整个体系都在不断地精进,江海老师更是不辞辛苦地对《趋势为王》进行了修订,把与趋势相关的技术要点做了更详尽和深刻的阐述,以帮助到更多的投资者。

授人以鱼不如授人以渔,江海老师不轻谈收益,但是会在告知我们交易的风险后教我们方法。《趋势为王》修订版,是每一位入市者必读的书籍。你知道持仓的股票当下的盈利空间有多大吗?你知道当下的市场回调空间有多大吗?你知道还有多长时间会走出牛市吗?你知道为什么总是买在假突破上吗?答案尽在此书。

2019年3月19日

目 录

第一章 交易的根本：趋势思维 001
 第一节 趋势思维的形成过程 002
 第二节 交易大师的三重境界 003
 第三节 心理控制六大法则 004
 第四节 趋势分析的九个要素 006

第二章 趋势的灵魂：级别的划分 018
 第一节 趋势级别的重要性 019
 第二节 中长期趋势行情 020
 第三节 中期趋势行情 022
 第四节 反弹趋势行情 024
 第五节 反抽趋势行情 026

第三章 趋势周期的运用 032
 第一节 多周期看盘的重要性 033
 第二节 不同级别趋势对应的周期 035
 第三节 不同周期的作用 047
 第四节 周期之间的转换关系 058

第五节　主周期机会的研判 065
第六节　周期的共振原则 070

第四章　趋势的起始：确认的标准 077
第一节　趋势的定义 078
第二节　波段完整的界定标准 078
第三节　趋势确认的标准 085
第四节　横盘整理区的研判 091

第五章　趋势级别的深度研判 104
第一节　实战研判行情的流程 105
第二节　级别研判总则 105
第三节　判断行情性质 108
第四节　推动调整关系 110
第五节　各周期之间的服从关系 112
第六节　周期共振矛盾 115
第七节　趋势波段分析要点汇总 122

第六章　顶底的时空定量法则 127
第一节　顶底定量法 128
第二节　时间对称定量法 129
第三节　空间对称定量法 131
第四节　黄金分割空间定量法 132
第五节　斐波拉契时间定量法 133

第七章　顶底形态的走势特征 136
第一节　顶底的指标 137
第二节　顶底的速率 138
第三节　顶底的确认 140

第四节　顶底周期的选取 141
　　第五节　顶底形态的共振 149
　　第六节　顶底形态的矛盾 159
　　第七节　顶底的强弱 165

第八章　趋势的反转 178
　　第一节　下降趋势的反转 179
　　第二节　上升趋势的反转 183

第九章　趋势与实战：买卖点位 191
　　第一节　实操的八大步骤 192
　　第二节　下单点位的分类 193
　　第三节　趋势持仓原则 201

第十章　交易的智慧：计划与总结 206
　　第一节　交易常思五问题 207
　　第二节　没有计划不要开始 215
　　第三节　没有总结不要结束 218

后　记 224

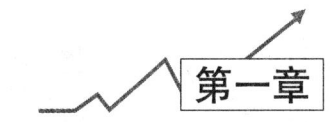

第一章

交易的根本：趋势思维

时势造英雄。此言适用于任何一个市场，股市中依然如此。股价的运行无以成势之前是不会有可观的收益的，带来的只有长期反复震荡的痛苦，只有趋势形成后才会带来收益的快速增加，才会实现财富的数量级增长。所以，要想成为一名职业的交易者，最先要学的就是识别趋势，然后才能做到跟随趋势，最后才会在趋势的运行中获利。

趋势，是技术分析中最重要的理论基础，感谢证券市场中无数位前辈们，是他们的宝贵经验让我们在证券投资这个市场中少走了很多弯路。本章将围绕趋势思维的建立进行展开，从多方面诠释趋势思维的重要性以及如何建立趋势思维。

 投资箴言

> **股市是财富再分配的场所**
>
> 据统计，A股股民中只有10%是盈利的，90%是亏损的，你是赚钱的10%还是亏钱的90%？无疑这是一个优胜劣汰、弱肉强食的市场，每天都在上演而且在重复地上演财富分配和被分配的戏码。你是想成为被分配财富的人还是分配别人财富的人呢？

第一节　趋势思维的形成过程

1. 从因及果

股价每次的上升都是由前期的盘整和下跌来决定的。无论个股还是指数，都一定是在上涨、做头、下跌、做底的循环中，当前股价走出什么状态一定是由前期形态的运行方式所决定的。长期横盘做底、充分换手一定会启动大级别的上涨行情，而快速上涨和缓慢爬升又会导致不同的出货顶部，顶部的形成决定了对应行情的结束，也就暗示了接下来的下跌方式。

2. 定性到定量

定性是对整体走势进行研判和把握的过程，要有大局观，只有把大的趋势抓住了才不会犯大错，如果只关注一个点却忽略了大的趋势，很有可能造成逆势操作，导致赚小亏大。研判股票从大周期到小周期的过程就像用放大镜一层一层剖析一样，逐渐放大才能够更加精准地判断当前股价的位置和形态，以及是否具有操作机会。随着研判周期的缩小，对趋势的时间、空间、形态会有精确的定量的要求，才能够找到精准的操作点位。

3. 知行合一

知道不等于做到，知行合一是需要不断的实践来实现的，通过对历史数据的研判和分析只能说已经知道了，在实际操作的过程中会存在各种各样的问题，很容易导致操作的失误。对历史案例的分析，是对所学知识的巩固过程，会让我们对趋势操作这套知识掌握得更加炉火纯青。在实盘操作的时候，对一只股票近期走势的研判是进行买卖操作的基础，只有对历史案例做了较多的分析之后，才会让我们对实盘的各种突发状况应对自如。

4. 心态调整

凡是技术性的问题，我们都可以通过学习理论知识去完善，但是在实际操盘中主观情绪的波动，有可能会影响我们对自己操作的判断，进而导致出现本可避免的错误。所以在市场中进行操作时，我们应该时刻保持理性的思维模式，而不应该任由主观情绪的波动影响我们既有的判断，要相信我们自己的操作。只有当我们不再受到主观情绪的影响时，才会真正成为市场的赢家。

第二节 交易大师的三重境界

1. 初级境界：通晓技术

古人云，三百六十行，行行出状元。在每一个行业之中，都有行业中的精英，而技术则是他们成为精英所必须掌握的元素。股票市场也不例外，自股市创立之初，便有人潜心研究技术，试图发现股票市场中存在的规律，也出现了各种理论以及战法。技术的学习是踏入市场的必修课程，只有熟练地掌握了技术，我们才拥有在股票市场中与各路资金交手并且最终成功获利的方法。

对于技术，老祖宗传下来的几十年甚至上百年的经典，被华尔街无数投资经理所推崇，虽然时代不同了，但是这个市场本然存在的规律是不会改变的，而这种规律才是对交易最具有指导价值的工具。本书就会带您解开这个市场存在的本然规律，让你惊奇地发现，原来市场是这样子的！

2. 专业境界：博弈分析

有了前期技术层面的积累，你对价格的运行和结构已经有了充分的了解，或者可以非常肯定地说，如果你能够把本书的知识要点完全理解透彻，你的技术水平在你的圈子中绝对是上乘的，因为本书介绍的技术分析完全着重于价格运行的内在结构，而很多人所执着的技术分析还处于研究指标阶段。在江氏交易天机体系中，对于成交量的研究占到了总体的50%，K线占30%，均线占10%，剩下的才是指标的研究。由此可见，无论怎么研究指标，都还是停留在术的层次，要想继续突破，则必须要脱离单一的指标研究，而加以系统性的学习。

如果你已经能够把本书的内容融会贯通，那么你需要在实战过程中逐渐养成博弈的思维方式。对散户来说，最重要的是要有主力思维，这个市场中大多都是主力为散户布的局，只有站在布局者的角度才能够看懂市场。

3. 高手境界：战胜心魔

做好股票一定要解决两个问题：市场和自己。前两个层次做到的人基本已经解决了市场的问题，能够达到第三个层次的人才可以解决自己的问题。自己的什么问题呢？人性中有贪婪和恐惧，这两种模式启动时往往会战胜理性，即使你能够读懂市场，看清主力的局，但是过于恐惧会让你失去最好的机会，过于贪婪会让你得到的一切瞬间化为泡影。

从对一些高手的访问中可以看到，高手只谈自己操作过程的心理变化而回避技术，因为他们觉得技术只是把自己带入了这个市场，而能够让自己走向巅峰的一定是战胜心魔。但是对于初学者来说学习技术是必要的，只有通过技术的入门才有机会修炼博弈的思维和培养看盘的心境。所以笔者愿意将多年的研究心血公之于众，希望能够对立志于在这个市场中发展的同仁有所帮助。

第三节　心理控制六大法则

1. 建立系统，严格执行

实盘操作时要完全遵循自己的交易系统，只有在自己的交易系统发出买卖信号时才进行交易，而且也不能因为一次的失误怀疑自己的交易系统。按自己的交易系统操作，错了也只是偶然，对了是必然，不按自己的交易系统操作，对了是偶然，错了是必然。建立自己的交易系统并严格执行的过程是比较困难的，然而这个过程也是战胜自我、抛弃对市场所抱幻想的过程，一旦做到了这一点，离稳定盈利就不远了。

2. 小错不改，必犯大错

及时纠错。实战操作中，无论再完善的交易系统成功率都不可能是100%，不能因为自己交易系统的一次错误，而放弃执行交易系统，交易系统出错一定要控制好风险，一旦发现出错及时止损，大多数交易系统出现错误时，都是因为没看清外部环境或没有把握好市场的节奏。

3. 买要谨慎，卖要积极

买入时条件一定要充分，卖出时不需要充分的条件，只要有必要条件，就可以采取卖出行动。买入决策一定是谨慎做出的，你不要觉得对自己买入模型的条件要求得有点苛刻，其实一点都不为过。股市中赚钱如针挑沙，股市中亏钱如水推土，不够谨慎的买入行为很有可能打乱全盘的交易计划，让账户面临较大的风险，是对自己资金的不负责任。卖出的时候，只要发现市场中出现一点风险就要及时离场，宁失机会不失金钱。

4. 尊重系统，拒绝妄断

任何股票能否上涨不是由跌多少决定的，而是由买入信号决定的；任何股票能下跌多少不是由股票已经上涨多少决定的，而是由卖出信号决定的。不要因为股价跌了多少而买入，不要因为股价涨了多少而卖出，要以交易信号为主。任何专家、老师、身边人等的观点都不能作为买卖的依据，一定要记住，只有你的交易系统发出的信号才是真正的买卖信号。如果你还没有建立起正确的理念和符合自己理念的交易系统，请你不要参与这个市场。没有任何依据的下单，即使赚再多钱最终也会还给市场。

5. 截断亏损，拥抱利润

不要在黎明前倒下。在下一个买点出现之前，你是否还有本金，是在市场中继续生存的必要条件。宁可小赚也不要大亏，亏损50%需要上涨100%才能够赚回你的本金，尤其在市场氛围不乐观的前提下，快进快出、减少长时间持仓的风险也是一种盈利。可能在5次非常好的上涨机会面前，你都是以小幅亏损斩仓而告终，但是5次止损的总额度没有超过你本金的20%，只要在第六次抓住时机，你一定会有绝地反击的机会。证券市场中永远都不缺机会，而最好的机会很多都是经过漫长的等待和多次失败的尝试换来的。

6. 透观自己，放弃完美

在市场中只赚符合自己理念和交易系统的利润，记住，想把市场的利润都抓住的人都是"高级弱智"。两鸟在林，不如一鸟在手。只有必然的获利才能持久，偶然的成功是不能持久的，而在这个市场中，一旦我们无法克服自己的贪婪和恐惧，就会转化为必然的失败和偶然的成功。操作股票不需要多少优点，只要坚持优点就行了，最主要的是少暴露缺点。"贪"和"贫"就差一个点而已。

股票交易系统上发出买卖信号后，上涨速度或下跌速度的快慢，是由市场上涨或下跌的热点、板块效应以及外部环境决定的。一定要记住交易系统发出买入信号不一定都能涨，但对能上涨的个股你的交易系统肯定是要发出买入信号的。交易系统发出卖出信号，你的股票不一定都是下跌，但只要下跌的个股你的交易系统肯定发出了卖出信号，是否上涨或下跌根本在于热点的配合和外部环境的变化。

第四节 趋势分析的九个要素

顺势者昌，逆势者亡。这句话在股市中仍然适用，甚至可以说发挥得更加淋漓尽致。当上升趋势形成后，趋势中的调整为次级运动，调整的时间和空间都会非常小，所以不会扭转大的上升趋势；当下降趋势形成后，趋势中的反弹为次级运动，反弹的时间和空间都非常有限，如果此时逆势操作很有可能被下跌的大势瞬间吞没。

在某个周期上，股价沿着上升或下降的趋势运行，只要动能没有改变趋势就一直起作用，若股价运行动能改变，只要不破上升趋势线或下降趋势线仍然不能确认股价转势，只有形成对上升趋势线或下降趋势线的突破后，股价才有转势的可能。

道氏理论对股价运行的趋势给出了清晰、明确的定义：

上升趋势：依次上升的波峰和波谷为上升趋势；

下降趋势：依次下降的波峰和波谷为下降趋势；

横盘整理：依次横向延伸的波峰和波谷为横盘整理。

这三句话的含义非常简单易懂，甚至有些投资者第一次看到这三句话的时候不禁一笑，因为道理简单得就像学过高等数学的硕士生来做小学计算题一样。然而，大道至简，任何一个领域的终极真理一定是出乎意料的简单，可能在你刚入门的时候就有前辈将最核心的真理告诉你了，但是你不愿意相信，总觉得真理应该是复杂的，更不会轻易得到，因为人们只有付出了代价之后才会珍惜得到的。

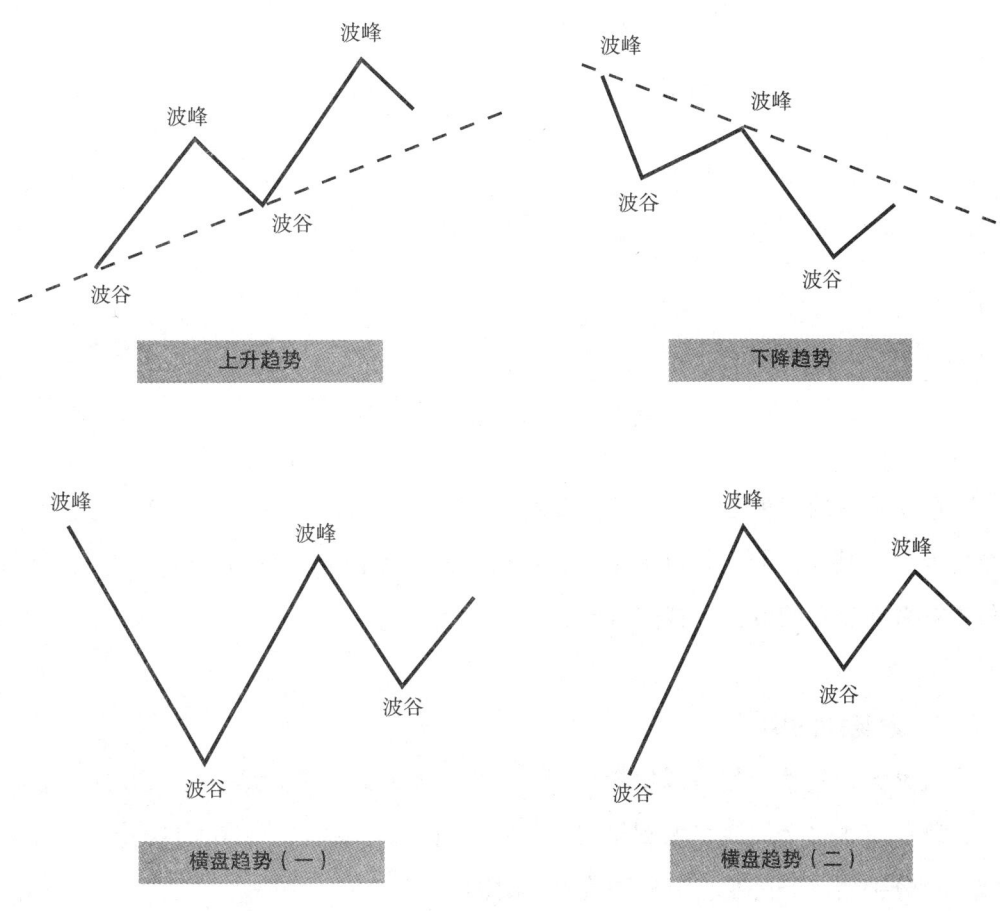

图1-1 趋势的不同形态

本书就是围绕趋势展开，如何用明确的标准来确定趋势，来寻找趋势的交易机会。用更通俗的语言来定义趋势即是：上升趋势的要求是低点不断抬高、高点不断抬高，下降趋势的要求是低点不断降低、高点不断降低，其他的情况就是横盘趋势。

任何一只股票在任何一个时间段的走势中都会并存三种不同等级的运动，三种运动与海浪的潮汐、波浪、涟漪极其相似。在基本运动行进的过程中，必然会包含次级运动和日常运动，每个日常运动一定是在某个次级运动和某个基本运动之中。

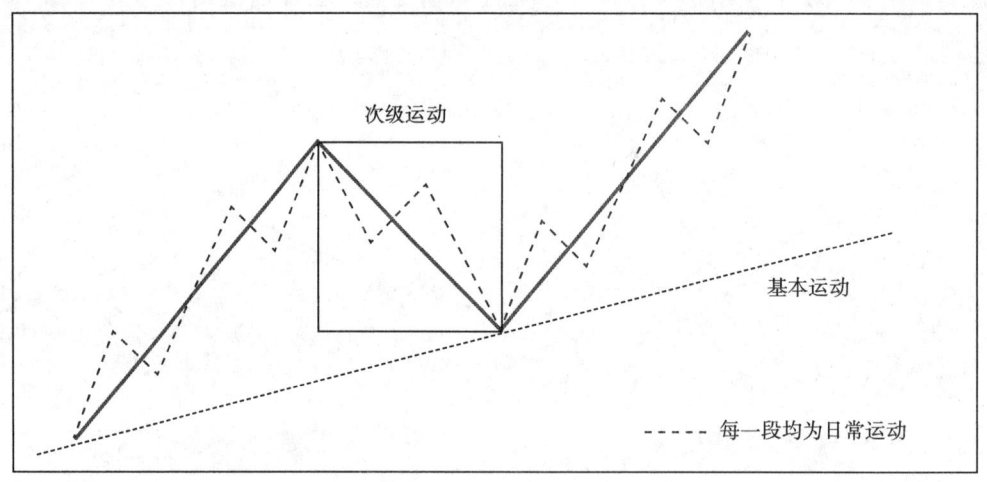

图1-2 道氏理论的三重运动

道氏理论的三种运动是江氏操盘趋势理论的基础，是我们进行技术分析的一个框架，尤其在三周期看盘理论中将道氏理论的三种运动更加量化和细化，让每位投资者在交易的过程中有据可依。

1. 趋势中的周期

大家比较熟悉的是日线K线图，代表的是一天的价格走势，但是在所有软件中，都还有很多个周期，大到年线、季线、月线、周线，小到60分钟线、30分钟线、15分钟线、5分钟线、1分钟线、分时图。

上述的各周期之间，前面的大周期都是由后面小周期的几根K线构成，分时图的波动会形成1分钟K线的价格走势，此后行情的变动会从1分钟的K线一点点

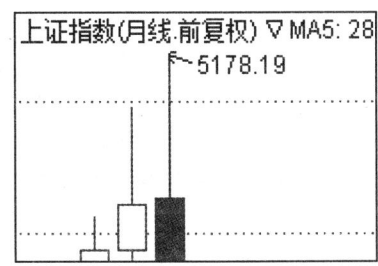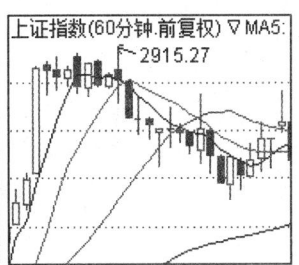

图1-3 不同周期的K线图

向上一级别K线上传导,直到最后影响到年线。大周期上的价格变动一定是对应小周期某个时间段上的价格波动,但是大周期不能看清价格变动是通过什么样的运动形成的,这一点只能通过更小的周期看清楚。在趋势中大周期的趋势会制约小周期的趋势,在转折点小周期会引领大周期转势。

2. 趋势中的波段

无论多大级别的趋势,都是通过在小周期上的一个个波段循环来实现的,所以分析小周期波段是否完整是进入调整的关键要素。在本书中会给大家一个准则:如果某个周期上的一个波段行情在小周期上走出了3个波段后动能减弱,说明股价将要见顶或者见底。但是这只是趋势和波段转化过程中的一个标准,随着我们学习的深入,需要对波段结构完整有更为深刻的理解和认识。比如,只有在波段数量满足经过一个完整资金循环后才可视为真正的完整。

3. 趋势中的动能

在某个周期内,只要股价沿某一方向运行的动能没有改变,股价仍然会沿原方向运行。所以要对股价运行过程中每个波段的动能进行测量,以求更客观地衡量股价动能是增强还是减弱。在江氏操盘中,常用的研判股价运行的动能变化的方法有两种:

方法一:计算波段平均涨跌幅度的方法。

第一波上涨7个交易日,涨幅8.92%,平均涨幅1.27%;

第二波上涨8个交易日,涨幅3.25%,平均涨幅0.40%。

结论:很显然第二波上涨的动能有所减弱。

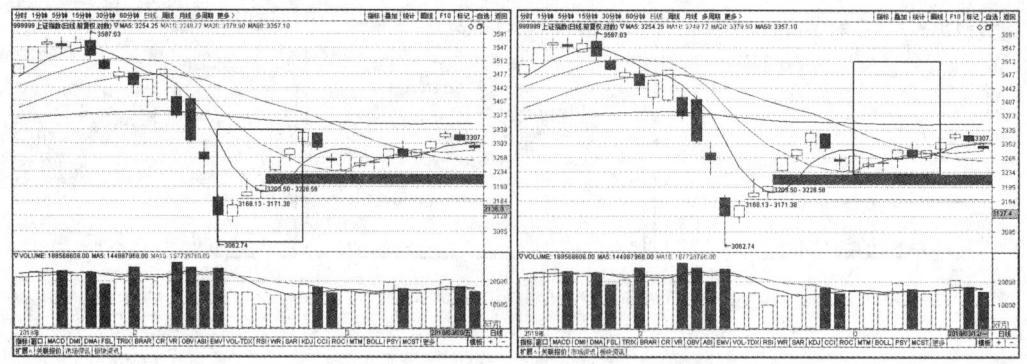

图1-4　两波上涨幅度对比K线图

方法二：运用矩形直接对比法。

如图1-4左，在软件上将上涨的第一波用矩形框住，要求矩形左下方的点对准上涨波段起点，矩形右上方的点对准上涨波段终点。然后将矩形向右拖拉，使矩形的左下方的点对准第二个上涨波段的起点，如图1-4右之后对比两个矩形。可以发现，第二波的上涨时间和第一波差不多，但是上涨空间还不及第一波上涨幅度的一半，所以第二波的动能明显减弱。

4. 趋势中的空间

每个波段上涨或下跌的幅度称为空间，在讨论波段空间时，不同波段之间空间上的关系远比单个波段的空间更具有意义。波浪理论深度讨论过每个波段之间的空间关系，可以作为波段空间的预测标准，也可以作为分析波段间内部结构的标准。

如图1-5所示，每一段上涨或下跌走势均有属于其自己的上涨或下跌幅度，即

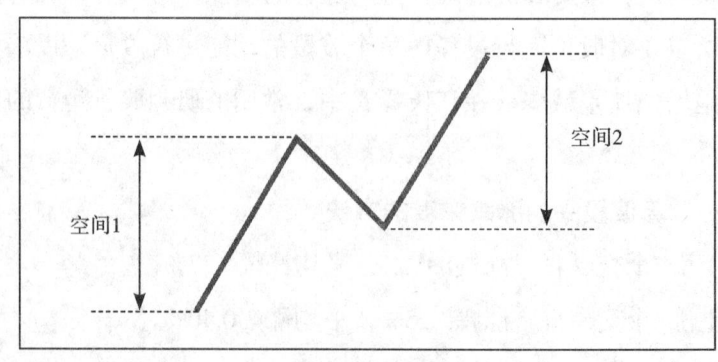

图1-5　空间维度

空间维度,这是多空双方力量不断争夺的结果。连续的两个波段,或者是同向,或者是反向,都会在某种程度上存在对称或者是某种关系。对于空间幅度的比较,有两种方式,一种是股价涨跌幅度,如股价上涨了或下跌了几元;另一种是涨跌幅度的比例关系,如上涨或下跌了百分之几。在实际走势中,需要去认真研判。

在某一行情对应的时间周期中,一旦股价接近空间预测的支撑位或压力位,且波段结构完整时,这种见底见顶的信号比较准确;若接近空间预测的支撑位或压力位时股价波段并不完整,说明该支撑位或压力位可能被突破,若股价没有运行到预测的支撑位或压力位时股价波段结构就已经完整,说明股价在该波段的运行比较弱。

如图1-6所示,美丽生态上涨至高点后,上涨动能乏力,股价开始下跌,总共经过了三波下跌,以及两波反弹走势。仔细观察每波下跌走势的幅度会发现,差不多每次都会在跌幅为39%附近的时候,股价企稳反弹。在经历了三波相同幅度的下跌之后,波段结构完整,下跌动能释放完毕,后续展开一波上升走势。

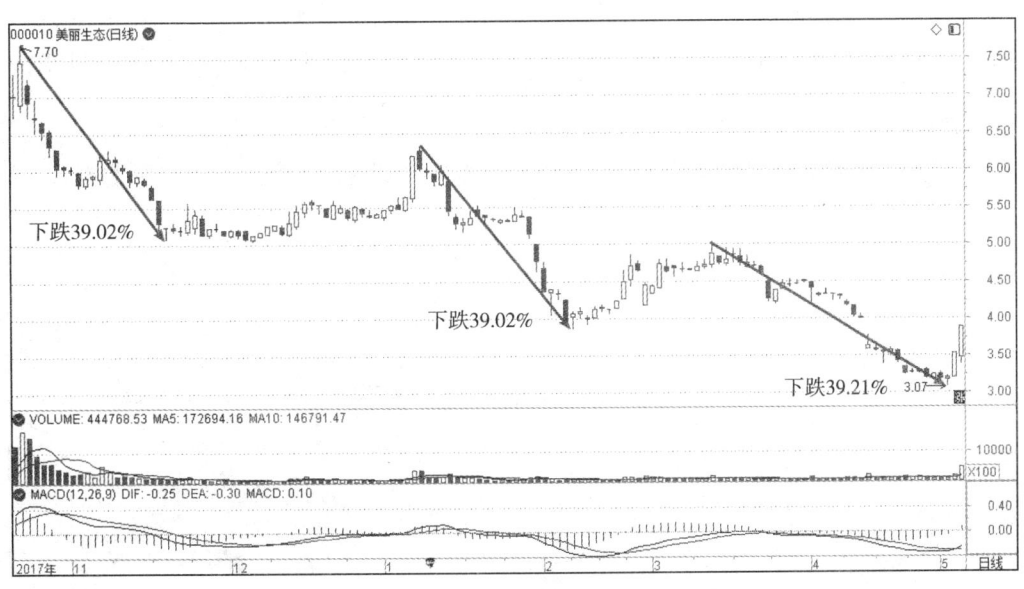

图1-6 美丽生态(000010)2018年5月7日之前一段时间的日线走势图

5. 趋势中的时间

时间和空间是两个不同的维度,对于波段的重要性基本相同,尤其在横盘调整期间,当调整没有足够时往往会延长横盘时间,或者选择在空间上快速达到整理的幅度。在某一行情对应的时间周期中,当时间接近对称时间或重要时间窗口,波段结构完整时,这种见底见顶的信号比较准确。

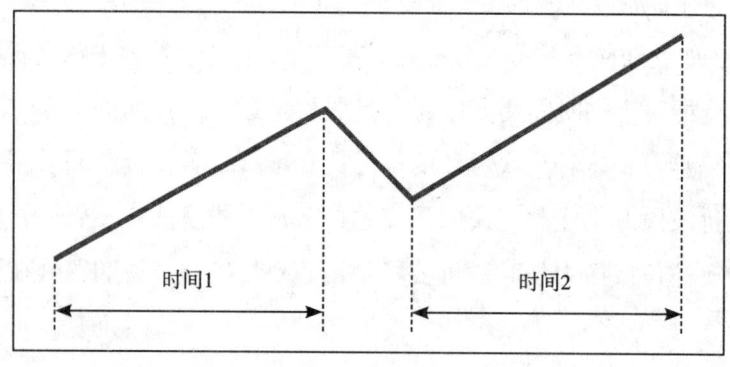

图1-7 时间维度

如图1-7所示,时间维度是在一波连贯的走势过程中所经历的时间。K线走势图中,单独的一根K线代表某一周期内的单位时间。图中一段走势所包含的K线的根数就代表着这段走势所经历的时间长短。当连续的两段同向或反向的走势所经历的时间符合时间对称或者是时间窗口时,说明该走势结构即将完美,见顶或者见底的时刻也即将到来。

如图1-8所示,平安银行股价从次高点跌落下之后,经过一波幅度为30.27%

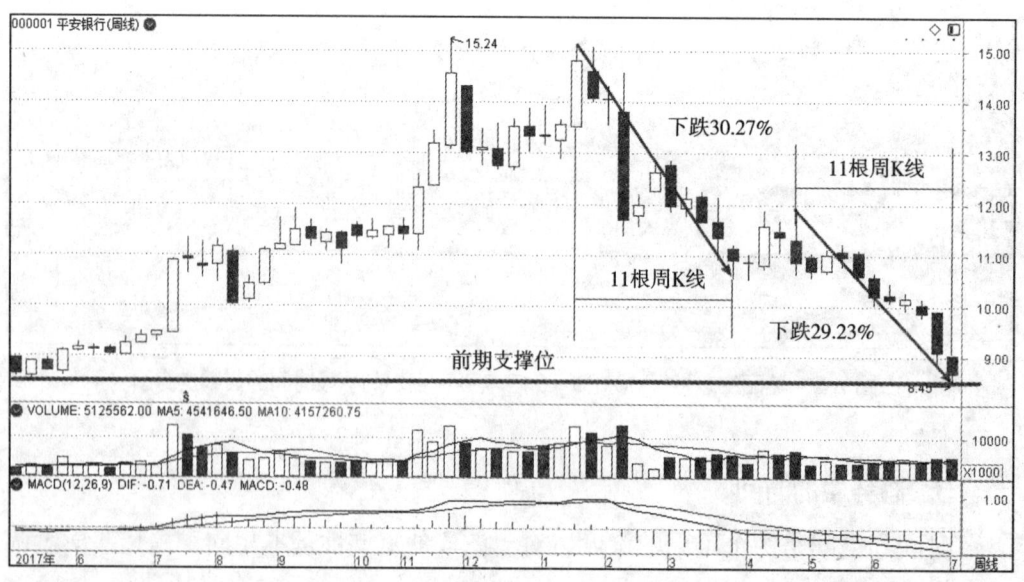

图1-8 平安银行(000001)2018年7月6日之前一段时间的周线走势图

的下跌，之后股价小幅反弹，再次延续前期的走势，当下跌幅度达到29.23%时，接近上一波下跌的幅度，波段结构完整。同时，一年前的低点，即上一波上涨走势的起点，正好构成此次下跌的支撑位。并且，两次下跌的时间对称，均是11根周K线。时间、空间、支撑位三重见底技术信号叠加，股价见底趋势明显，一个完美的底顺势产生。

6. 趋势中的形态

在某一时间周期内，股价沿着某一方向运行，当动能没有减弱之前形成的形态可能是中继整理形态，当动能减弱后形成的形态都有形成反转的可能，当股价动能减弱后破趋势线再破形态线构成双突破后，可确认转势成立。若股价先破形态线再破趋势线构成双突破后同样可以确立转势。有关双突破的知识会在后文中详细介绍。

在股价运行的结构中，形态的作用非常大，尤其是在整理期间的形态。如果说K线是一个点，那么多根K线在一起就会构成一个面，而形态就是这个面的直接表现，对股价运行的整体把握起到非常大的作用。因为形态是趋势之母，形态是趋势的根基和起点，要形成大趋势必须要有大形态，形态是资金实力的象征、是多空博弈的产物。

7. 趋势中的K线

K线是有生命的。K线是组成股票图表的最基础的元素，也是最为重要的元素。K线反映的是单位时间内市场中所有事件以及情绪的综合反应。K线按照不同的周期级别，可以分成月K线、周K线、日K线、60分钟K线、30分钟K线、15分钟K线以及5分钟K线等。顾名思义，月K线就是反映了这个月股价的波动以及最后经过多空博弈形成的共识，以此类推。

虽然K线的构成十分简单，只是由单位时间内的开盘价、收盘价、最高价以及最低价构成，但是不同位置出现的类似K线所代表的意义却大相径庭。想要解析主力透过K线传达的意图，我们就必须要建立与主力相同的思维模式，大家也可以参阅我的另外一本书——《买在起涨——K线组合利器》，让我带领大家一起解读K线背后的主力思想。

8. 趋势中的均线

均线又叫作移动平均线,它所反映的是一段时间内收盘价的平均水平,并且将其用平滑的曲线连接起来,形成一个具有趋势性的指标。普通投资者对于均线的印象可能仅仅停留在金叉买入、死叉卖出,而在实际操作中按照这样的操作策略进行买卖时,往往获利并不如意,这是因为均线的走势只是股价在"形"上的一种表现,依然具有一定的诱惑性和欺骗性,只有站在博弈的角度去分析均线的变化才能识破市场的真相。

在江氏交易天机系统中,均线系统也占有举足轻重的位置,并且江氏均线系统将四条重要的均价线分别命名为:攻击线、操盘线、生命线以及决策线,灵活地运用这四条均价线解析股价未来的走势是江氏均线系统学员的必修课程。大家可以参阅我的另外一本书——《黑马在线——均线实战利器》,一起学习简单的均线暗藏着什么样的天机。

9. 趋势中的资金

资金,是趋势的唯一牵引力。在A股市场中流行着这样的一句话:"股市中什么都可以骗人,唯有量是真实的。"股价的变化,其原动力就在于成交量,所以成交量与股价的关系是密不可分的。无论是股票上涨或者下跌的持续,抑或是反转,都必须要有成交量的配合方能确认。成交量就如同房屋的地基,只有当地基建设好,形成牢靠的地基,高楼才能拔地而起。

在江氏交易天机系统中,成交量占据了很重的比例,在研究成交量的时候不单单只是看到每一根量能柱体的大与小,也要站在多空双方的角度,用博弈的思想去思考不同的成交量所代表的不同意义。

📈 案例解析

首先关注下图的摩恩电气在上升趋势形成前的形态,这种形态不同于我们介绍的一般底部形态,股价创新低后以4个涨停板的方式强势反弹,虽然突破了前高点,但是并没有确认上升趋势,因为在接下来的回调中股价回到了前期的调整平台中,而且连续涨停板形成的反弹方式并没有实现对决策线的修复,上升趋势并未形成。

图中标注出了确认趋势形成的K线,虽然出现该阳线的时候并没有突破前期涨停板形成的高点,但是依然认为是确认趋势,一方面该阳线实现了对决策线的修复,另一方面该阳线有效突破了前期的实质性高点,因为涨停板趋势反弹形成的是毛刺形的诱骗型高点,不能作为判定趋势形成的真实高点。

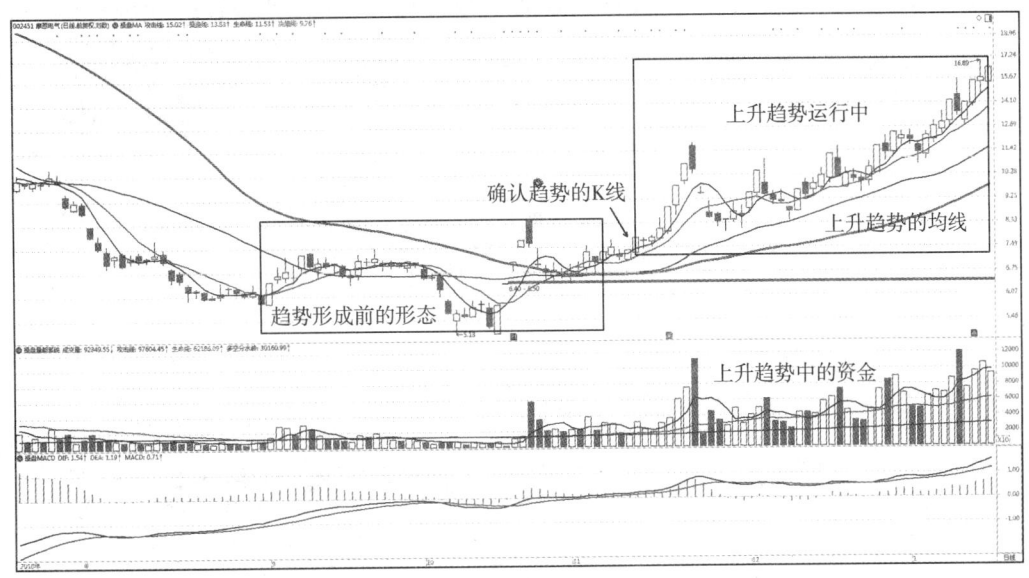

图1-9　摩恩电气(002451)2018年7月20日~2019年1月15日日K线走势图

在确认上升趋势后,均线系统走出了典型的多头排列形态,资金也呈现出了完美的量价齐升的健康走势,最重要的是此时的K线形态能够形成规律性的阳肥阴瘦的走势,这是构成上升趋势最重要的K线形态。如果在上升趋势中,K线的形态不能维持多头强势,就会导致上涨动能不足,继而形成趋势的反转。

学员互动

2018年3月12日,黄金K线班第三期学员、四川成都的林先生的讨论:

林先生:

老师您好,我是2月23日大阳线的时候追进海辰药业(300584)这只股票的,在3月1日早上开盘低开的时候就将其卖出,因为当时大盘连续下跌两天,当天又出现低开,所以这个票出现低开就出去了,虽然短线也有盈利,但是这只票后期却涨得十分好,完全看不懂了,希望老师帮忙分析一下,谢谢。

股市120:

首先林先生能够在大盘环境如此不好的情况下选出这只股票,说明在之前的学习中是十分认真的。如图1-10所示,从2018年2月以来,大盘一直处于一种震荡的环境之中,尤其是在3月22日又开启了新一轮的下降,但是这只股票一直走

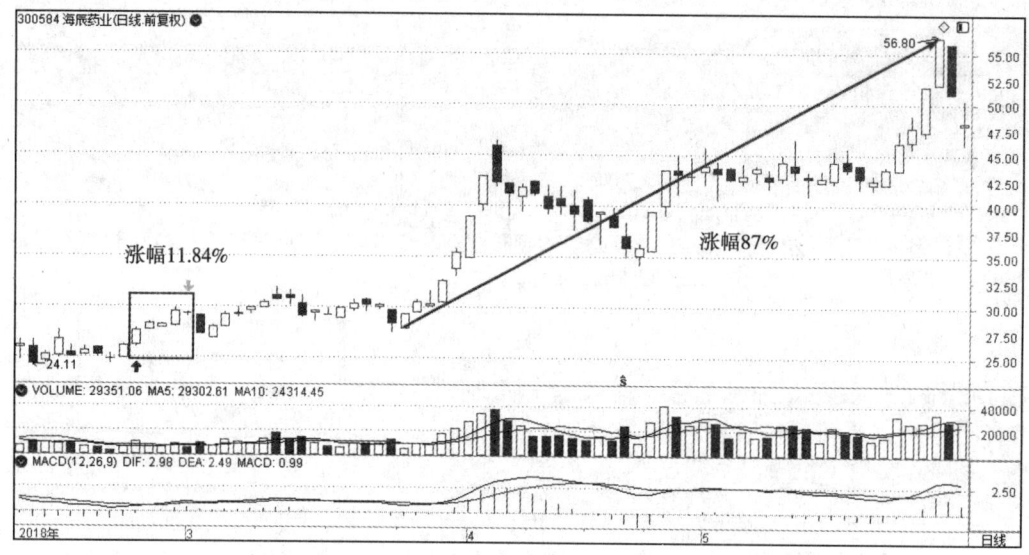

图1-10 海辰药业(300584)2018年5月30日之前一段时间的日线走势图

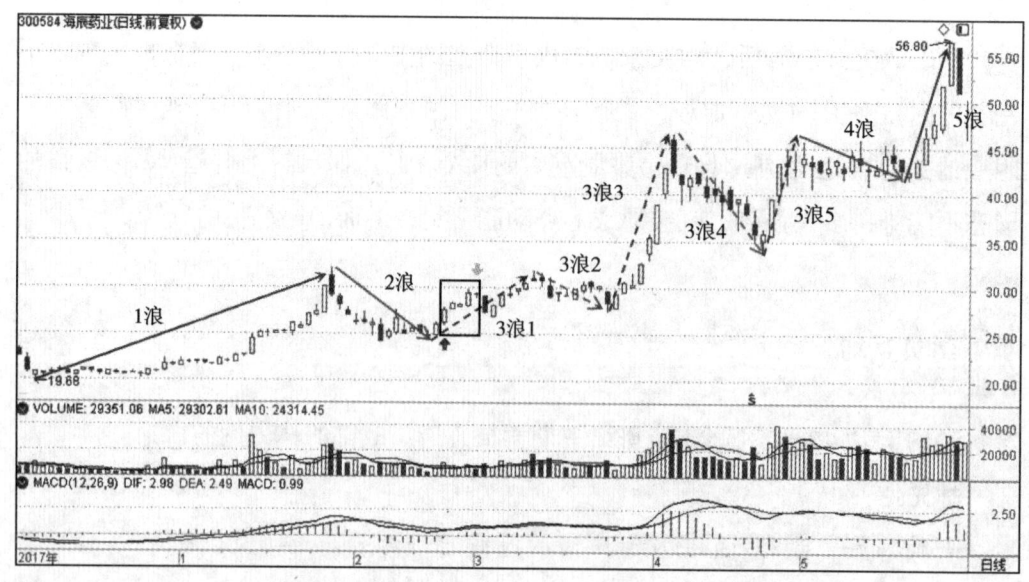

图1-11 海辰药业(300584)2018年5月30日之前一段时间的日线走势图

势稳定，低点也不断抬高，并且在3月29日向上突破平台区间，开启新的一轮上涨，后期的涨幅达到87%，同期大盘下跌0.56%，在震荡市中一枝独秀。

我们回过头来分析这只票，首先我们看到海辰药业在2017年3月28日的顶峰以来，走出了近8个月的震荡下跌，随后的第一个上涨波段从2017年12月6日开始，如图1-11所示，持续到2018年1月29日，一共持续38个交易日，在将近2个月的时间内，上涨幅度39.70%，我们可以将这一段看作是大的1浪结构。在2018年1月29日至2月14日，进行了为期13天的回调。此时介入是在3浪1的位置，也就是林先生所操作的位置，在与大盘回调同步进行的调整浪，即3浪2结束后，迎来了主升浪中最为强势的3浪3。其实我们回头看这个3浪2的调整，调整的幅度与力度都不算强，通过我们学习的知识也可以推测出后面还会有3浪3的出现。在强势大3浪结束后，进行了4浪调整，4浪的形态是呈矩形平台区间调整，也是十分的强势，结合前面几个要素，那么最后冲高的5浪也势必会出现。

从短线的角度看，林先生的买点和卖点是没有问题的：研判到位、执行到位。但是因为股价在后期的调整过程中并没有经过充分的换手，而是选择了强势调整后将趋势的级别变大了，也就是说林先生操作的是大趋势中的一个小的波段。在林先生卖出的位置确实是该离场的，但是随着股价运行趋势的级别开始变大，一定要把仓位再买回来，即使再次买回的成本变高了也要这么做，因为趋势一旦形成会有很强的持续性，我们交易的目的不是为了成本最低，而是获得收益。趋势在，行情在，利润在！

? 思考题

1. 你是从哪一年开始操作股票的？收益如何？
2. 你操作股票的风格是什么？短线还是长线？有自己的交易模式吗，还是听别人说什么买什么？
3. 你之前操作过的股票，知道为什么赚钱、为什么亏钱吗？
4. 当市场从牛市转为熊市、从下跌转为上涨时，你的心态是如何变化的？
5. 你觉得股市是充满欺骗和圈套的，还是充满合作和美好的？
6. 趋势思维重要吗？你是如何理解和看待趋势思维的？

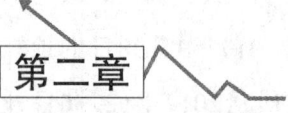

第二章

趋势的灵魂：级别的划分

大趋势赚大钱，小趋势赚小钱，看错趋势倒亏钱，看错小趋势亏大钱。简单的4句话道破了价格运行的本质——趋势为王。每个大级别趋势的形成，都是由多个同向和反向小级别趋势构成的，小级别趋势之间的延续和转折构成了大趋势形成与转折的根本因素。

本章对不同趋势级别给出了确定性的划分方式，将市场上的趋势级别分为4种：中长期趋势行情、中期趋势行情、反弹趋势行情、反抽趋势行情。虽然这种划分有一定的局限性，但是对于初学者来说最简单、实用并且较其他各种划分方式都有效。识别趋势级别的重要性在于：我们时刻要明白，一次交易的目标是争取10%的收益还是100%的收益。

投资箴言

推动股价升降的背后力量是人性

90%的人亏钱的原因是只从表面上理解技术分析，而不能从多空博弈的角度看待这个市场，所以很难接收到市场通过股价走势给予我们的真实信号，为此他们也就会得出这样的结论——技术分析不管用。不是技术分析不管用，而是因为你错解了技术分析。如果技术分析就是指标的金叉和死叉，相信它一定不会流传百年。要想运用好技术分析，只有

第二章 趋势的灵魂：级别的划分

> 深谙走势背后的人性，洞悉持币多方、持股多方、持币空方和持股空方能量的转化，透观套牢盘、获利盘、追涨盘、抄底盘、止损盘和解套盘的演变，才能够从根本上把握股价的走势。

第一节 趋势级别的重要性

在上一章的学员互动中，林先生的问题是最典型的没有认清趋势级别转化的情况。相信不只他会出现这样的问题，正在看本书的你也是一样的。交易时看懂为什么涨和为什么跌是第一步，更重要的还要看懂为什么会涨100%而不是10%、为什么跌50%而不是10%。本章是对这个问题的引导，后面会用全书的内容来阐述这两个问题，因为这两个问题懂了，你不想成为赢家都难。林先生的案例说明了上升趋势级别的重要性，接下来我们看一下下降趋势级别的重要性。

在中通客车的月K线的上升趋势中，股价用3年多的时间从1.8元上涨到24.37元，最大涨幅达到了11倍，是典型的中长期上升趋势，图2-1中也清晰地画出了

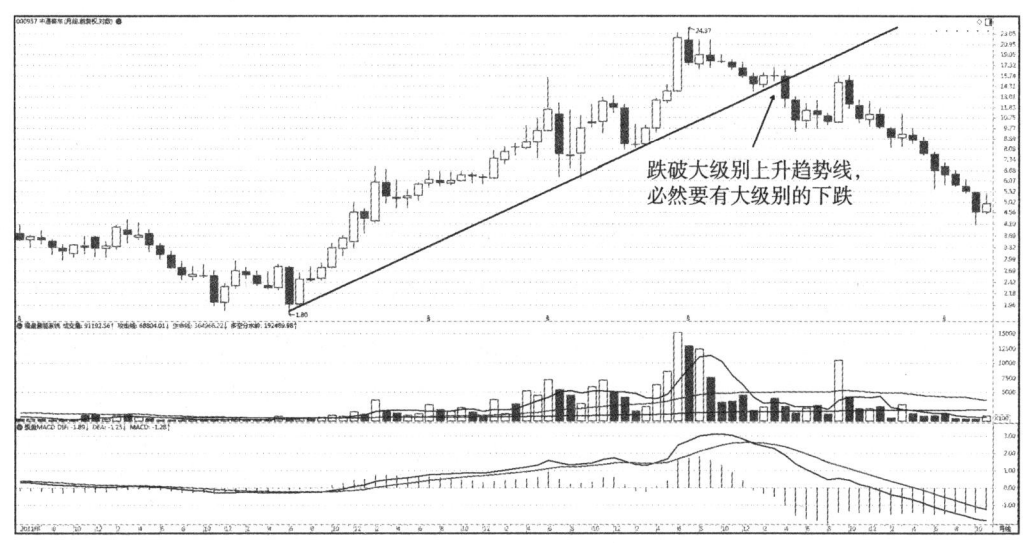

图2-1 中通客车（000957）2011年5月~2018年11月月K线走势图

该上升趋势的上升趋势线。股价在跌破该上升趋势线之前，依然在调整中，即使股价从高点24.37元到跌破趋势线的位置15.3元已经下跌了37.21%，依然没有形成趋势的反转。但是当股价跌破了上升趋势线之后，可以确定趋势性质发生了根本性的改变，原来的多头思维要转变成方向不明或者空头思维。

趋势的运行具有一定的对称性，在某个级别的上升趋势结束后就要发生某个级别的调整或者下跌，所以9个月的调整较前期3年多的上涨在时间维度上还远远不够，看似已经下跌了37.21%，但是较前期整个上涨波段的回调幅度还不足23.6%。因为确定了下降趋势的级别至少是周线甚至月线上的，所以可见无论是在空间还是时间上下跌波段的运行都没有到位，股价还远远没有见底，此时切忌抄底。

第二节 中长期趋势行情

中长期趋势行情是指在周K线走势图上看到清晰的下跌、中枢整理、下跌、做底、上涨、上涨中继、再次上涨、做头、再次下跌的循环过程。前期的下跌要求做空动能得到充分释放，之后经过复杂的做底形态，最重要的是在做底的过程中要有主力建仓的痕迹。后期上涨行情的方式多样，头部复杂且有诱多行为，周线上的上涨波段由两波或两波以上日线上的上涨波段和一波或一波以上的调整波段构成。A股不是每年都会有这种行情机会的，2014年7月到2015年6月在大盘上是典型的中长期趋势机会。

中长期趋势行情的运行时间较长，要求前期下跌8个月以上，做底时间8个月以上，才能够走出中长期趋势行情，但是下跌和做底时间只是产生中长期趋势行情的必要不充分条件。能走出中长期趋势行情的，一定是主力资金比较雄厚，且已经高度控盘，中长期趋势行情会带来丰厚的获利机会，一般大盘指数会在1倍以上，强势个股会在3倍以上，但是一旦中长期的下跌趋势形成就会进入漫长难捱的冬季。

实战案例

如图2-2所示,中兴通讯(000063)从2016年5月开始,一直到2017年的5月底,在长达1年的时间内在底部进行横盘整理做底,时间超过8个月,我们可以将这个行情级别定义为中长期趋势行情。在后市我们判断其上升空间和幅度的时候,就要首先从中长期趋势行情的级别来判定了。了解这些之后,当一波20%~30%的涨幅出现之后股价开始回调,这其实是考验我们持仓的坚定性的时候,我们正确的做法应该是继续持有,激进的并且技术到位的投资者可以同时轻仓进行滚动操作以获取更大的利润。要知道,在主升浪开始的时候,任何时候若下车,都有可能再也坐不上这辆快车了。

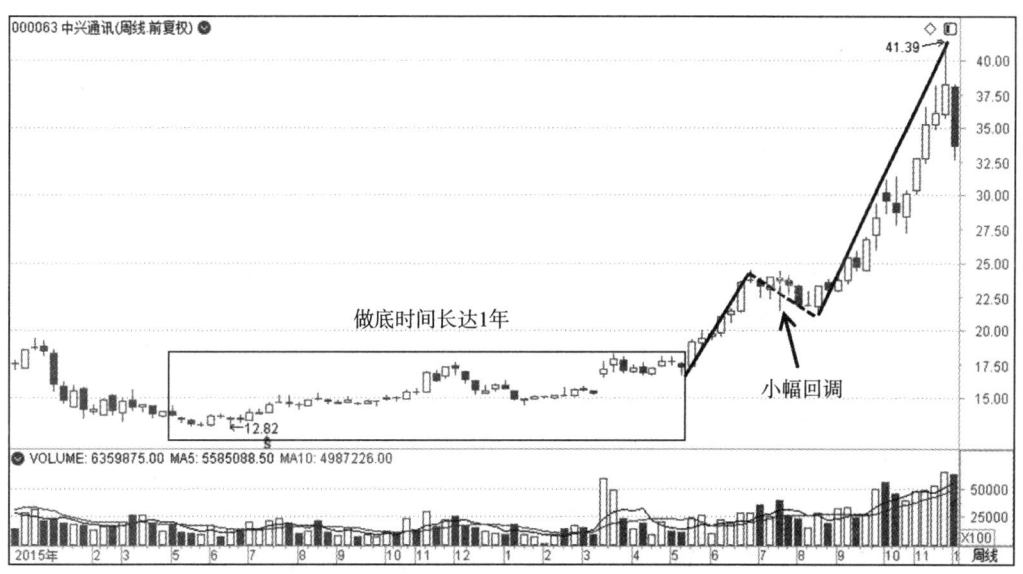

图2-2 中兴通讯(000063)2015年12月11日至2017年12月1日的周K线图

如图2-3所示,长虹华意(000404)从2010年4月达到阶段性顶部,随着大盘的低迷,一同开始了长期的下跌趋势,下跌一共持续了22个月。2012年1月股价止跌,并开始做底。一直到2014年的12月,形成了一个长达36个月的底部横盘整理区间,股价开始向上突破,后市回踩后再次拉升上去,涨幅达到了95%,构成了标准的中长期趋势行情。

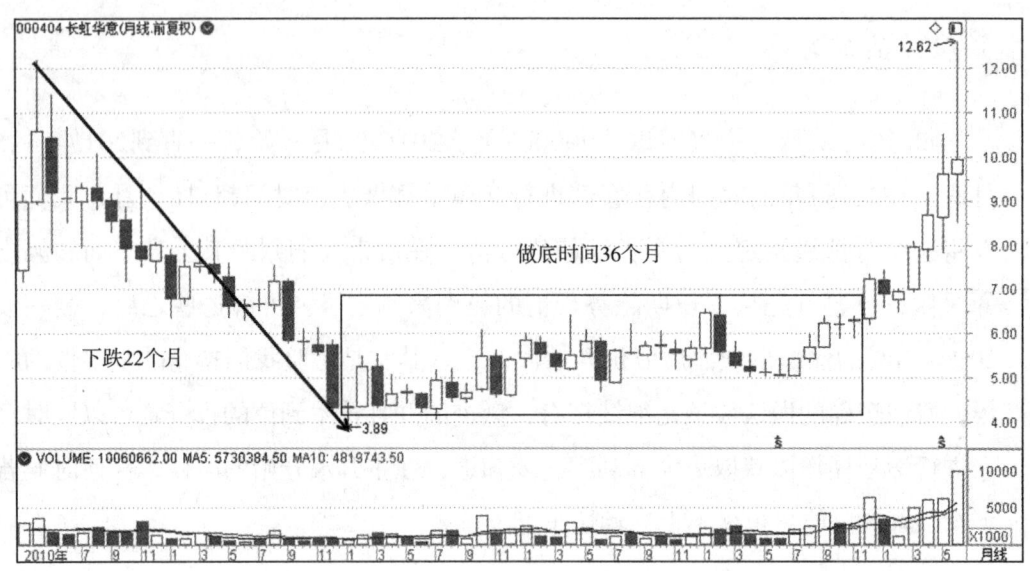

图2-3 长虹华意（000404）2010年3月31日至2015年6月30日的月K线图

! 特别提示

中长期趋势行情机会需要相当长的时间来进行铺垫，前期需要充分的下跌，做底时间要在8个月以上，所以在A股市场中并不是每年都会出现这样的行情机会，但是一旦出现就是投资者一定要把握好的赚钱机会，也就是我们平常所称的大牛市。

第三节 中期趋势行情

中期趋势行情是指在日K线走势图上能够看到清晰的下跌、中枢整理、下跌、做底、上涨、上涨中继、再次上涨、做头、再次下跌的循环过程。前期也有在日线上的充分下跌过程，随后的底部形态中也有充分建仓的痕迹。底部形态以箱体形态或双底形态为主，上涨过程复杂，建仓期以低开高低走阳线为主，阳多阴少，红肥绿瘦。日线上的上升趋势由两波或两波以上的60分钟级别或30分钟级别的上升波段、一波或一波以上的调整波段构成，上升趋势末期的头部以双头为主,也有诱多的过程。A股市场每年至少有1~2次这种行情机会。

日线上的级别的整个运行时间在3~8个月,前期的下跌最好在3~6个月,做底时间最短要3个月以上,上涨时间也在3个月以上,上涨中继的盘整时间在1个月以上。日线级别的行情也是主力在低位充分建仓,且主力具备了较强的控盘能力之后走出的行情,上涨空间通常能够达到50%~100%。

实战案例

如图2-4所示,步步高(002251)在2017年4月开始构筑底部,并且走出了持续5个月的底部形态,在9月完成底部形态后上涨,后续的上涨幅度达到了53.8%,属于比较标准的中期趋势行情。一般来说,做底时间的长短与后期上涨幅度的大小是成正比的关系,也就是说底部夯实的时间越长,那么后期上涨的幅度也就会越大,当然每只股票的情况需要具体分析,总体而言都会遵循这个规律。

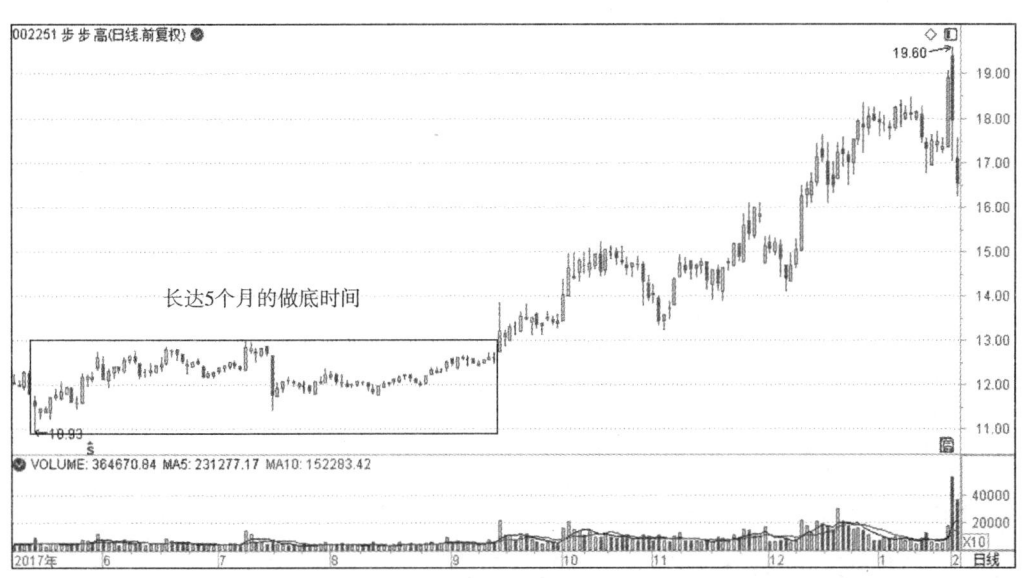

图2-4　步步高(002251)2017年5月5日至2018年2月27日的日K线图

如图2-5所示,万达信息(300168)2017年8月止跌,并且开始构筑底部横盘整理区间,在底部区间一直持续了7个多月,在2018年3月向上突破整理平台,后期的涨幅达到了72%,算是比较强势的中期趋势行情,也很好地印证了做底时间长短与后期涨幅大小的关系。

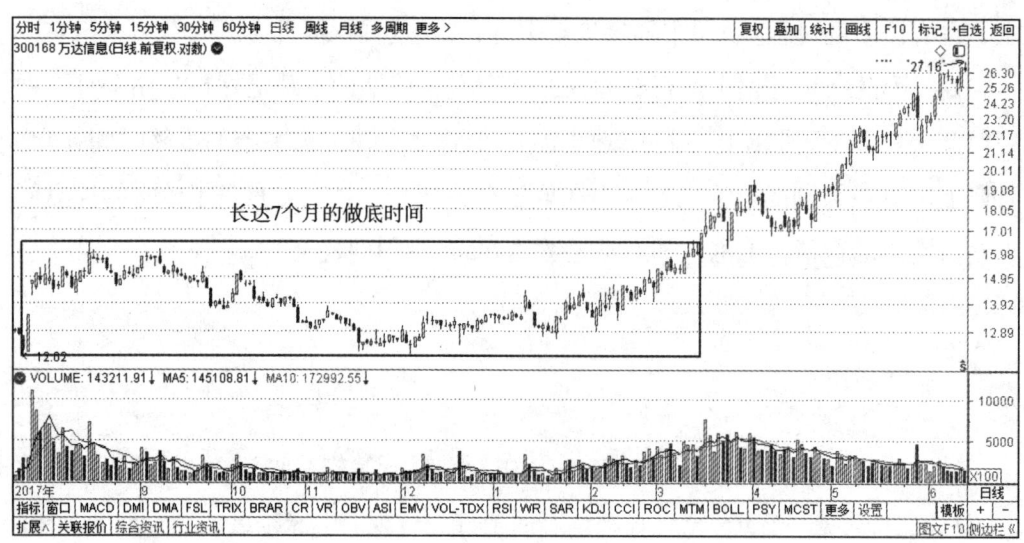

图2-5 万达信息(300168)2017年7月24日至2018年6月13日的日K线图

特别提示

走出日线和周线级别的底部形态,并不一定会产生对应涨幅的周线和日线级别的行情,但是要产生周线和日线级别的行情一定需要产生对应的复杂底部。

第四节 反弹趋势行情

反弹趋势行情是在下跌过程中,在60分钟K线或30分钟K线的走势图上有明显的做底建仓的行情,这个建仓不一定要有明显的做底形态,很可能是"短庄"行为,在不断拉高的过程中建仓。该行情机会要求,最好在小周期走出了1-2-3-4-5波段的下跌。反弹行情发生时大周期的环境不是很好,所以上涨空间有限,通常在30%~50%,大部分是30%。而且反弹行情的空间很大程度上是由前面的重要压力位决定的,一般不会突破前期的实质性压力位。一波反弹行情的运行时间在2~6周,下跌时间最好有2~3周。因为反弹行情运行的时间较短,主力没有充分建仓,不具备控盘能力,所以实盘操作时以控制风险为主。

实战案例

如图2-6所示,西部创业(000557)在2018年6月至7月的时候,前期下跌至低位,构建底部形态,但是底部持续的时间不足,主力无法从中获取更多的筹码来保证后期的上涨,故仅仅拉升一波反弹行情后主力就获利离场了。在很多时候,反弹行情的上涨时间与其做底时间不是一一对应的关系,上涨时间也有可能是5~8天,拉出30%~50%的利润空间,或者达到前方压力位的时候,主力就已经悄悄地获利离场了。

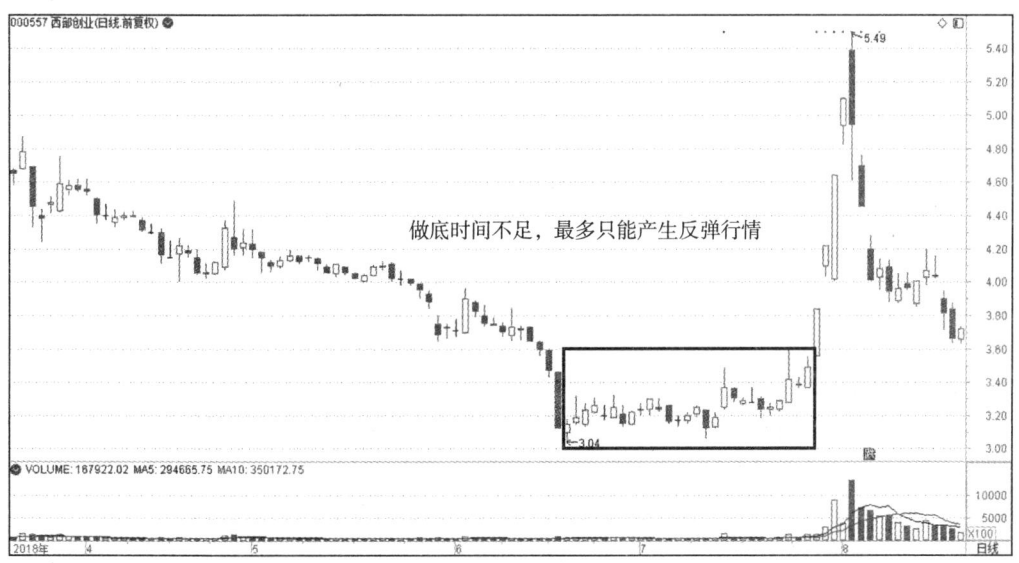

图2-6 西部创业(000557)2018年3月至8月的反弹行情

如图2-7所示,卫士通(002268)从2018年8月开始走出了一波反弹行情,强于同期大盘走势,但在上升到长期的下降趋势线位置时,有明显的压力,并且量价关系已经构成了背离,所以在此时股价的上涨动能衰竭,无法有效突破下降趋势线,股价后期又将沿着原趋势继续向下运行。

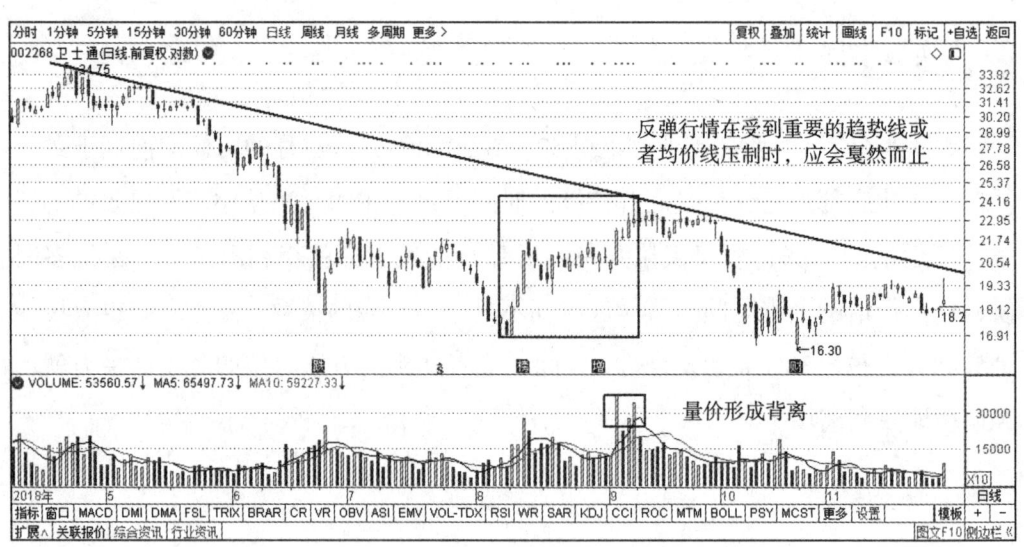

图2-7 卫士通（002268）2018年8月至9月的反弹行情

> **特别提示**
>
> 反弹和反抽的区别在于，反弹行情的运行时间要比反抽行情的运行时间长。反弹和反抽的行情，一旦遇到重要的支撑压力线就会结束，不只是该周期的重要压力线，大周期的重要压力位通常会有更大阻力。

第五节 反抽趋势行情

反弹趋势行情通常发生在严重超跌后，无明显底部形态，在15分钟K线或5分钟K线走势图上形成一个做底、中枢整理、做头的循环过程；反抽趋势行情的上涨过程单一，大部分分时盘口以震荡式尾盘拉高的方式建仓。反抽行情机会也不会突破大周期实质性压力位，行情运行中途会有低开震荡或小阴线整理，不会形成明显的整理形态，头部以放量、巨量长上影线、纺锤线为主，反抽到下降趋势线或重要均价线结束。走出反抽行情时，主力没有充分建仓，控盘能力不足，所以行情运行时间有限，通常一个反抽行情的运行周期在2～13天，上涨空间在

5%~20%。

实战案例

深大通（000038）在2016年至2018年的下降过程中，出现了数次反抽行情，反抽行情在日线上基本看不到做底的过程，很多时候就是看到尖底、单底的形态结构，这样的上涨无论力度还是幅度都不会太大，在遇到压力位的时候上涨就会戛然而止。

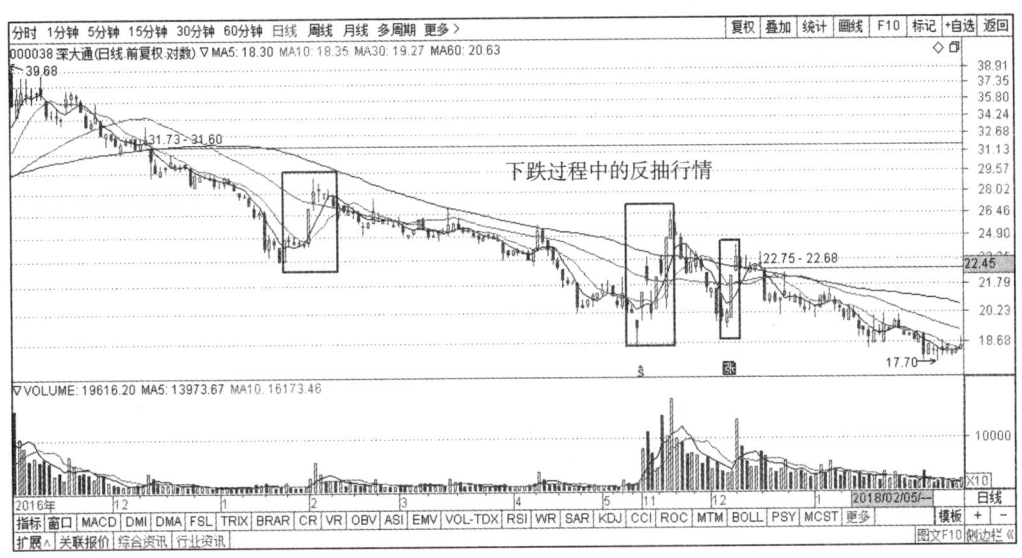

图2-8　深大通（000038）2017年下跌趋势中的反抽行情

信立泰（002294）在2018年5月以来构成的下降趋势中，股价基本沿着通道下跌，在下跌的过程中出现了多个反抽行情，由于通道内的空间幅度很窄，每一次反抽行情满打满算也就是8个点左右的空间，而且反抽行情的特征就是来得快去得快，在反抽行情中赚取利润是十分有限的。同时，要在反抽行情中进行操作，我们需要投入的精力也要加大很多。

所以，一般在下降趋势过程中出现的反抽行情，投入与收益比是严重不平衡的，而且风险系数也十分大。建议：所有在下降趋势中出现的反抽行情一律放弃，而要抓住大趋势赚大钱。

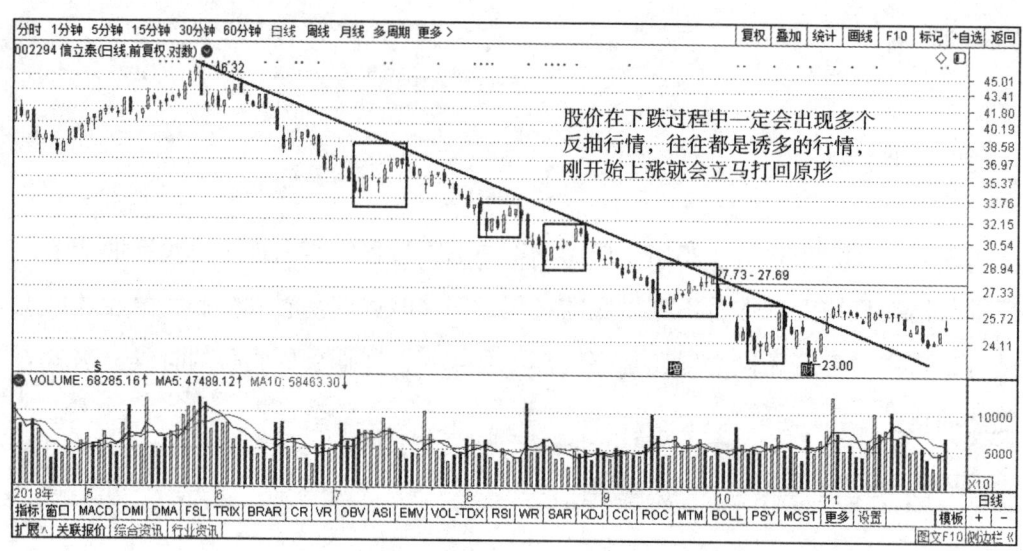

图2-9 信立泰（002294）2018年下跌趋势中的反抽行情

特别提示

下跌过程一定会有15分钟级别的反抽行情，但都是诱多行情，不能操作。作为职业的操盘人员，一定要区分赚钱和找快感的区别，不能为了寻找操作的快感而忽略赚足趋势性大利润空间的核心目标。

学员互动

2018年8月8日，杭州的周先生拨打股市120的电话进行咨询：

周先生：

听别人提过波段交易方式，但是自己不会分析波段，请老师帮忙用波段的方式分析下中信银行的走势，谢谢！

股市120：

如图2-10所示，中信银行（601998）最近一波的反弹行情突破了下降趋势线，前期8.02元的高点连接下来的趋势线刚好和小级别的趋势线保持一致，那么这一波的反弹恰好既突破前期大级别的趋势线又突破小级别的趋势线，形成双重趋势线的突破，未来必然会接续一波上涨。但是，因为反弹行情没有一个完整的做底过程，主力手中的筹码也不支持大幅度的拉升，所以在后续的上涨中，我们需要严格做好风险控制。

如图2-11所示，对于这一波的反弹行情，在30分钟K线上走出了清晰的五浪结构，反弹走势的成交量配合股价，量能健康。股价从阶段性最低价5.62元止跌向上启动时用的是一根大阳线，说明股价见底的意图明显，后期反弹在即。关于K线的用法，请参阅《买在起涨——K线组合利器》。

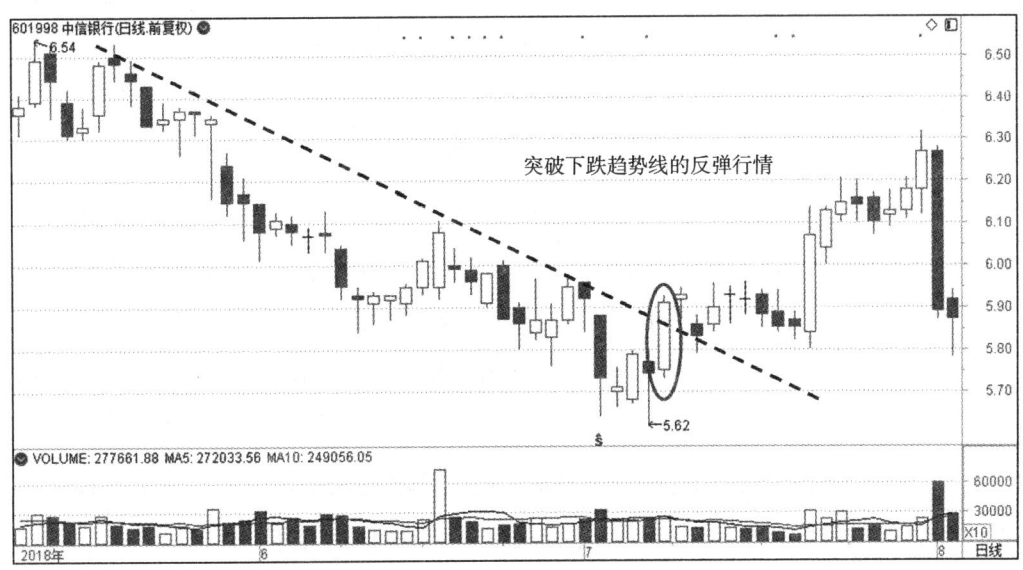

图2-10　中信银行（601998）2018年5月11日至8月2日的日K线图

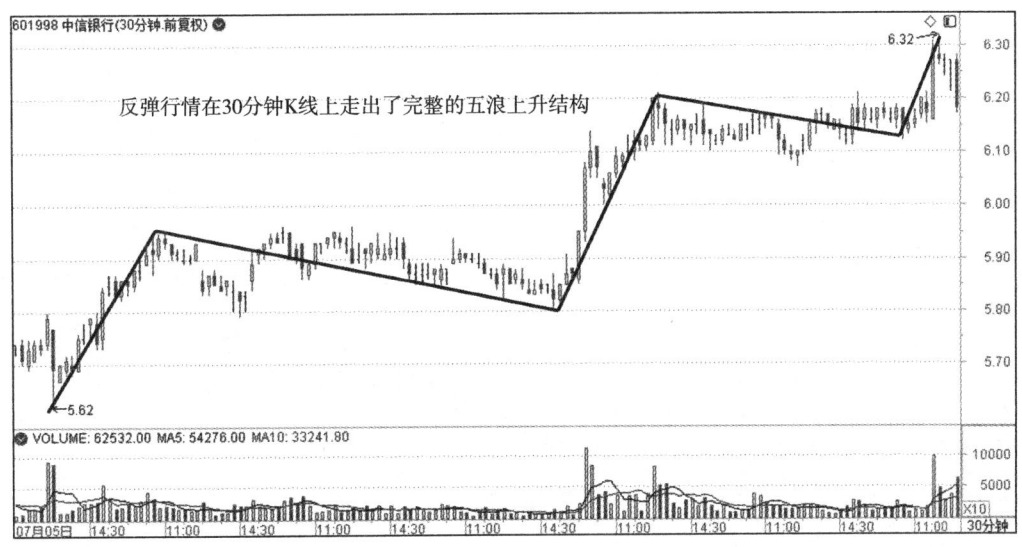

图2-11　中信银行（601998）2018年7月5日至8月1日的60分钟K线图

学员互动

2015年7月30日，上海的赵先生拨打股市120的电话进行咨询：

赵先生：

我炒股快10年了，最早的时候研究过波浪理论，那个时候真的是天天数波浪，但是永远是"浪里个浪，浪里个浪，浪里还有浪中浪"，怎么数都对，怎么数又都不对。听老学员说波浪理论在江氏交易天机中占有很大比重，所以想问一下波浪是怎么数的？

股市120：

不只是您，市场中多少股评家都数不清楚，甚至有的时候还把自己给绕进去了。人们花很多时间和精力研究波浪理论，但是很多人只是想在一个周期把所有周期的问题解决，那必然会造成"浪里个浪"。一个完整的波浪循环有144浪，在一个周期是不可能数清楚的。本书会详细介绍如何用多周期来进行数浪，尤其是第一浪的起点非常重要，不一定是最低点，而应该是确认趋势、启动行情的最低点。

如图2-12所示，富奥股份（000030）在下跌趋势末期走出了双底的结构，第二个底部不创新低，所以股价后期向上运行，后面的一个低点才是1浪的起点。

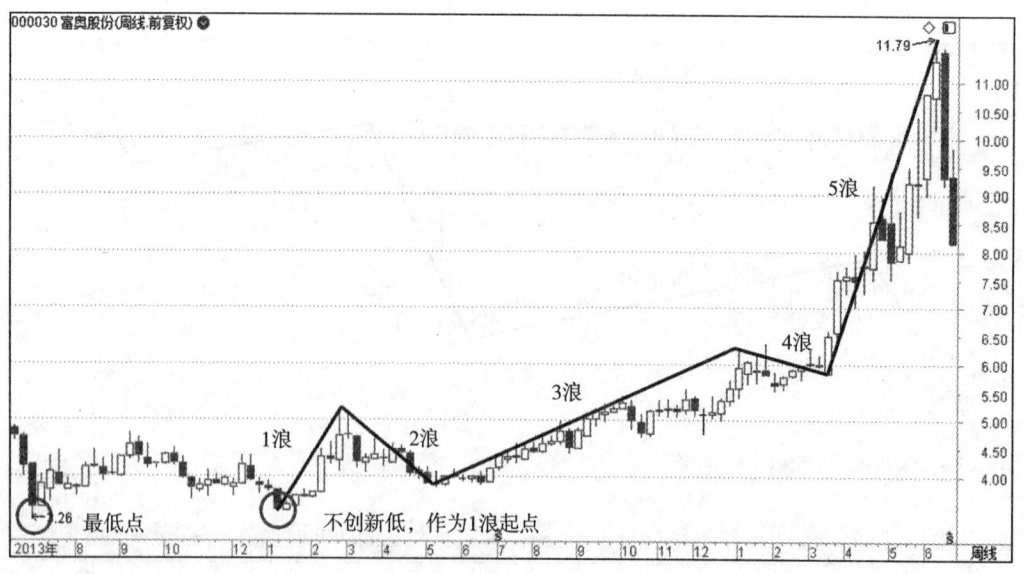

图2-12 富奥股份（000030）2013年6月14日至2015年6月26日周K线图

富奥股份的五浪结构是非常清楚的交替结构，1强3弱5强，1浪上涨角度比较陡峭，3浪的上涨角度变得平缓，5浪的上涨角度再次变得陡峭。4浪的调整时间非常短，幅度也非常小，所以注定了5浪会非常强势。

思考题

1．江氏交易天机将趋势级别做了怎样的划分？界定四种趋势行情的要素都有哪些？

2．对于四种趋势行情机会，哪种是你最能够把控的？

3．你可以同时操作中长期趋势行情的股票与反抽趋势行情的股票吗？

4．一只股票的走势会同时具有多种趋势级别的机会吗？

5．满足不同行情机会之间的条件要素重叠时该怎么处理？

第三章

趋势周期的运用

三周期看盘是我依据道氏理论中的三重原理,经过多年的提炼升级后总结出的一套操盘手必须掌握的技术。所有的股票或者指数在价格运行时,都存在着三重运动,而这个"三"不单单指的就是三个运动,而可以衍生出更多的周期,我们就是要找到对应的周期从而去进行操作。在本章也会详细剖析周期套的相关知识以及在实战中的应用。

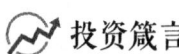 投资箴言

> **股价是通过多空双方竞争实现的**
>
> 每根K线都是在无数次的买卖行为后形成的,大阴线代表空方的胜利,大阳线代表多方的胜利。任何一次成交都伴随有人看空、有人看多,成交之后股价只会选择一个方向进行运动,所以成交行为必有一方正确、一方错误。价格的每一次波动都伴随着多空的竞逐,最终又决定了K线的阴阳、趋势的涨跌。

第一节 多周期看盘的重要性

不同级别的行情用不同周期的K线走势图进行分析，只有这样才能够看清股价运行的结构以及趋势运行的状态、时间、空间，才能有效地运用好自己的交易模型，把握住合适的买卖时机。在江氏交易天机中，采用的是三周期看盘方式。

1. 大周期

三周期看盘，就好比是钟表上的时、分、秒三个指针。大周期所对应的是时针。当我们在查询时间的时候，时针展示了当下所处的一个大环境，到底是凌晨还是中午还是深夜，让我们能够以此来指示自己的行为，不至于黑白颠倒，违背了生物规律。

股市也有自身的规律和属性。市场走势不外乎上涨、下跌、盘整三种类型。在下跌中持币等待买点，在上涨中持股等待卖点，在盘整中等待趋势方向的选择。股市投资其实就是在一买一卖之间，等待买卖点机会的来临。

因此，大周期就是明晰当下市场的主基调，判断市场的大方向，是上涨、下跌，还是盘整。确认股价处于什么位置，是初期、中期，还是末期。同时确认大盘或者个股是否具备满足波段行情的条件，以及确定股价的上涨幅度、相对目标价位及重要支撑位、压力位，等等，从而判断该周期是否具有产生某一级别行情的基本要素。

简而言之，大周期的作用就是看趋势、看位置、看空间、看压力与支撑。明确一点的是，大周期是不会产生交易信号的。

2. 主周期

大周期看完，接下来就是主周期，其对应钟表上的便是分钟这个指针。有了分钟，我们在生活中便能更精细地安排自己的活动。好比观察太阳的位置，七点整，整个天空稍有曙光；七点十分，太阳刚刚穿越地平线；七点半，整个太阳已脱离地平线，高悬空中。分钟，让所有的走势行为有了更详细的定位。

大周期能够确定大环境所处的走势，不能发出交易信号。只有在大周期确定趋势性质的前提下，进一步分析主周期的走势形态，研判股价现阶段处于什么位置、处于波段的哪个阶段。以此为判断标准，主周期能够根据具体走势情况发出交易信号。

主周期也是我们最需要密切关注的一个周期，因为这个周期给我们看到的消息和数据是最直观的，所有的操作都一定是在主周期上发出了交易信号，我们才会进行下一个步骤。

3. 小周期

小周期在钟表上对应的便是秒针。有了秒针，我们便能更精确地定位当下。犹如导弹的精确打击，从确定区域开始，然后缩小范围，最后精确到以米为单位来确定打击对象。如此一来，通过这样层层递进的方式，精准度越来越高，成功率也大幅提升。

道理如出一辙，大周期判断当下所处的大环境，在主周期发出交易信号后，用小周期寻找下单点位，以及分析主周期中每一个波段的形态结构是否完整。在确认下单点位的时候，配合量价关系，以及使用指标参数等进行辅助确认，多项条件同时满足时，在这个点位进行操作的成功率也会大大提高。但是切记，一定要在主周期发出交易信号后，才可以在小周期找到交易点位。

多项条件的作用是增加操作胜率，有的条件是不能增加胜率的，这就需要对条件进行本源的分析。

大周期是给操作找个方向，无论当前的行情如何、处于什么阶段，都不能做出是否交易的结论，一定是在看了主周期之后才能决定是否存在交易机会，也就是说无论大周期的走势如何都可能存在交易机会，但是不一定有合适的下单点位。在买入股票之后是否继续持股，是需要看主周期和小周期共同研判的，当然还要参考大周期的重要支撑压力位。

第二节　不同级别趋势对应的周期

大行情产生大机会，小行情产生小机会。换言之，不同的行情机会对应着不同的时间走势以及不同的股价涨幅，行情越大，产生的机会也就越大，相应的盈利也就越丰厚。我们使用三个周期的图表进行机会的研判，逐级精准定位机会。如同用狙击枪瞄准猎物一样，使用更高倍率的狙击镜，能够看得越清晰，对于机会的把控也就越到位。

不同趋势级别行情在大周期、主周期和小周期上的标准

行情机会	大周期	主周期	小周期
中长期趋势行情	月线	周线	日线或60分钟线
中期趋势行情	周线	日线	60分钟线或30分钟线
反弹趋势行情	日线	60分钟线或30分钟线	15分钟线或5分钟线
反抽趋势行情	60分钟线或30分钟线	15分钟线或5分钟线	5分钟线或1分钟线

1. 中长期趋势行情

中长期趋势行情大都发生在大盘的牛市时期，通常情况下要求大盘有超过8个月的做底时间，随后迎来的向上放量突破就有可能产生中长期趋势行情机会。大盘此时环境宽松，做多氛围较强，非常容易出现表现强势的个股。中长期趋势机会的主周期为周K线，个股的上涨幅度平均可以达到150%~200%，上涨时间在8个月以上。

大周期：月K线

用月K线走势图确定股价的趋势和位置、是否具备产生大周期行情的研判要素。

主周期：周K线

用周K线走势图确定是否具有中长期行情的交易信号，分析判断股价当下属于哪个波段，从而确认是持股还是空仓。

小周期：日K线或60分钟K线

当周K线走势图发出买卖信号后，用60分钟K线图寻找适合中长期行情买卖的交易价格区间。

实战案例

如图3-1所示，东方雨虹（002271）从高点下跌后，在前期上涨处得到支撑，放巨量收出两根长上影星线。随后再次回到前期的震荡整理区域，该区域作为支撑力量，使股价再次反弹到前期高位之上。价量涨跌有序，2016年回调量能显著缩减。在月线级别的大周期图上，观察MACD指标，绿柱开始逐渐缩减，红蓝线接近零轴，也指示走势已经从下跌趋势中转好，呈现出良好的走势。但是否发出买卖信号还需要从周线的角度仔细观察。

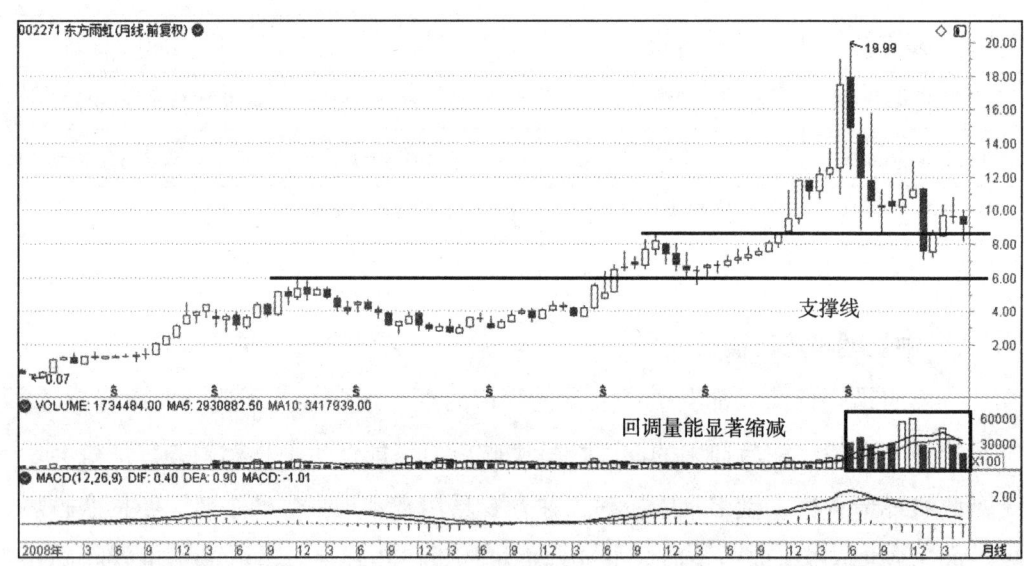

图3-1　东方雨虹（002271）2008年9月26日至2016年5月31日的月K线图

如图3-2所示，从高点下来的走势，月线上所展示的是大体的趋势，从周线图上，我们便能看清内部的结构。高点下来经过三波调整，当股价触底7.05元时，波浪理论的调整浪ABC三浪调整到位。从指标上也可略窥一二，股价创新低，但红绿柱不创新低，这波下跌调整到位。股价触底反弹，再次回调，并且不创新低，调整过程中，量能持续缩减。在周线图分析的过程中，C浪调整结束，买卖信号已经发出。但不妨再等到走出调整B浪,不创新低的时候再买,确保买入点位的正确性。

如图3-3所示,在东方雨虹的日线图上将周线图上的第一浪和第二浪放大,走势图更加清晰。五浪上涨,三浪回调,日线图上的abc浪,即周线图上的2浪调整结束,不创新低。此时8.5元附近所形成的买点是一个好的买点,因为经过第二浪小幅的调整之后,接下来必然是五浪中涨幅颇丰的第三浪——主升浪。

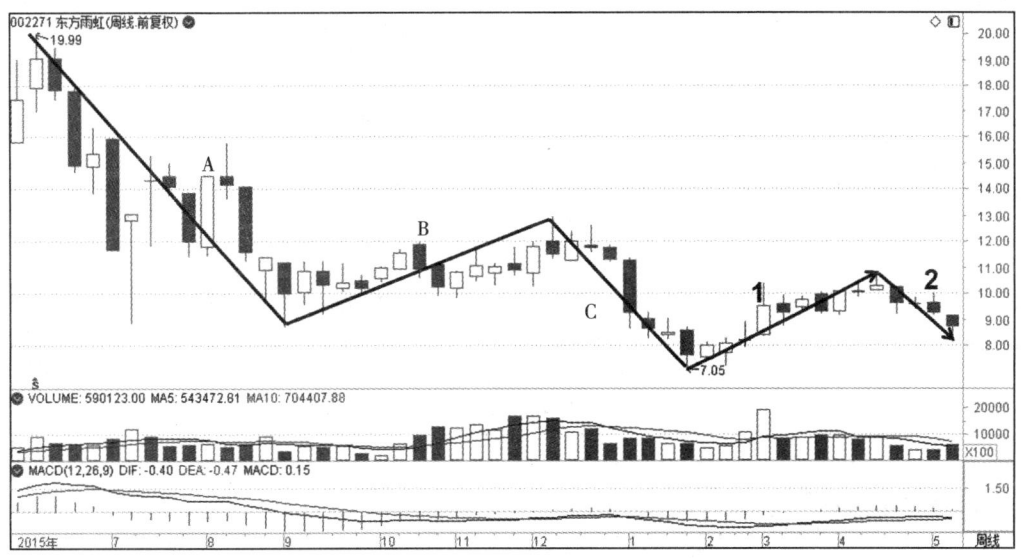

图3-2　东方雨虹(002271)2015年5月29日至2016年5月13日的周K线图

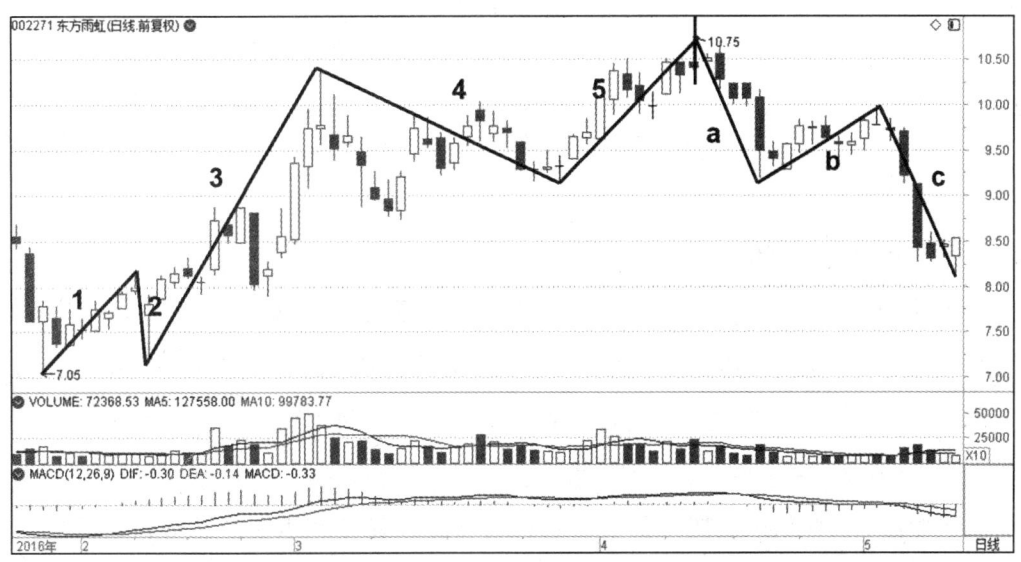

图3-3　东方雨虹(002271)2016年1月25日至5月12日的日K线图

当我们从月线开始分析东方雨虹是否有行情的时候，月线只能够判断是否具有行情，而在进一步分析周线图时，发现大级别的调整已经到位，新一轮上涨已然开始，五浪中的前两浪已经走出，3浪尚未开始，此时第二浪调整浪的低点附近就是最合适的买点。尽管第二浪调整低点8.5元附近的买点没有第一浪开始处的7元价位更具成本优势，但是一个好的买点不仅看成本的高低，更重要的是能够在确保安全性的前提下，争取在最短的时间内获取应得的利润，省去了震荡带来的心理折磨。

如图3-4所示，第二浪回调点买入，省去了第一浪和第二浪期间4个月的波动，同时，在第二浪调整浪买入后，第三浪主升浪的上涨幅度很可观，收益颇丰。

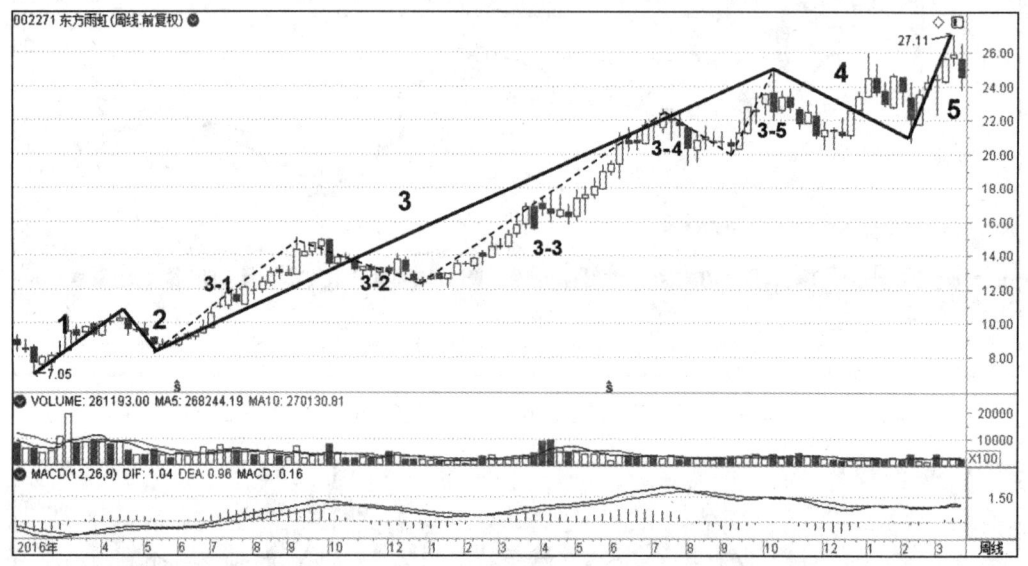

图3-4　东方雨虹（002271）2016年1月25日至2018年3月23日的周K线图

2. 中期趋势行情

中期趋势行情产生于大盘处于牛市时，通常情况下大盘需要前期3~8个月的做底时间，随后迎来的向上放量突破就有可能产生中期趋势行情机会。主周期为日线级别，整个上涨幅度通常可以达到50%~80%，上涨时间在3~8个月。

大周期：周K线

用周K线走势图确定股价的趋势和位置、是否具备产生中期趋势行情的研判要素。

主周期：日K线

用日K线走势图确定是否具有中期行情的交易信号，分析判断股价当下属于哪个波段，从而确认是持股还是空仓。

小周期：30分钟K线

当日K线走势图发出买卖信号后，用30分钟K线图寻找适合中期行情买卖的交易价格区间。

实战案例

如图3-5所示，珠江啤酒（002461）在周线图上，股价创新低，但是MACD指标不创新低，指标和量价背离，暗示着该股跌势已尽。股价触底反弹，反弹至前期横盘震荡时，再次向下调整，不创新低，快速调整到位。但是否在当下产生买卖信号，还需要观察主周期，即在日线图上寻找是否产生买卖信号。

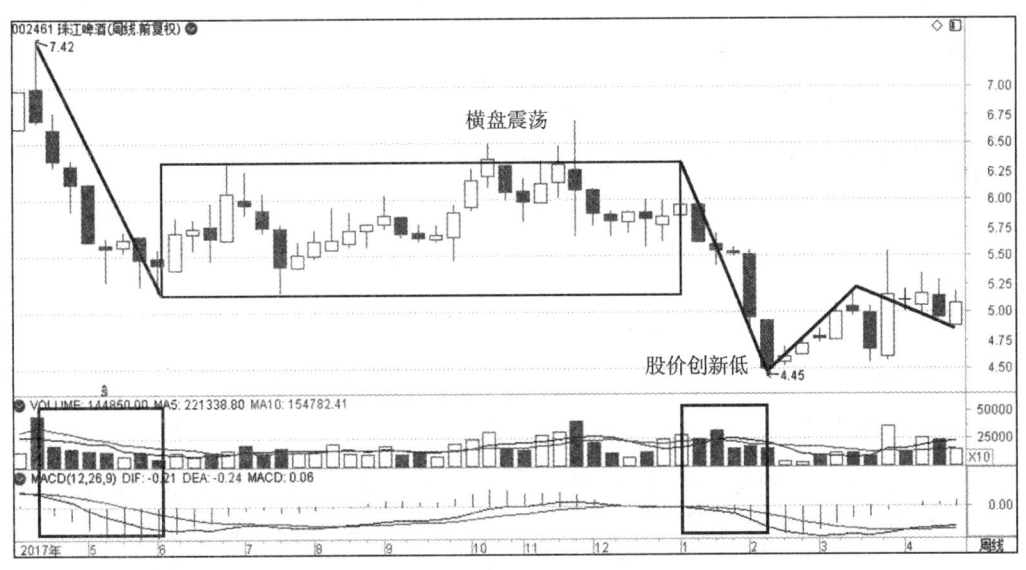

图3-5　珠江啤酒（002461）2017年4月7日至2018年3月23日的周K线图

如图3-6所示，珠江啤酒在触底反弹之际，从日线走势图上观察到，在3个月的时间内，股价经历了一波上涨以及横盘震荡的回调走势。按照波浪理论的解释，股价应该是属于走完第一浪和第二浪。第二浪震荡的幅度很大，但成交量

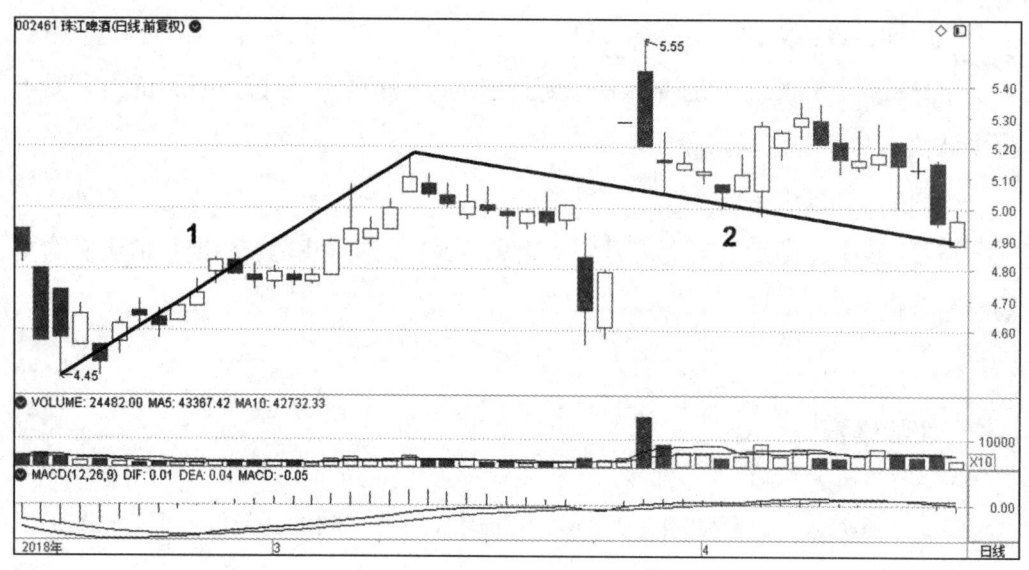

图3-6 珠江啤酒（002461）2018年2月5日至2018年4月23日的日K线图

逐渐放大，场内开始活跃，并且在调整的末期，股价并没有多大的跌幅，始终在1浪顶点附近震荡，并且一字涨停的跳空缺口也支撑着股价。这说明股价在蠢蠢欲动，明显的买入信号出现在我们面前。但具体的买卖点还是需要到小周期去寻找。

珠江啤酒从2018年2月至6月，一共历时17周，在周线上完成了一波上涨，那么该轮上涨对应的大周期就是周线级别的。在日线上可以看到完整的五浪上涨结构，包括三波上涨结构以及两波调整结构，所以日线是其主周期。在主周期发出交易信号时，再到小周期30分钟K线图去找交易点。

如图3-7所示，调整第二浪abc三浪在一个横盘震荡的结构内。观察这两个月内的走势，发现股价基本上稳定在5元上下，大部分时间都不会跌破5元。而c浪在下跌的过程中，稍微跌破5元区域，即将回补前期的跳空缺口之时，一根大阳线逆势而起，快速将股价拉至5元附近。观察指标也能发现，指标的绿柱开始缩减，开始拐头向上。说明c浪调整到位，5元附近放量向上突破的阳线，就是一个很好的买入点。2浪调整到位，即将开始第三浪的拉升阶段。

当主周期的交易信号发出时，我们再到小周期去寻找最佳的下单点位，可以将我们的利润最大化，并且可规避掉不必要的时间成本与资金成本的损耗。如图3-8所示，2浪经过长时间的调整后，调整到位，开始了快速而猛烈的3浪拉升。

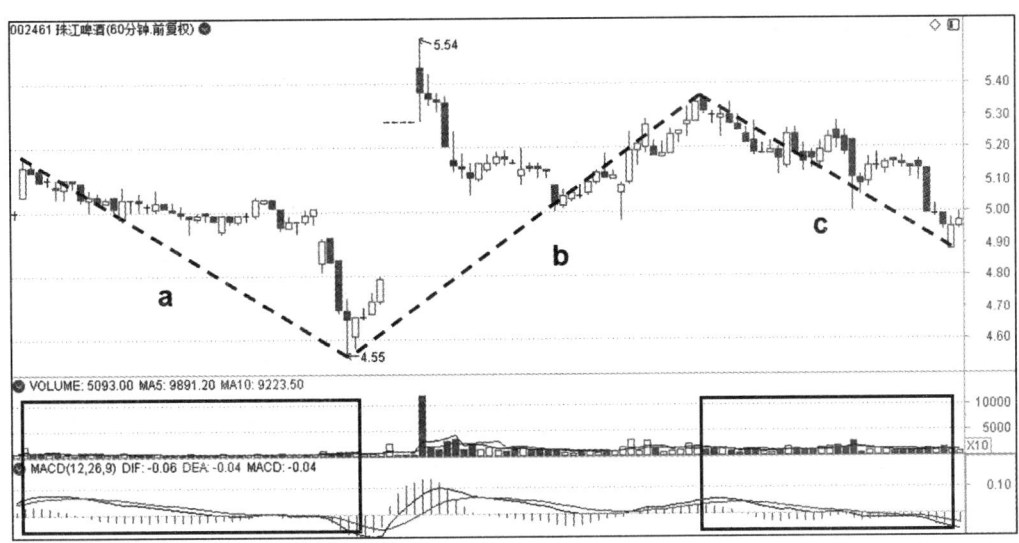

图3-7 珠江啤酒（002461）2018年3月9日至4月23日的60分钟K线图

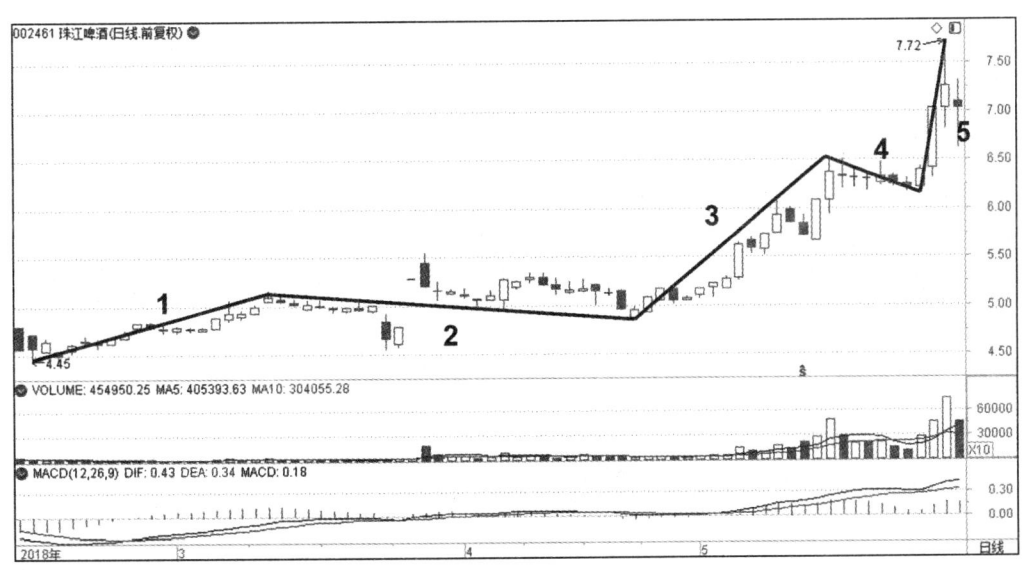

图3-8 珠江啤酒（002461）主周期在日K线上的3波上涨和2波调整行情

因此，1浪的低点具有成本优势，但2浪调整的低点却是一个效率最高的买点。

在谈到买卖点的时候，任何买卖点绝不是一个最低点或一个最高点，而是一个区间，因为高低点转瞬即逝。但在该交易区间内，走势转向明显，一切因素都开始往趋势的方向发展，这个时候的买卖点就是一个很准确的买卖点了，能保证我们在买卖后能够最大概率获取收益。

3. 反弹趋势行情

反弹趋势行情通常出现在大盘下跌的过程中，反弹的主周期以30分钟级别为主，一般运行时间持续9~16天，在30分钟K线图上可以看到完整的波段结构特征，此时大盘的反弹行情出现，会伴随着热点和事件的发生。

大周期：日K线

用日K线走势图确定股价的趋势和位置、是否具备产生反弹行情的研判要素。

主周期：30分钟K线

用30分钟K线走势图确定是否具有反弹行情的交易信号，分析判断股价当下属于哪个波段，从而确认是持股还是空仓。

小周期：15分钟K线

当30分钟K线走势图发出买卖信号后，用15分钟K线图寻找适合反弹行情的交易价格区间。

实战案例

如图3-9所示，兆新股份（002256）从高点下跌，经过4个月的停牌之后，又经历了两个一字跌停。股价在接近腰斩之际，触及2.81元之后，在强力的买盘之

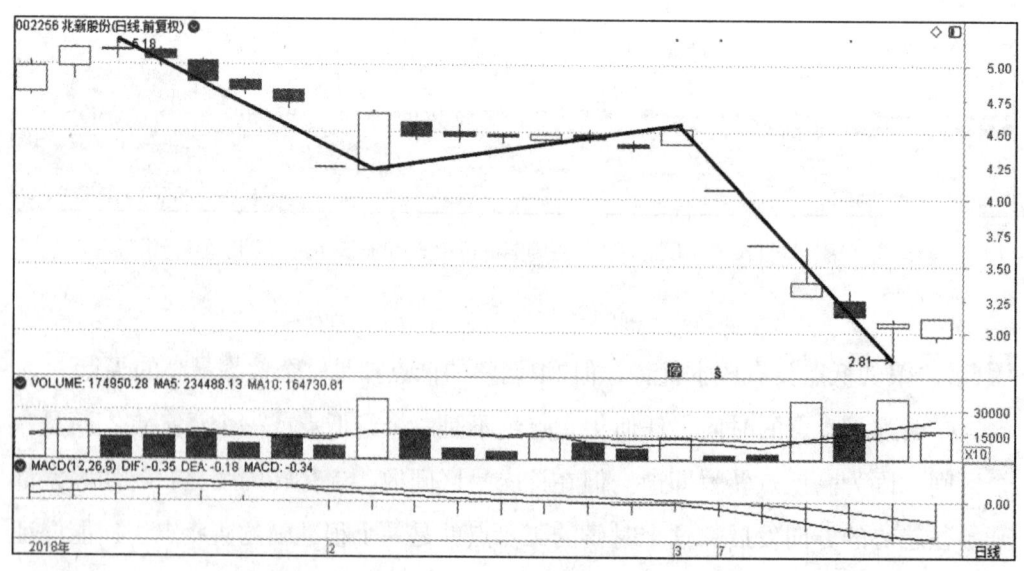

图3-9　兆新股份（002256）2018年1月18日至7月9日的日K线图

下开始回升，收出一根长脚星线。而在此之前，就已经有资金开始介入，但奈何空头力量强大，股价再次下跌。但股价在触底之后的第二天，再次上扬。资金开始入场，多头开始发力。再分析主周期图，观察是否具备买卖信号。

如图3-10所示，在30分钟K线走势图上，短期内，兆新股份股价在资金的快速推动下触底反弹20%左右，展开了1浪的走势。走势要想接着再向上走，必然会有回调，而这波2浪的回调仅横盘震荡并未下跌，说明3浪很快就会展开。2浪调整到位，30分钟K线走势图中一根大阳线凌厉地突起，随后股价一直在3.3元附近震荡，这个价位是这波横盘震荡的高点，也是压力位。调整到位后的股价站稳了这个位置，说明此时买入信号已经明确，接下来就是去更小周期图上寻找一个精准的买点了。

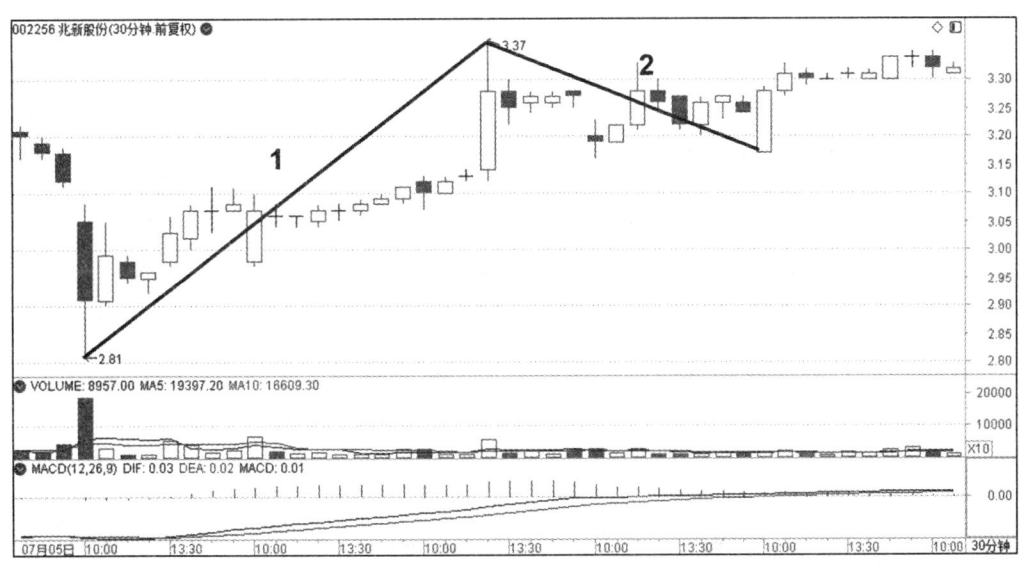

图3-10　兆新股份（002256）2018年7月5日至13日的30分钟K线图

如图3-11所示，1浪和2浪在15分钟K线图上所展示的走势更加细腻。2浪的abc调整浪是一个小幅横盘震荡的结构。从支撑和压力的角度来分析走势，会发现调整的股价走势都不会触及1浪内部的顶点，即3.1元的价位，在此价位构成了一个稳定的支撑区域。在c浪调整最后，跳空低开后的大阳线就是一个买入的区域。股价随后横盘震荡，3.3元的价位从之前的压力位转为支撑位，等待走势慢慢走出第三浪。

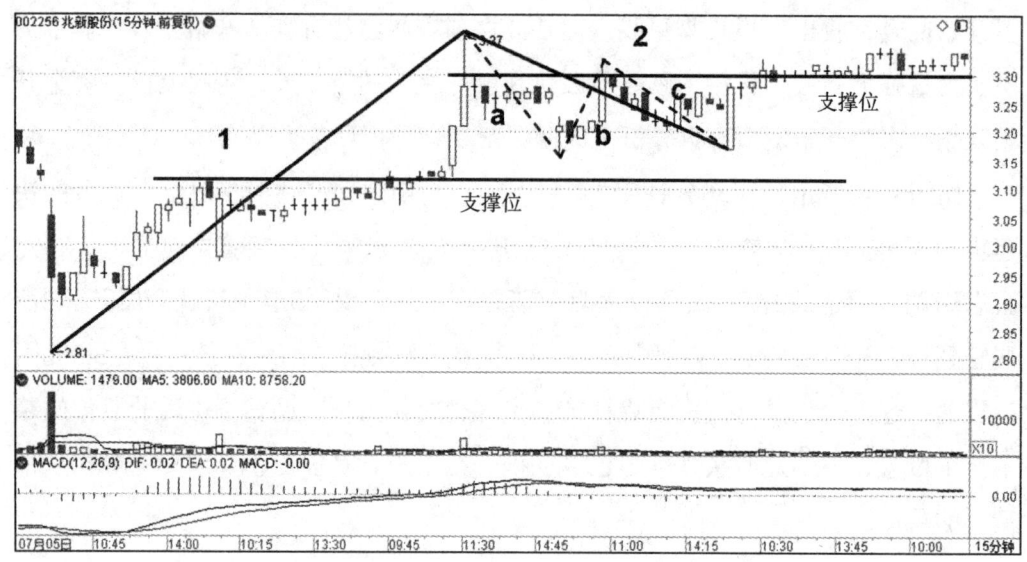

图3-11 兆新股份（002256）2018年7月5日至13日的15分钟K线图

4. 反抽趋势行情

反抽趋势行情出现在大盘下跌的过程中，往往是出现了某些事件和利好，短期使得指数向上反抽，但是持续性不够好，量能往往也无法配合，且大趋势向下，上涨的幅度小、时间短，是最难以把控的行情。

大周期：60分钟K线

用60分钟K线走势图确定股价的趋势和位置、是否具备产生反抽行情的研判要素。

主周期：15分钟K线

用15分钟K线走势图确定是否具有反抽行情的交易信号，分析判断股价当下属于哪个波段，从而确认是持股还是空仓。

小周期：5分钟K线

当15分钟K线走势图发出买卖信号后，用5分钟K线图寻找适合反抽行情买卖的交易价格区间。

实战案例

如图3-12所示，海利得（002206）在60分钟K线图上，处于下跌走势阶段。

股价创新低，指标显示已经比前一个下跌阶段的力度更加弱小。在这一小级别内部，股价跌势暂时算是止住了，由此可能会有一波小级别的反抽行情。股价从底部开始反弹，在触及前期横盘震荡的底部区域时再次回调，这次的回调没有再创新低。大周期提供了一个大环境，股价在60分钟K线图上有止跌的迹象。

如图3-13所示，所在的K线图级别越低，股价波动的区间越小。在15分钟K线图上，2浪的震荡幅度也仅仅是几分钱。尽管幅度不大，但对于研判买卖点还是有作用的。2浪小幅调整，在4.06元附近得到支撑，股价一直横盘，并且MACD指

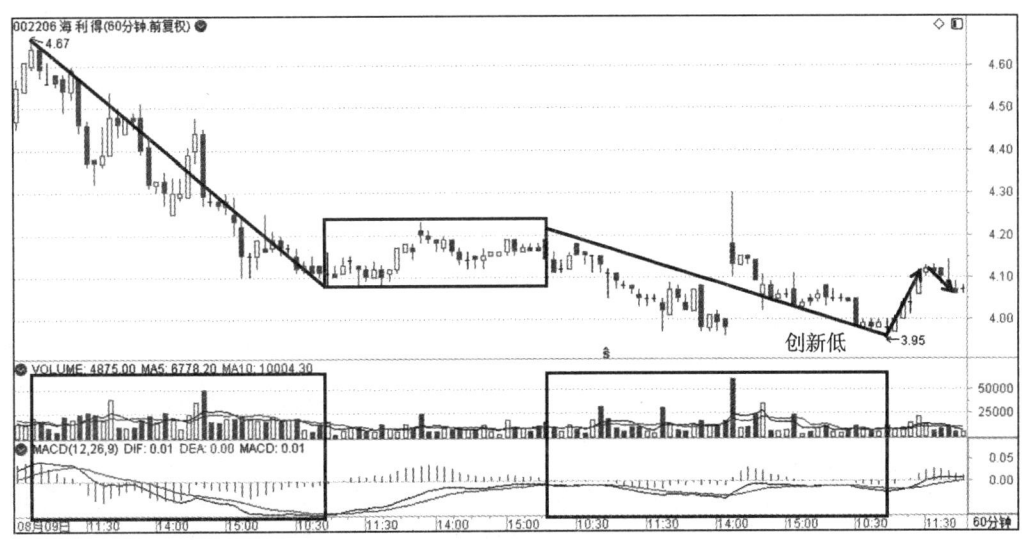

图3-12　海利得（002206）2018年8月9日至9月20日的60分钟K线图

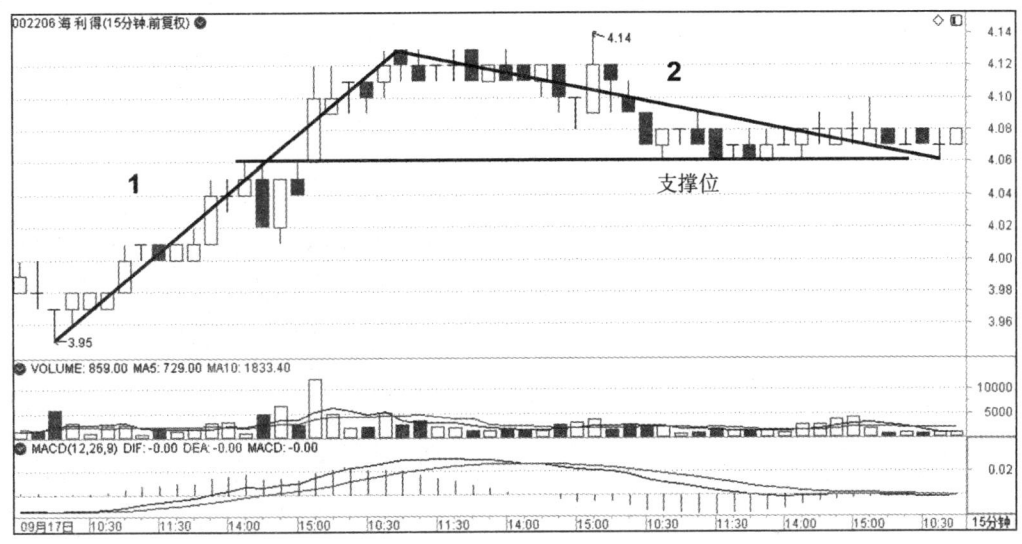

图3-13　海利得（002206）2018年9月17日至21日的15分钟K线图

标开始从上方回归零轴，预示着第三浪即将到来。再到小周期去寻找精准的买卖点。

如图3-14所示，在5分钟K线图上，股价上下浮动的区间更小。但对于研判买卖点还是有所帮助的，那就是在20日和21日横盘震荡区间，股价跌无可跌，成交量逐渐缩小，2浪小幅调整将终结，可在此价位买入，之后开始享受第三浪的主升浪。

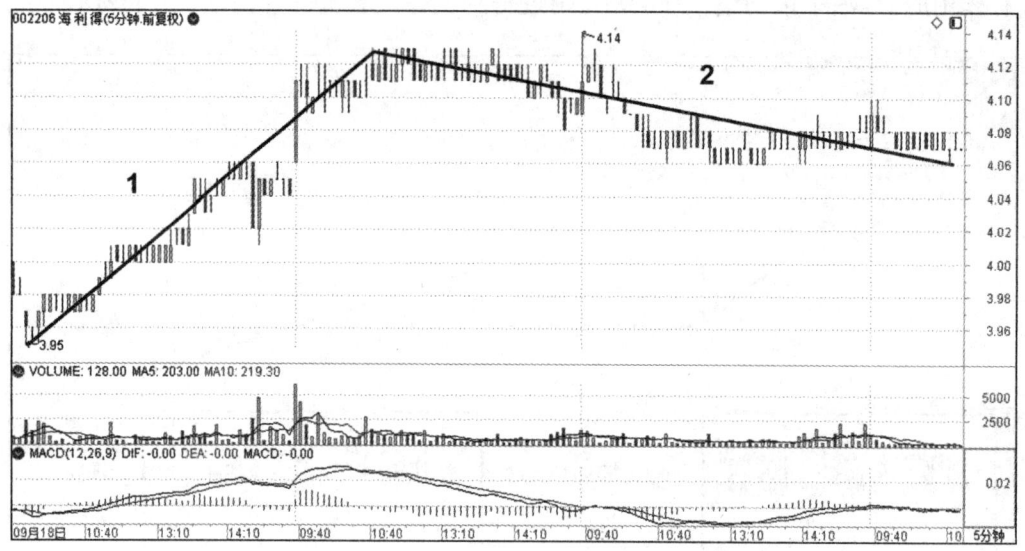

图3-14　海利得（002206）2018年9月18日至21日的5分钟K线图

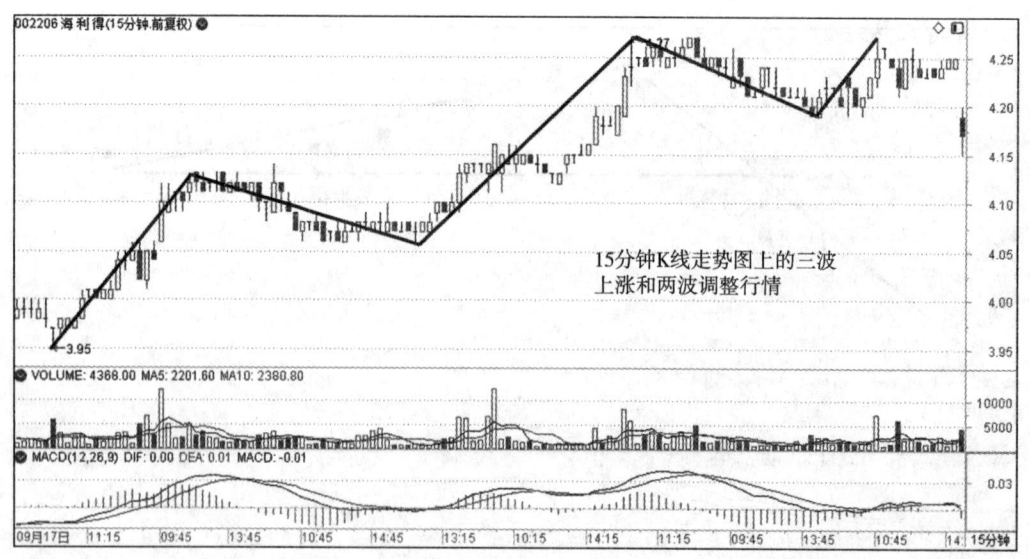

图3-15　海利得（002206）2018年9月17日至10月8日的15分钟K线图

如图3-15所示，海利得在15分钟K线图上呈现出三波上涨和两波调整的走势。在反抽行情中，60分钟K线图能够判断整个大环境的情况，15分钟K线走势图能够判断是否已经发出了买卖信号，5分钟K线图能够研判买卖的精确点。三个周期的辅助判断有助于更精准地寻找买卖点。

第三节　不同周期的作用

放大周期看趋势，缩小周期看位置。这短短的两句口诀，是我多年在股票市场中披荆斩棘总结出来的，也是我在每一次的交易过程中必须要做到的，在此也送给有心学习的各位读者朋友们。周期越大涵盖的信息越多，就越偏向于面，对于趋势中的某段走势进行深度分析时必然要对趋势进行解剖，方法就是缩小周期，此时股价的位置、结构尽收眼底。

在第一节介绍三个周期的时候已经对各个周期的重要性进行了阐述，本节要继续强化，因为对股价的分析不是一件简单的事情，它需要我们运用科学的方法从混乱的走势中找到有规律的节奏。关于各周期在分析行情走势时的作用，请牢记以下5句话：

大周期是判断趋势的；
主周期是用来寻找交易信号的；
小周期是用来找买卖点的。
大周期趋势形成前不去主周期找交易信号；
主周期发出买卖信号前不去小周期找买卖点。

实战案例

如图3-16所示，格力电器（000651）2014年2月至2018年5月的上升趋势中，在主周期发出交易信号，我们就在小周期里面寻找交易点位，这个点位往往是在

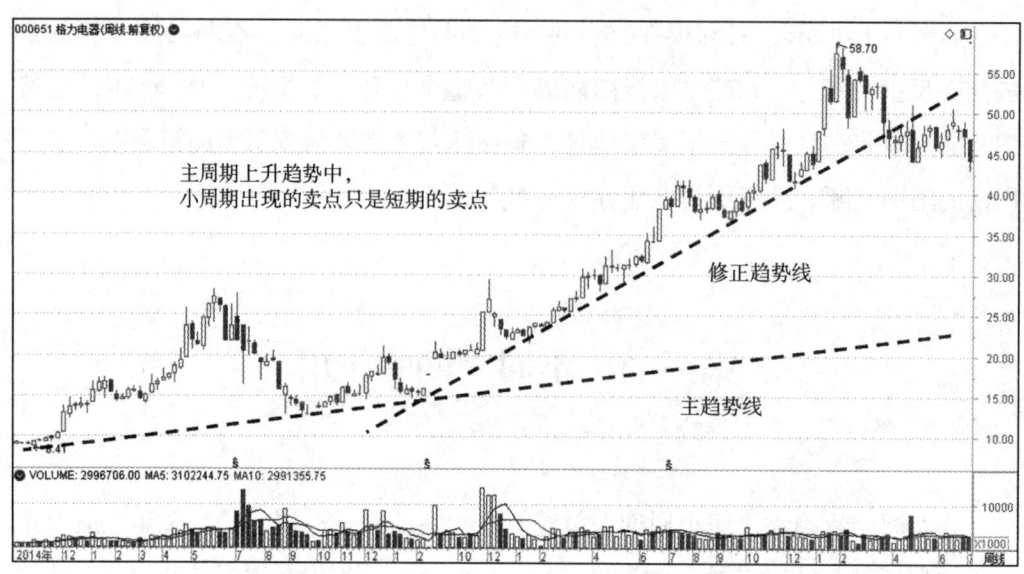

图3-16 格力电器（000651）2014年10月至2018年7月的周线走势图

图3-17 格力电器（000651）2015年9月至2016年9月的日线走势图

主周期确认上升趋势时出现的一个回调位置，我们可以通过小周期的双突破点位来寻找这个进场点，这样点位更加精准，获利空间也会增大。

上页的5句话是对多个周期作用的概括，在实战过程中会面临很多不断变化的细节上的问题，在此一定要做出详细解释，以便于读者学习。因为我和我们江氏团队的所有成员时时刻刻都有一个初衷：帮助投资者建立理性投资理念，远离投资失败的痛苦，在投资中可以实现稳健盈利。

1. 第一个诠释

在主周期的上升趋势没有被破坏之前，如果用小周期卖出，一定要在小周期上找到补仓点。

这里重点强调主周期在上升趋势时的情况，对于主周期在下降趋势时不做介绍，因为主周期在下降趋势时是不会给小周期发出买入信号的。

实战案例

如图3-18所示，长春高新（000661）在2018年2月至7月的上升趋势中，有数次小周期的调整，理想情况下可以进行滚动操作，高抛低吸，将利润最大化。在5月18日至29日的上涨波段中，对应的小周期是15分钟K线，在日线图中对最明显的高抛点和补仓点进行了标注，在图3-19中对该上升趋势在15分钟K线上的走势进行了深度分析。

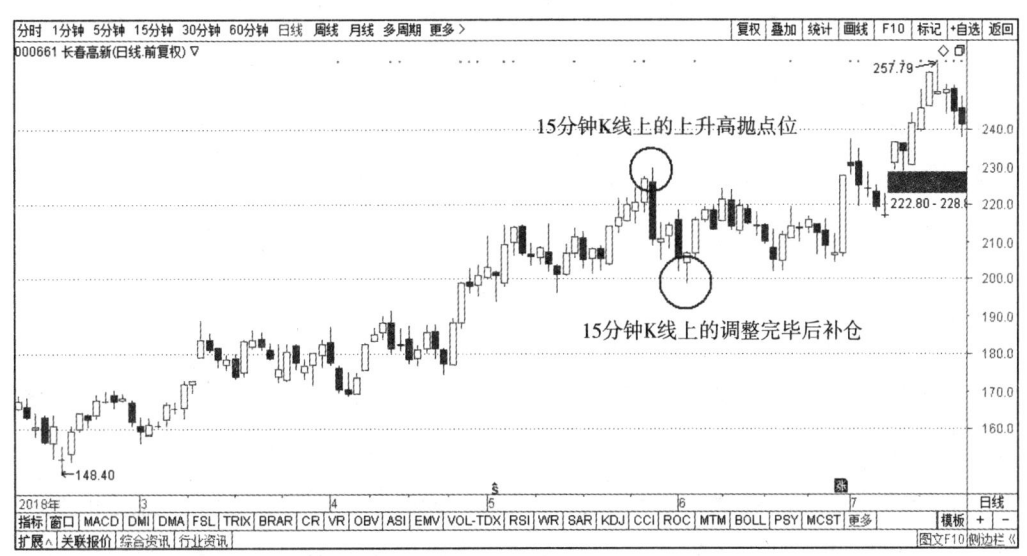

图3-18　长春高新（000661）2018年2月至7月的日线走势图

如图3-19所示，在15分钟K线图上，上涨结构完整后，小部分仓位可以高抛，来博取一次小趋势中的机会。随后股价进行abc三浪调整，调整到位后再次补仓介入，抓住小周期的机会，降低持仓成本。大周期上涨趋势尚未结束，在小周期进行买卖操作时，当小周期的趋势结束之后，要及时将卖出的筹码补回，在

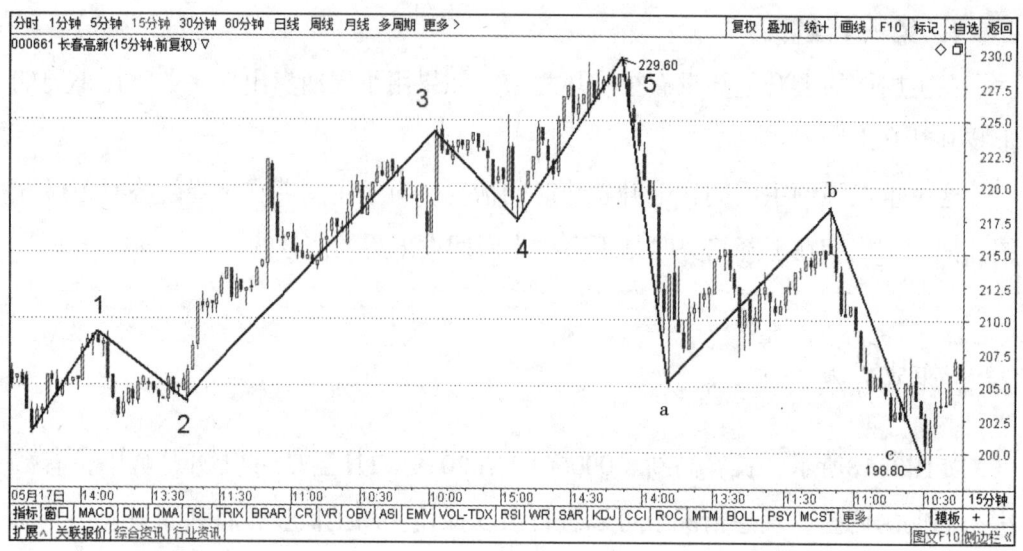

图3-19　长春高新（000661）2018年5月18日至6月4日的15分钟K线图

小周期上寻找新的买入点。

本书的全部内容是在趋势的基础上进行分析的，目的是让广大读者对趋势有更深度的认识，请大家牢记，当我们把书本上的内容运用到实战的时候一定要将整个江氏交易天机的内容融会贯通，否则很容易出现管中窥豹的错误。《趋势为王》是每位交易者认识市场的基础，大家一定要充分了解K线、量能、板块轮动等全方面的信息后再进行交易。

2. 第二个诠释

在上升趋势中，只要主周期趋势保持完好，小周期任何一个买点都是加仓机会，而小周期的任何一个卖点只是短期的卖点，后期还有盈利机会。

上升趋势一旦形成就不要有空头思维，一定是坚定看多的，而且趋势的级别越大要求我们看多的决心越强，只有这样才能获得超额收益。脱离了真实规律的盲目折腾得到的只是失望和亏损，很难有丰厚的收益，就像在2018年坚定价值投资理念的朋友一样。最重要的是，一旦你的账户出现过巨幅亏损，在下一轮牛市来临的时候你很难坚定看多，因为你还没有从亏损的阴霾中走出来，除非你能够勤奋学习、重新认识市场、理解趋势。

实战案例

如图3-20所示,永安林业(000663)在2017年5月至2018年1月的上涨趋势中,主周期是周线级别的,对应的小周期是60分钟级别。我们可以看到,当主周期上升趋势完好时,每次回调不破上升趋势线就会形成小周期上的加仓点。我们也发现,在趋势的运行中会有非常多的买点和加仓点,这就要求我们在实战中坚定主周期的方向,把握住小周期的时机。寻找买进后回撤尽量小的买点。

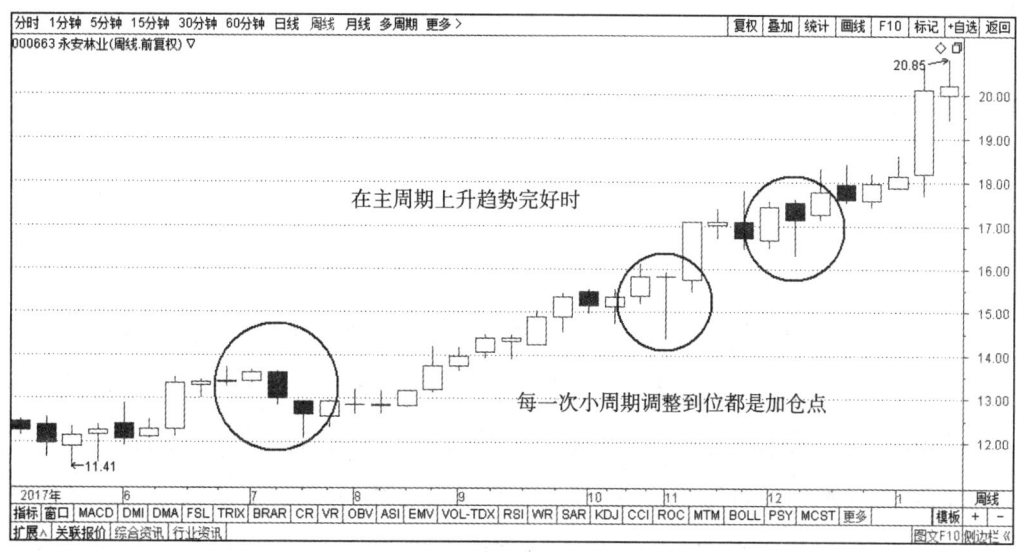

图3-20 永安林业(000663)2017年5月至2018年1月的周线走势图

趋势的运行规律适合任何一个周期,也就是说,在大周期和主周期上运用的分析趋势转换的工具和标准,在寻找买卖点的时候一样适用。永安林业在小周期60分钟K线的走势上首先突破了小周期的下降趋势,随后又突破了小周期的形态线,此时出现的小周期确认上升趋势的点位就是绝佳的买入点位,也是整个主周期中的加仓点位。

图3-21　永安林业（000663）在小周期上的走势图

3. 第三个诠释

在主周期下降趋势完好的前提下，用小周期进行逆势操作，最多只能操作小周期的3个波段，即使走出5个波段也只操作3个波段，任何一个出场点都必须离场。我不建议投资者在这种位置进行交易，即使参与，仓位也应该非常有限。

趋势为王，顺势而为，是趋势交易的精髓。股价只要有变动就一定会有趋势的存在，只是趋势级别大小的问题。从理论上讲，对A股而言只要有上升趋势就可以交易，但是小级别的上升趋势盈利空间有限，伴随的风险却是无限的，所以江氏交易天机系统的精髓是：趋势为王，顺大势而为。

实战案例

如图3-22所示，润欣科技（300493）在2018年5月至10月的下降趋势中，主周期是日线级别的，在6月22日至7月18日的反弹中，一共只运行了3个15分钟级别的波段，其中包含了两个上涨波段和一个调整波段，并且在第二波15分钟级别的反弹上涨中也只有3个波段。如果参与了该反弹趋势行情，在第二个15分钟级别的上涨过程中没有及时离场的将会面临无法预知的风险。所以，在下降趋势中操作时一定要切记，小周期上的任何一个离场信号发出，都必须清仓离场。

图3-22 润欣科技（300493）2018年5月至10月的日K线走势图

4. 第四个诠释

主周期在做底过程中，小周期的买点是中期低吸点，或者是短线买点，小周期的高抛点只是短期的卖点。

对于普通投资者而言，在实战时最困难的问题在于无法判断一个横盘区是底部形态还是下降趋势的中继调整形态。这也是江氏操盘体系的强大之处，我们能够从动能的变化、结构是否完整、筹码是否充分转换、建仓的资金是否强势等信号来判断底部的可靠性。只有经过其他信息的辅证后大概率确认的底部，才可以用小周期参与交易。

实战案例

如图3-23所示，紫鑫药业（002118）在2017年5月至10月是长达5个月的做底阶段，这个区间内的振幅高达18.77%，如果对技术分析方法掌握得好，其间使用小周期来进行短线操作，实际的利润空间也还是不少的。但值得注意的是，在该区间内的任何高抛点都只是小周期上的短线高抛点，在主周期上升趋势形成后要及时买回前期高抛的筹码，谨防高抛后踏空。

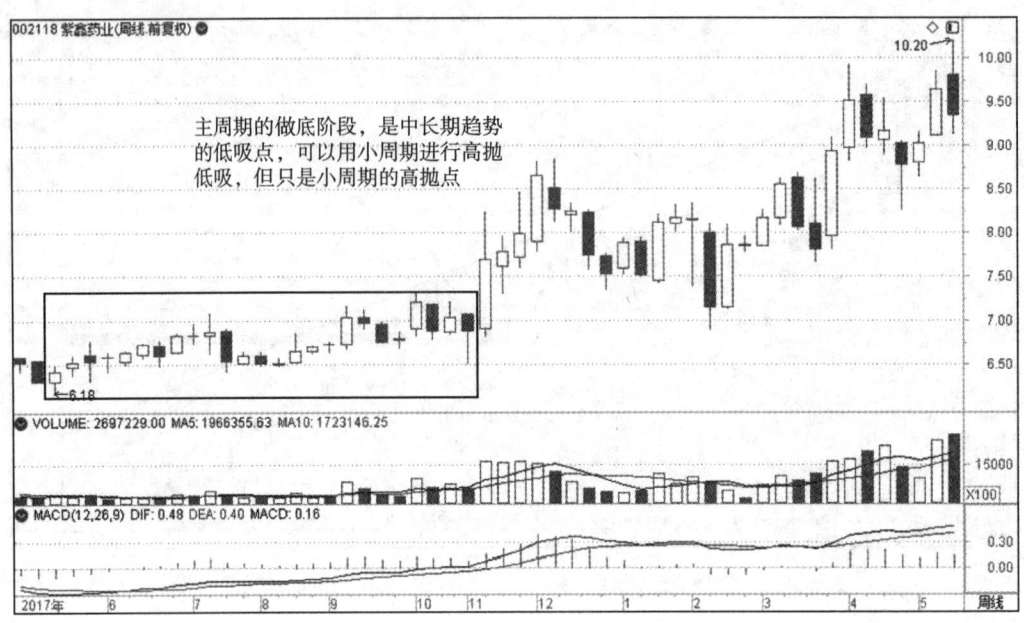

图3-23　紫鑫药业（002118）2017年5月至2018年10月的周K线走势图

5. 第五个诠释

主周期上升趋势破坏后，如果股价再次上涨时量价不健康，则小周期出现的卖点就是杀跌点。当大周期、主周期、小周期的结构全部完整后，一旦小周期向下跌破上升趋势线，小周期的反转就会引领主周期的反转。

实战案例

如图3-24所示，上证指数（999999）在2017年11月经过1个月时间的下跌，以及1个月时间的做底，开始了一波快速的上涨趋势。而在上涨的过程中，形成了缩量上涨，上升动能减弱，量价结构不健康，指数在高位有投资风险，在高位持股的投资者应随时注意卖点的临近。上证指数于2018年1月29日和1月30日两天出现跳水式下跌，并且指数直接跌破了这轮上涨趋势的上升趋势线，预示着这轮上涨趋势开始反转。

如图3-25所示，当主周期跌破上升趋势之时，其实在小周期上，指数已经率先跌破了上升趋势线，那么此时小周期的反转就引领大周期的反转，后市大盘从3587点开始一路下跌。趋势反转的过程中，与主周期相比，小周期能够提前预判走势，不必非得等到主周期的趋势被跌破之后再去操作，此时离最佳的卖点已经相去甚远了。

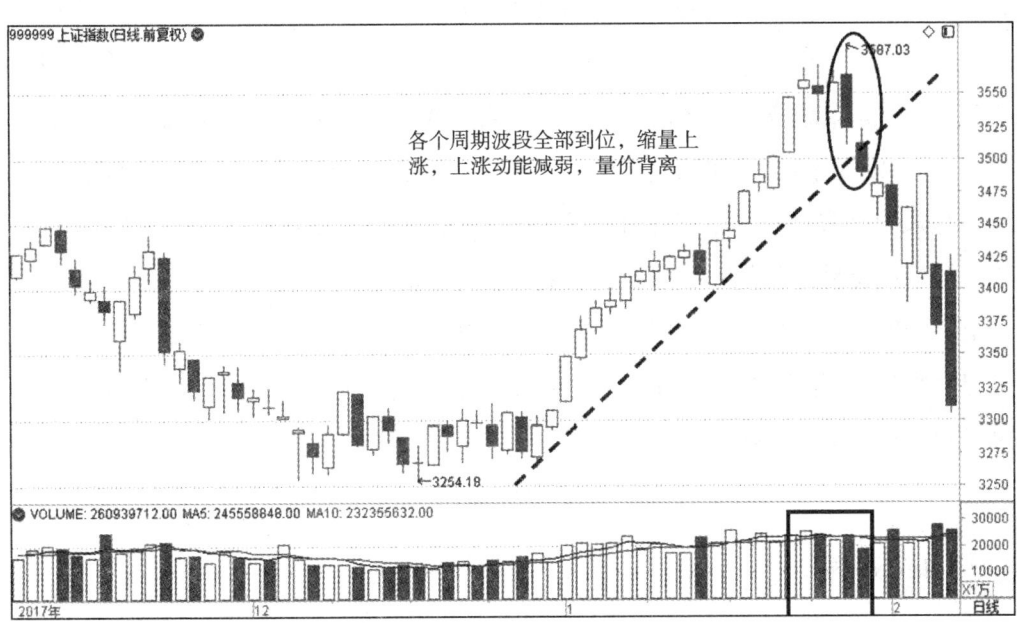

图3-24　上证指数（999999）2017年11月至2018年2月的日K线走势图

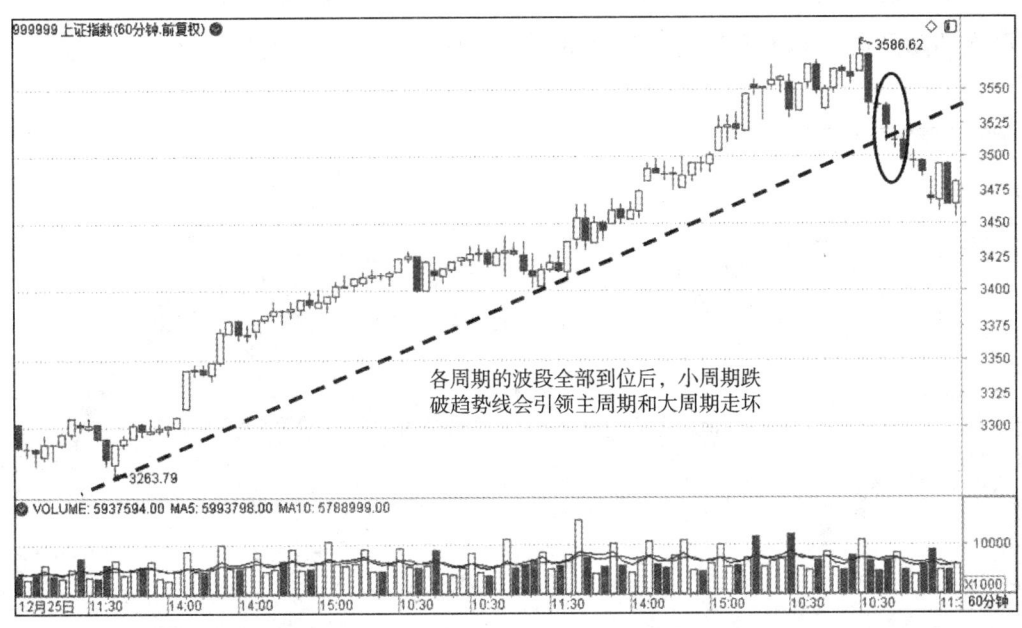

图3-25　上证指数（999999）2018年1月30日小周期跌破趋势线带动主周期变盘

6. 第六个诠释

主周期出现逃命位、小周期出现卖点，是最后的出场点，无论有无利润都必须快速离场。关于逃命位在第八章有更加具体的介绍，这里强调的是一旦主周期出现问题后小周期的风险就开始加大。覆巢之下焉有完卵？交易中的很多道理都是来自生活，要想成为一名交易高手一定先要成为一个活得明白的人。

一位弟子班的学员和我交流时说道："我在盘面出现风险时没有及时卖出，理由是账户还没有盈利，不甘心！"虽然我的很多学员均已成为投资领域的精英，但是在交易上我仍然会坚定地保持自己老师的角色，当他们出现错误的时候一定会严厉指出。风险出现时账户没有盈利要不要卖出的问题，是建立主力思维过程中非常重要的一环。如果问我的学员到底学的是什么，简单来说就是：从散户思维到主力思维的跃迁。

实战案例

如图3-26所示，双星新材（002585）在2018年9月18日的大阴线直接跌穿前期的上升趋势线，随后几天反弹，在小周期看反弹的波段结构完整，不能有效再次冲高形成新的上升趋势，那么此时小周期的高点便是最后的出场点，在9月

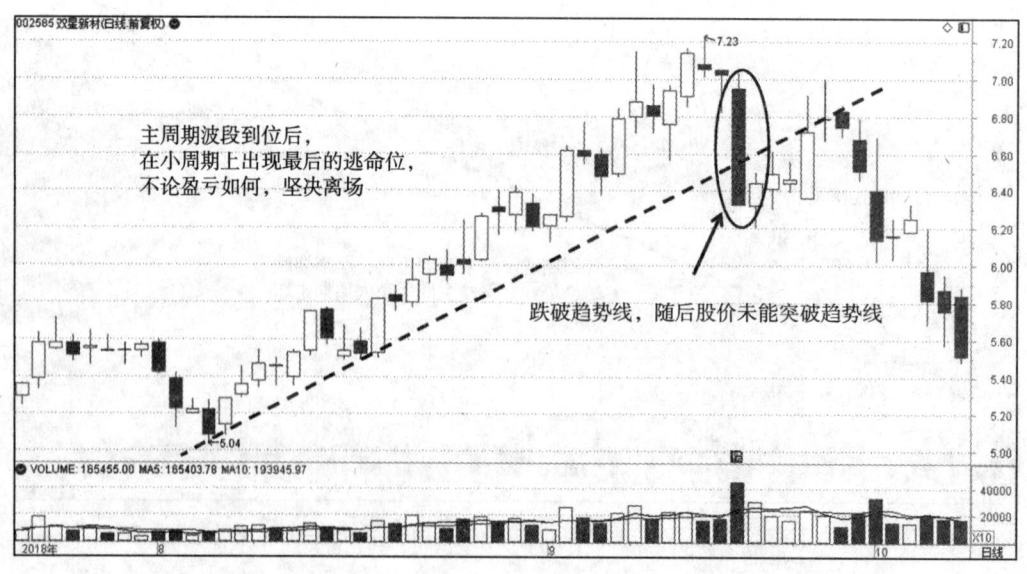

图3-26 双星新材（002585）2018年7月至10月的日K线走势图

25、26日出现最后的逃命位，此时必须无条件清仓。

7. 第七个诠释

主周期处于超跌反弹区域，小周期形成买点，以小周期进行操作。超跌的标准：远离大周期的下降趋势线、K线和均线。

超跌反弹是实战过程中一种非常重要的交易模式，有人说这是与趋势理论相悖的，是逆势交易，我不想评论此观点的浅薄。只要股价在动，就一定在趋势中，只是级别有所不同。超跌反弹只是趋势的级别较小，容易受到大趋势的压制和制约，所以在超跌后通常是以快打慢的走法，也就是强势反弹但是持续的时间有限，操作的模式必须是快进快出，否则前期丰厚的盈利转眼间灰飞烟灭。

实战案例

如图3-27所示，宝信软件（600845）在触及高点之后，经过一波下跌，并且2018年6月13日至20日的这波下跌使得股价远离了下降趋势线、K线以及均线，这波下跌属于超跌走势。而一旦股价跌势过猛，就有回调的需要。在主周期处于超跌的情况下，小周期便会形成小级别的买点，此时就需要进入15分钟K线图中去

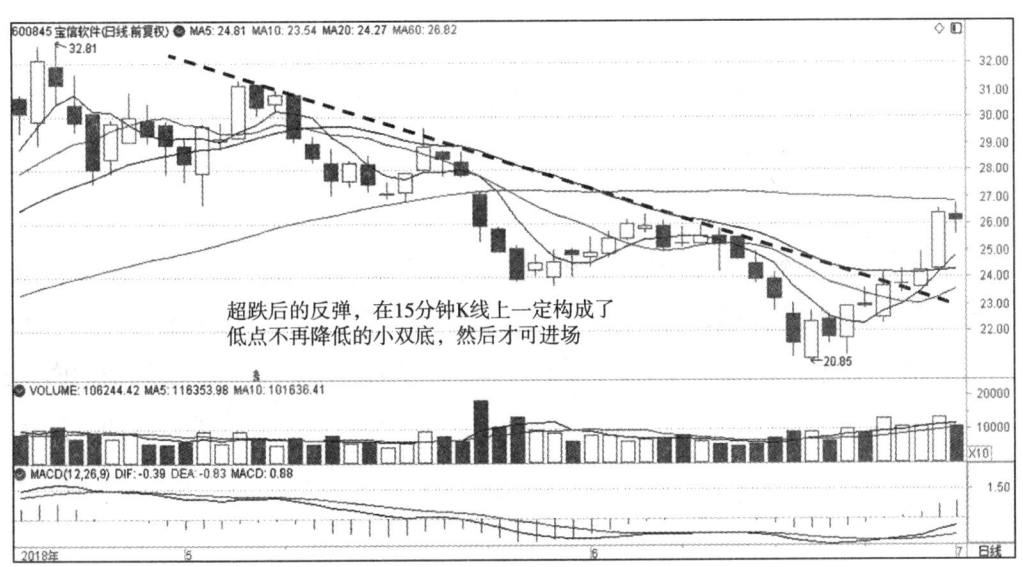

图3-27　宝信软件（600845）2018年4月至7月的日K线走势图

寻找相应的买点。

如图3-28所示,在15分钟K线上构筑了小双底形态,并且第二个底没有跌破第一个底,在形态上股价走势已经企稳。当在小周期上形成双突破之时,便是短线的进场交易点位。关于双底、头肩底的形态在本书中不再赘述,如果还有不理解的请参阅股票图书市场上的基础类书籍。

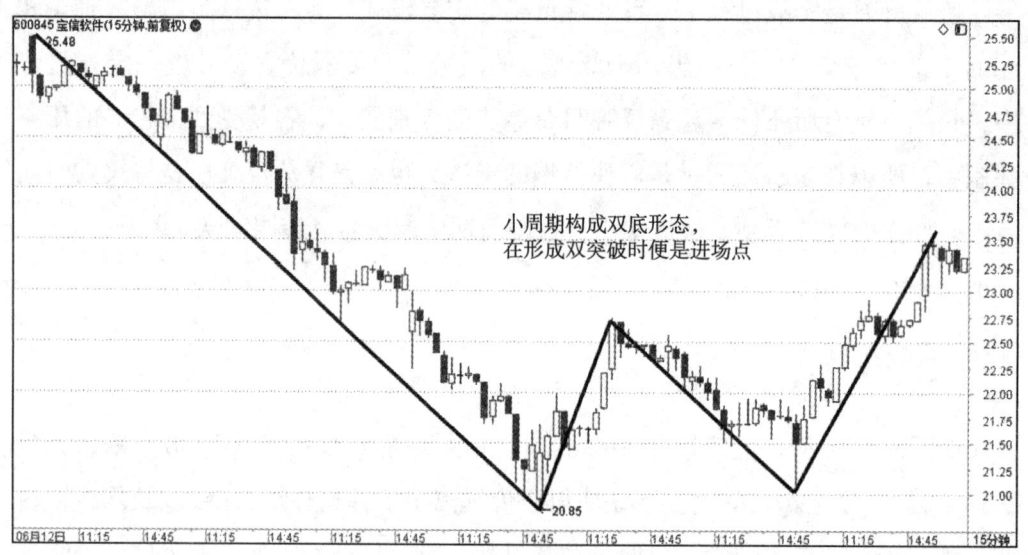

图3-28 宝信软件(600845)在15分钟K线上构成双底形态

第四节 周期之间的转换关系

同一个走势,处于不同周期之中,所看到的趋势方向可能是不同的,这便是不同周期之间相互的联系。例如,当下的走势在小周期图表中是向下的,而在大周期图表中可能是向上的,那么当下必然是处于大周期上涨走势、小级别的回调之中。投资者可以根据周期之间的转换关系,去选择适合自己的操作周期以及相应的操作方向。

1. 周期的基本关系

月>周>日>60分钟（30分钟）>15分钟>5分钟>1分钟

前一个周期的一个上涨趋势由后一个周期两个或两个以上上涨波段及一个或一个以上调整波段组成；前一个周期的一个下跌趋势由后一个周期两个或两个以上下跌波段及一个或一个以上反弹波段组成。

这是趋势运行的根本公式，是股价变化的根本规律，虽然我们看到的股价走势千变万化，但总有些规律是亘古不变的。这是让我及我的操盘团队自豪的事情，我们不是在和大家探讨股票走势，而是在分享市场规律；我们不是在总结招式，而是在传承市场天道。

特别说明

在确定大周期、主周期、小周期时，最重要的是保证更大一个周期的一波走势在更小一个周期上能够看清其结构，通常情况下，两个周期之间相差4~5倍就能够保证在小周期上看清走势结构。如果相差的倍数更多，之间的杂波太多容易造成干扰；如果相差的倍数太少，仍然没有办法看清准确的结构。比如日线上的一波行情在60分钟K线上就可以清楚地看出波段走势，如果用15分钟K线，该波段的K线数会明显增多，很难辨别出不同级别的波浪；同样的，对于30分钟K线上的一波行情，在15分钟K线上也很难看清楚其内部结构。

实战案例

下面针对罗牛山（000735）历史上的一段走势进行深度分析，分析时要求读者真正把趋势的级别变化、小周期趋势引领大周期趋势、大周期趋势制约小周期趋势的思维带入进来，以为后面更加深入的学习做好铺垫。

如图3-29所示，罗牛山在2015年9月至2017年6月之间横盘震荡，做底时间长达22个月。股市里常说横有多长，竖有多高。级别越大，底部做底时间越长，筹码收集越牢固，后续走势所产生的能量也越加威力巨大，而且中长期行情的走势一般在8个月以上，能够捕捉一大波稳定的收益。

如图3-30所示，在周线级别的图上，能够清晰地看出罗牛山股价走出了五浪上涨走势。同一段时间内的走势，在月线图上只能反映为一段上涨行情，而在周线级别的图上则能展示出更多的细节，三浪上涨和两浪回调的五浪结构清晰而完整。

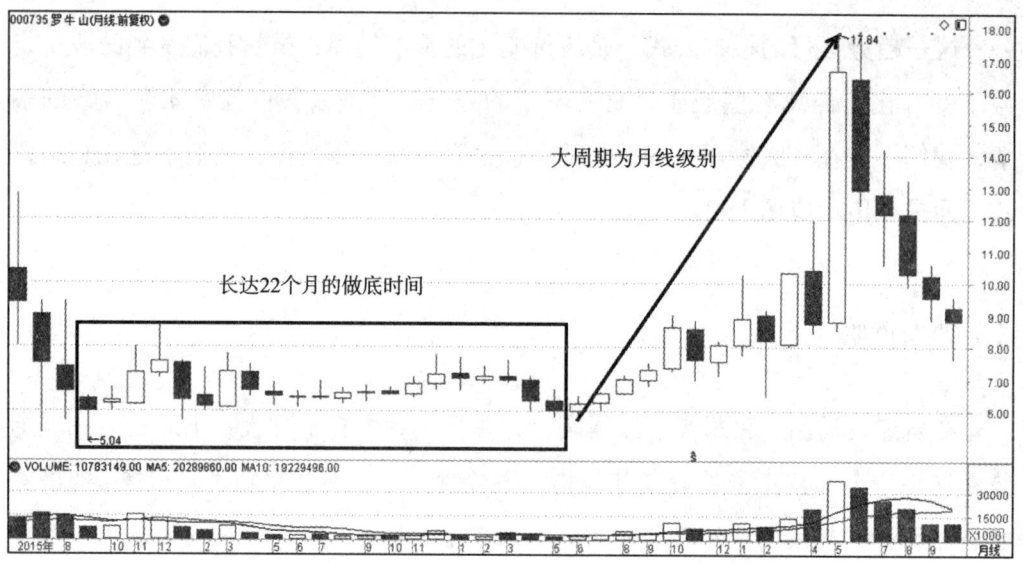

图3-29　罗牛山（000735）大周期在月K线的走势图

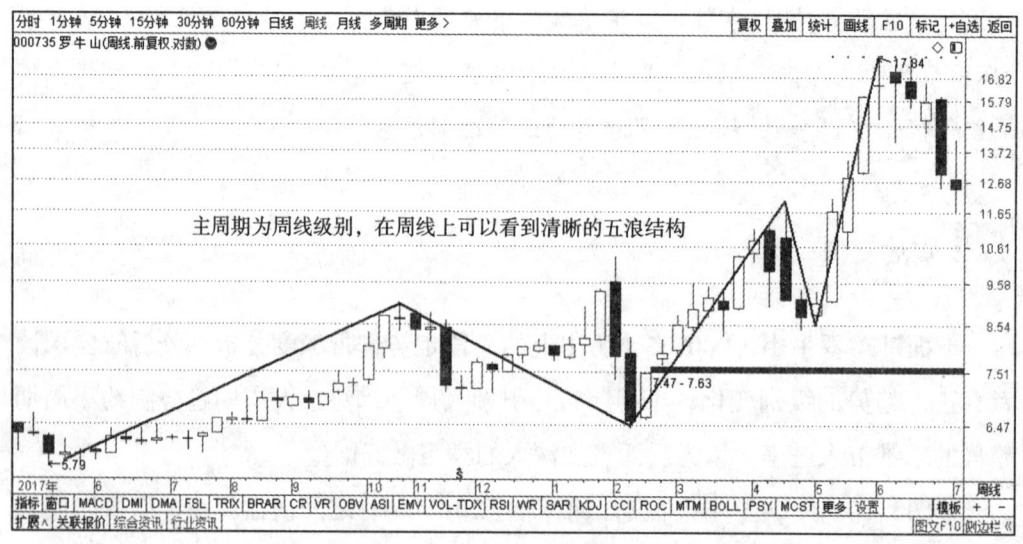

图3-30　罗牛山（000735）主周期在周K线的走势图

如图3-31所示，罗牛山在60分钟K线图上所显示的五浪结构，其实是周线图上五浪结构中的第五浪的内部结构。从周线图中观察走势的大致路径，再去分析小级别图中的细节走势，便能从各个方面加以把握，做到粗中有细、统筹全局。

如图3-32所示，日线图中的下跌走势，从时间角度来看属于中期趋势。往周线以及月线级别的图看，这段走势仅仅是中长期趋势中的一小部分。而从小级别的图中分析，必然会包含反弹行情与反抽行情。对于不同行情机会的把握，需要

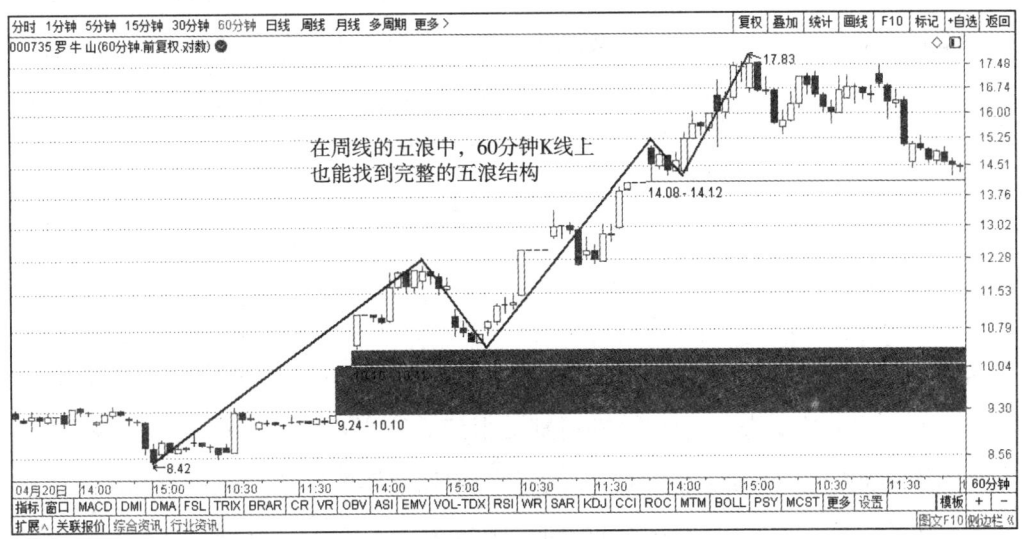

图3-31　罗牛山（000735）在60分钟K线小周期的走势图

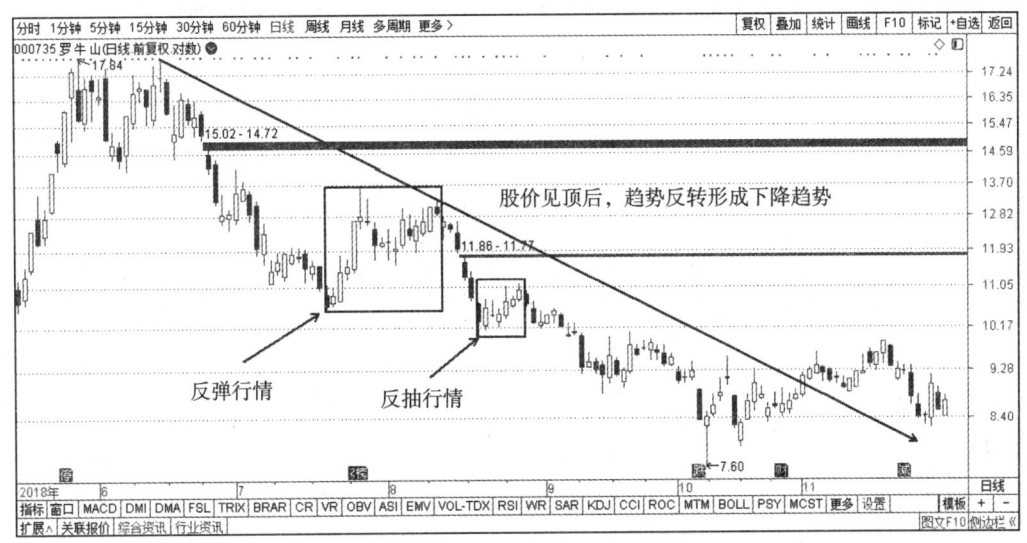

图3-32　罗牛山（000735）见顶后趋势反转的日K线走势图

去相应级别的图中发现机会、辨别机会。

2. 周期的引领关系

所有行情的改变是从小周期开始的,小周期只要把大周期引领好,操作时就要不断把时间周期放大。

大周期和小周期都是股价走势在不同级别中的展示。大周期能够更直观地展示趋势的方向以及走势的演变节奏,小周期的走势图能够让更多的细节展示出来。走势是市场合力的结果,是慢慢走出来的,先有小周期的走势方向,再有大周期走势方向,小周期的走势引领着大周期的走势。因此,在实际操作时,小周期上的走势完结了,相应地就去大周期上判断走势的趋势方向。

实战案例

如图3-33所示,中国石油(601857)在2018年7月19日到31日走出一波上涨,我们可以判断这是一个15分钟级别的上涨,所以可以清晰地在15分钟的K线走势图中看到完整的五浪上涨结构,以及ABC三浪调整结构。在完成ABC三浪调整后,股价开始回升,并且小周期继续向上突破。

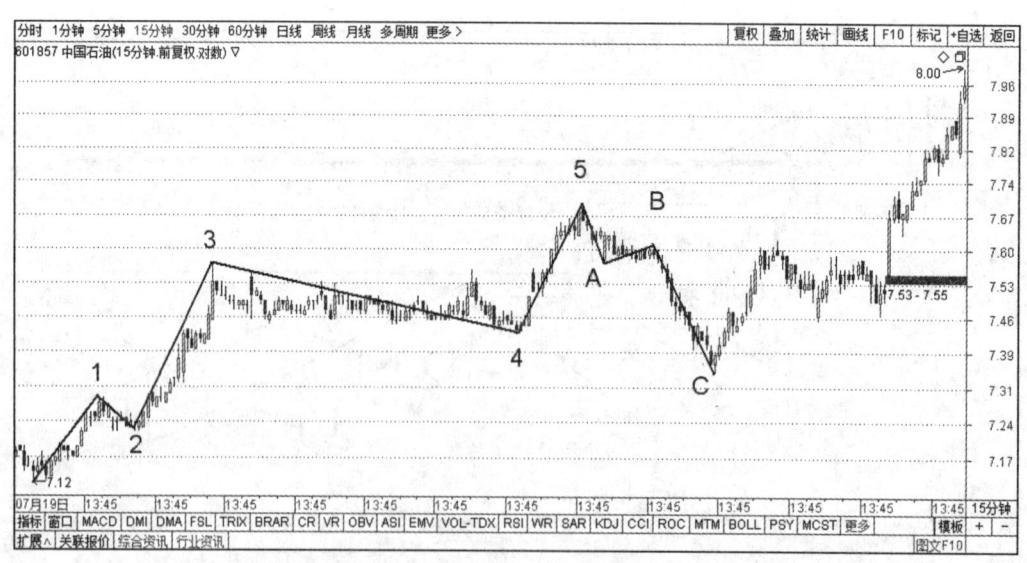

图3-33 中国石油(601857)60分钟K线的走势图

如图3-34所示,这是中国石油的日K线走势图,方框中便是小周期60分钟K线图中的五浪上涨和ABC三浪调整的走势,只是在日线图中,所呈现的走势更加粗糙。当小周期中新的15分钟K线上升结构出来后,引领大周期的再次上涨,我们就可以放大一个级别来看周期,并且对应地各个周期研判标准也要向上提升一个等级。

图3-34　中国石油(601857)日K线走势图

3. 周期的制约关系

在明显的上升趋势或下降趋势中,上升趋势做波段或下降趋势做反抽,要以小周期进行买卖。

大周期图和小周期图是相辅相成的。大周期图中上涨股价走势力度已经明显减弱时,相应地便会出现一个卖点,或者下跌走势力度明显偏弱时,相应地便会出现一个买点。这个时候为了精准地抓住买卖点,必然要到小周期图上进行分析研判。

实战案例

如图3-35所示,从大通燃气(000593)2017年8月至10月的一波日线级别的上升趋势中,可以看到有数个小级别的上升波段,而每一个上升的波段中,都可

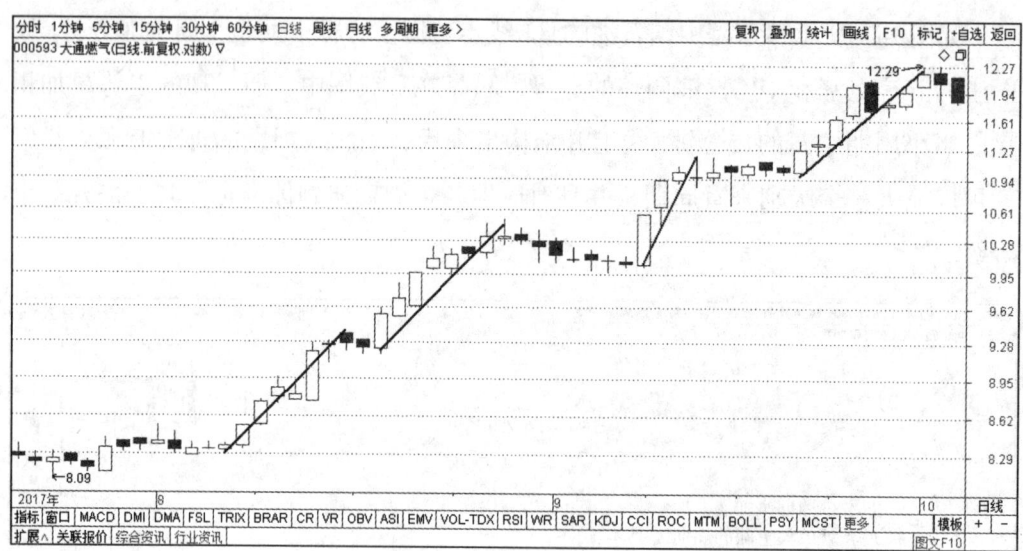

图3-35 大通燃气（000593）上升趋势中的小波段

以在小周期的级别中看出完整的五浪结构，所以在小周期上进行操作的准确率比在大周期上高。

如图3-36所示，在2017年10月至12月期间，大通燃气股价在日K线走势图上显示的是一个下降趋势。所有的下跌走势不是一连串的阴线，其间必然会有反弹，必然会有阳线去阻挡走势的下跌。因此，在日线图中的下降趋势，在小级别

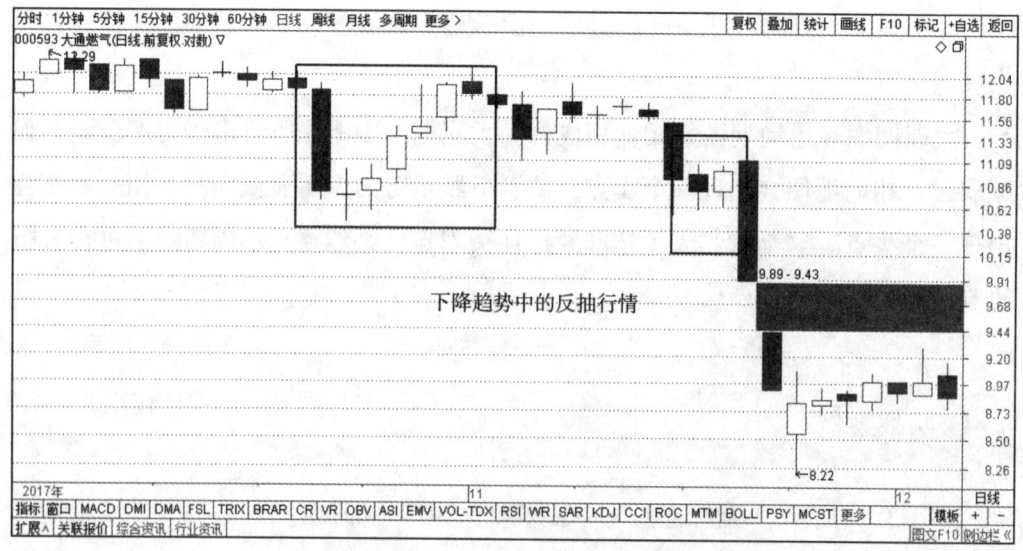

图3-36 大通燃气（000593）下跌趋势中的反抽

的图中会有反抽以及反弹行情。图3-36中有两波行情，一波行情持续时间较长，一波行情持续时间较短，对要抓住这两波行情的投资者来说，只需要去小级别如60分钟或者30分钟K线图中观察走势结构，即可参与其中。

第五节　主周期机会的研判

1. 主周期趋势的确定

如果股价破坏下降趋势后再次破坏底部的形态，形成双破位，之后以主周期做多。如果股价破坏上升趋势后再次破坏头部的形态，形成双破位，之后以主周期做空。

技术分析的三大假设之一是价格以趋势方向演变，换言之，股价以及指数将沿着趋势的方向前进，直至趋势转向。在上涨趋势中，当股价跌破上升趋势线后，趋势或者转向，或者调整。而只有当股价走势再次跌破头部形态之后，双重因素导致股价开始转势，这个时候才应以主周期做空为主要的操作策略。

实战案例

如图3-37所示，风华高科（000636）处于上升趋势中，在一根大阳线后继续跳空向上。在触及高点之后，随后小幅横盘震荡3天，在2018年7月24日以一根9个多点的大阴线直接击穿形态线，但并未跌破上升趋势线。大阴线之后继续以小阴小阳K线调整，但7月31日股价以跌停收盘，收出一根大阴线，这根K线直接跌破上升趋势线，构成了头部的双突破形态，后市的下跌已经是可以预测的了，此时必须无条件清仓，锁住盈利，控制亏损。

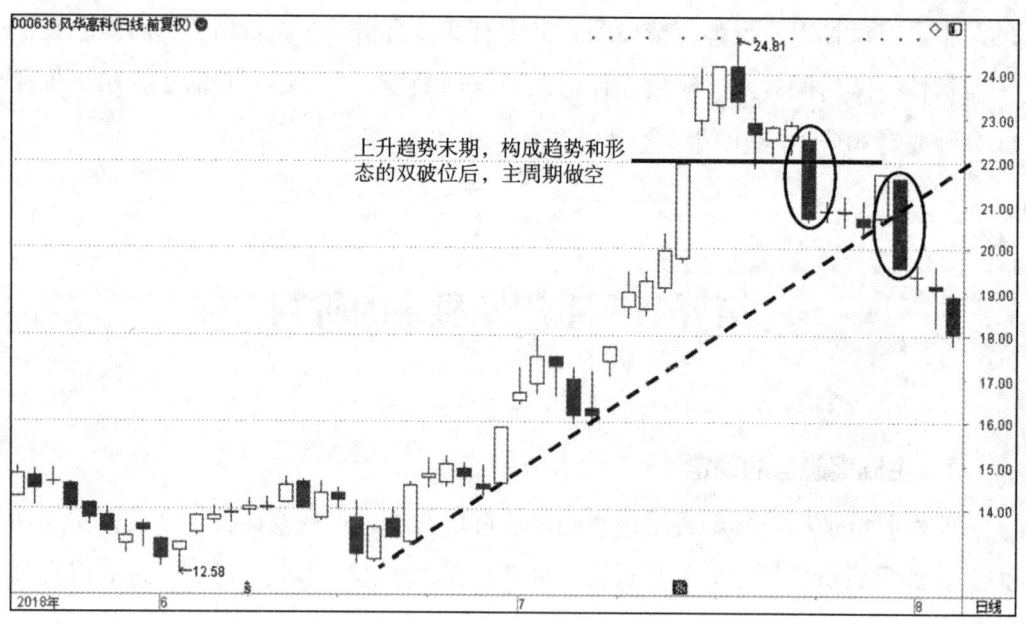

图3-37 风华高科（000636）头部形成趋势和形态的双突破

> **特别提示**
>
> 行情的运行是从小周期向大周期转化的：在趋势的转折点，小周期趋势的扭转能引领大周期趋势的扭转；在趋势运行中，大周期趋势会制约小周期的趋势。

2. 主周期机会的延续

如果股价在明显的上升趋势或明显的下降趋势中，应以主周期做多或做空，一旦趋势形成后，不可随意转换操作周期。趋势形成后具有一定的延续性，这种延续性是给我们带来丰厚盈利的保障，所以一旦遇到了趋势性的机会要敢于坚定持仓，因为趋势不变、机会不断。

实战案例

如图3-38所示，这是金风科技（002202）在2017年5月至2018年1月的一波周线级别的上涨，时间长达8个月。在这么长的上涨时间中，大周期的趋势是确认向上进行的，但是小周期有可能出现数次回调，我们在主周期中就可以看出这几次回调。不论是洗盘还是调整，一旦在中途斩仓或者抛出，我们的收益就会大大缩水，甚至有可能扭盈为亏，得不偿失。

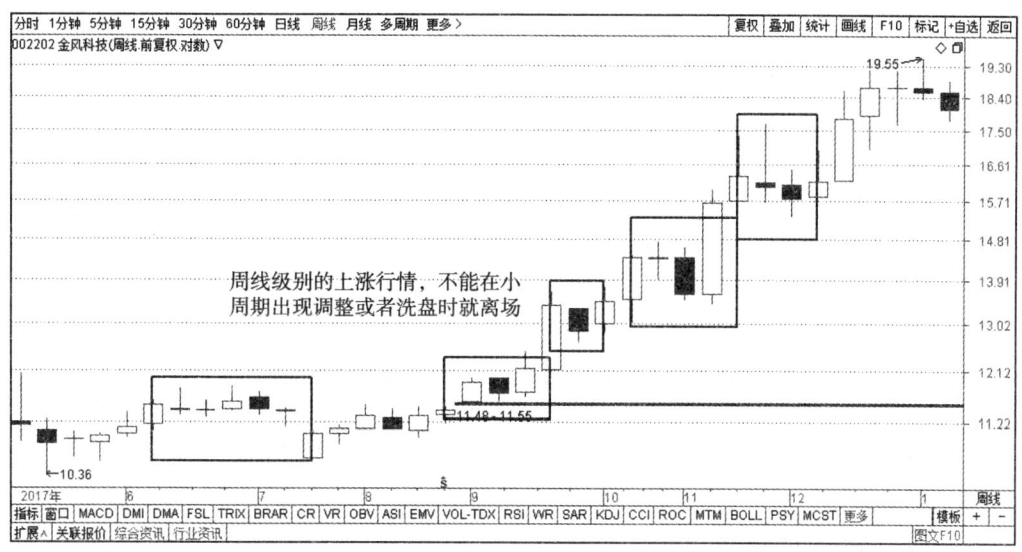

图3-38　金风科技（002202）在2017年5月至2018年1月的一波上涨行情

3. 主周期机会的变化

在主周期上涨结构不完整的前提下，小周期的上升趋势被破坏后，会出现小周期上的短时调整，等待主周期再形成上升趋势后，再放大到主周期操作。

实战案例

如图3-39所示，罗牛山（000735）2017年7月起涨，在10月的时候加速上涨，我们可以画出两条对应的上升趋势线，一条是主周期的上升趋势线，一条是小周期的上升趋势线，并以此来判定该股的行情趋势。首先在2017年11月1日，一根中阴线跌破小周期的上升趋势线，随后在11月14日，连续的两根大阴线直接击穿了主周期的上升趋势线，宣告着这一段主周期上的上升趋势结束。在后市反弹的时候，我们则优先在小周期上观察操作，只有当小周期的上涨趋势延续并引领主周期上涨了，才可以到主周期进行操作。

图3-39 罗牛山（000735）主周期上升趋势被破坏

4. 主周期趋势向下

如果主周期趋势是下降的，股价在没有突破下降趋势线之前，只能按照短线的反抽行情对待；如果股价突破了下降趋势线但是没有形成新的上涨趋势，只能按照小周期级别行情短线做多。等待主周期行情形成新的上升趋势后，再以主周期持仓做多。

实战案例

如图3-40所示，平安银行（000001）在2018年2月至7月的一波下跌中，出现数次回抽、反弹的形态，按照操作法则，我们在下降趋势中面对所有的反弹或者回抽一律使用15分钟级别来操作。只有当小周期走好，引领大周期转势，也就是突破下降趋势线形成新的上升趋势的时候，我们才可以以大周期持仓做多。

图3-40 平安银行（000001）破下降趋势线的一波行情和突破后的反弹行情

5. 主周期无趋势

主周期没有形成上升或下降趋势之前，即在平衡区间震荡时，只会产生小级别的趋势机会，只能以主周期以下的小周期进行操作。在江氏操盘体系中，我们要求的可操作的横盘区间的振幅至少在20%以上，否则不具备操作价值。

实战案例

如图3-41所示，卓郎智能（600545）从2018年3月开始下跌，在7月下跌充分，并且向上突破下降趋势线，但是趋势并没有立即转头向上，而是构筑了一个横盘整理的平台。在这个能量蓄势区间之中，只能使用小周期进行操作，因为在这个横盘整理区间发生的上涨幅度往往很小，持续的时间很短，只有通过小周期才能准确把握其位置和进程。

但是该横盘区间的振幅在5%以内，只有在长下影线当天才有可操作的利差，所以这种走势的股票我们要果断放弃。

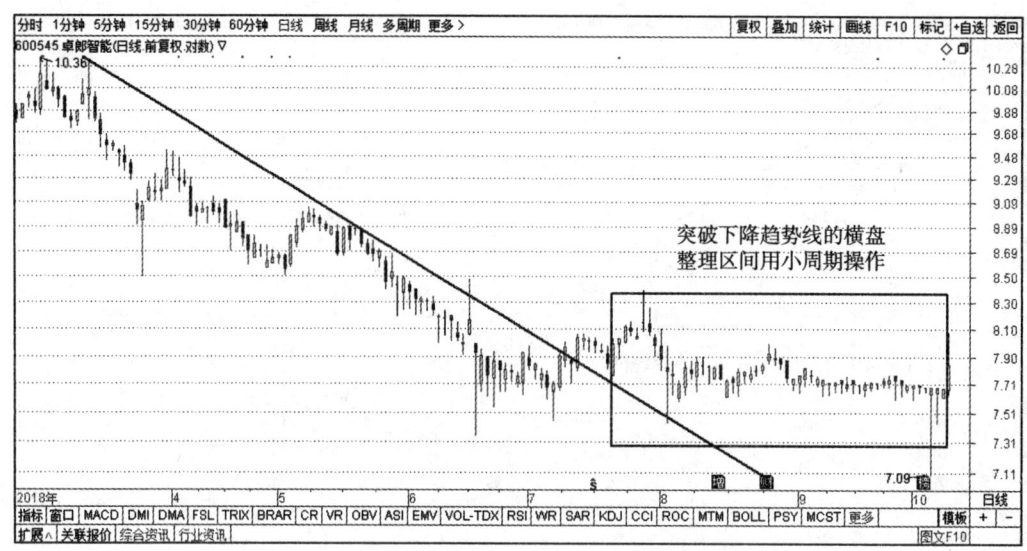

图3-41 卓郎智能（600545）充分下跌后的横盘整理

第六节 周期的共振原则

主周期和小周期中的走势，其实均是走势在不同精细度下的展现，但在各自所处的图表中，两者时而同向，时而反向；时而相互共振，时而相互矛盾。大小周期同向共振时，力度更加强劲；大小周期反向矛盾时，力度衰减。辨识多个周期之间的走势相互关系，从而能够预判走势力度大小和空间规模。

1. 多周期共振

主周期上升，小周期也上升，小周期上升的力度会被加强，表现在空间、时间、波段、速度上都会被加强。主周期下跌，小周期也下跌，小周期下跌的力度会被加强，表现在空间、时间、波段、速度上都会被加强。

📈 实战案例

如图3-42所示，神州数码（000034）在2014年1月开始的中长期趋势中，形

图3-42 神州数码（000034）在周线上的K线走势图

成了主周期是周线级别的上涨，当主周期向上，小周期也向上的时候，上涨的力度、速度、角度都显著提升。在小周期回调到位形成的买入点，也是中长线的进场点位，买入后小周期的向上作用将带领主周期加强上升的力度，形成更为凶猛的涨势。

2. 多周期矛盾

主周期处于上升趋势，小周期面临调整时，小周期的调整力度会被抵消，调整的时间会被缩短，调整波段不一定能够完整。反之亦然。上涨趋势会减弱下降的力量，下跌趋势会减弱上涨的力量。

主周期向上，小周期向下，小周期有调整需求，可低吸买入，即等待小周期形成买点后介入；

主周期向下，小周期向上，主周期看空，小周期有反弹需求，小周期出现卖点后要先卖出。

主周期在做头过程中，小周期的上涨力度会被减弱；主周期在做底过程中，小周期的下跌力量会被减弱。

实战案例

如图3-43所示，欧普照明（603515）在2018年6月至10月的一波行情中，主周期是下降趋势，其间出现了数次小周期级别的反弹以及反抽行情。在技术到位的情况下，我们可以在小周期上进行操作，由于多周期矛盾，在小周期与主周期方向相反的情况下，小周期的运行力度和幅度会大大缩小，也就是短线获利空间十分有限。故每次小周期发出了离场信号时，我们都必须清仓离场，因为主周期会制约小周期，将小周期的反弹扑灭，使股价回归到主周期的下降趋势之中。

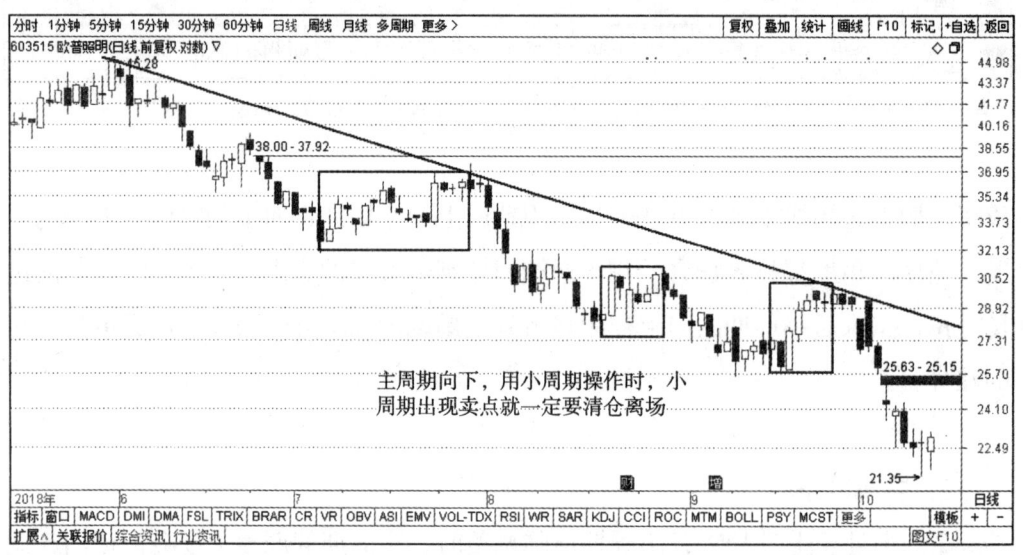

图3-43　欧普照明（603515）2018年6月至10月的日K线走势图

特别说明

古语有言：合则强，孤则弱。

各个周期一起往相同方向行进时，各个周期发生共振，力量叠加，会产生加倍的效果；而各个周期往不同的方向演化时，各个周期发生矛盾，力量之间相互削弱、相互抵消，效果会减弱许多。

第三章 趋势周期的运用

学员互动

2018年10月18日，上海的金先生拨打股市120的电话进行咨询：

金先生：

我个人的投资理念也是波段操作，但是之前一直都是用日线来看的，通过形态、量能、指标等多个要素把握波段，就是下单的点位不太精准，经常面临较大的回撤，或者很长时间的调整。我在2017年9月28日买的泰格医药，已经持有一年多啦，现在还有很好的盈利，但是不知道要不要清仓出来。

股市120：

如果所有的散户都能够有您的耐心和学习精神，中国股市的二八分化现象一定会反过来。在牛市或者大级别的行情机会中，只有坚定持股才是王道，频繁换股一定会导致一次次错过最好的上涨波段，整个牛市下来不仅没有跑赢指数，还会在牛市末期股价快速杀跌时将利润快速回吐。

首先我们从前期底部的整理时间上看，如图3-44所示，泰格医药在2017年6月开始的上涨波段一定是周期级别的行情，时间那么久一定会在月线上走出一个漂亮的上升波段。从泰格医药在月线上的行情可以清楚地看到，股价经历了长期的底部整理后走出了一个上涨波段，但是目前股价已经向下突破了原来的上升趋

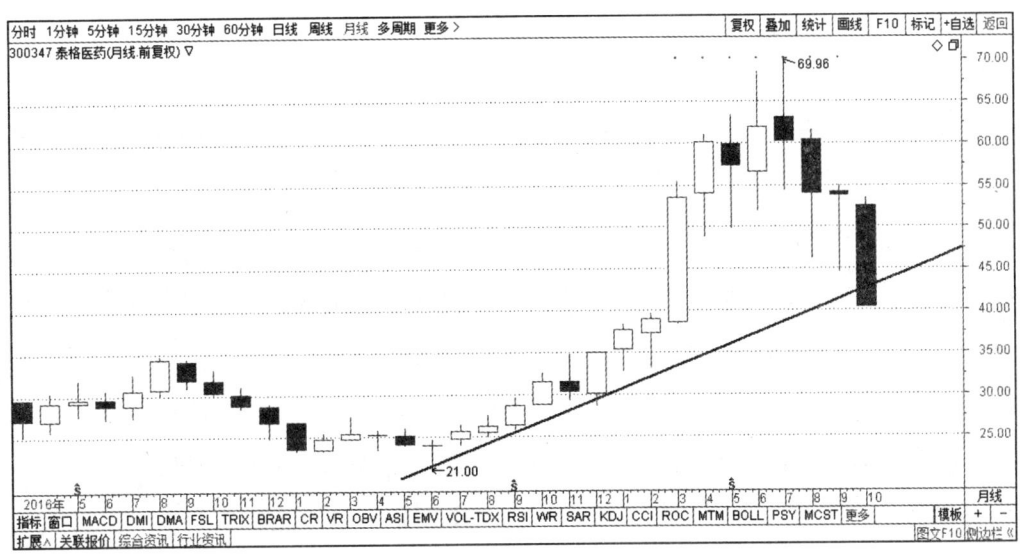

图3-44 泰格医药（300347）2016年4月至2018年10月的月K线走势图

势线，也就表明月线上的这个上涨波段已经完整。因为在月线上面只能看出股价的运行趋势，还不能看清楚其细节的结构，所以我们可以确认月线是这波上涨行情的大周期，也借此可以判断股价的趋势。

通过周期套用放大镜将股价形态逐级放大，月线上的上涨波段的行情在周线上的走势如图3-45。股价从低位启动到69.96元的最高点，总共运行时间59周，总体涨幅233.14%，其间走出了完整的五浪结构，包括三个上涨波段以及两个调整波段，故该波上涨的主周期可以确认是在周线上面。通过周线上面清晰的波段结构，可以判定当下的股价处于什么位置，在哪里操作是追涨、在哪里是最高、在哪里是调整、在哪里是洗盘。主周期最重要的作用就是研判当下股价所处位置、是否发出交易信号，如果发出了交易信号我们就要继续到小周期去看了。

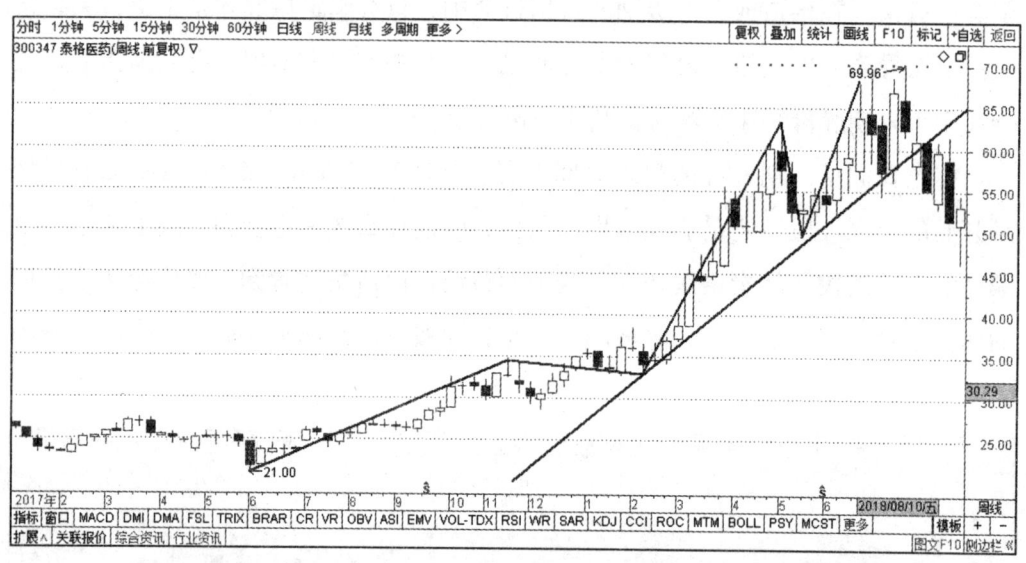

图3-45　泰格医药（300347）2017年2月至2018年10月的周K线走势图

确定了大周期和主周期，小周期也可以相应的确认下来，就是在日线或者60分钟K线上。因为该行情级别较大，用日线或者60分钟K线就可以清晰地看出周线上每个波段的具体结构，但是实盘操作时，小周期是我们寻找买卖点的依据，如果使用的周期过大，就会导致买卖点位不够精准。虽然同整个波段的利润空间相比，买卖点是否精准所带来的利润误差已经微乎其微，但是买进时最好能够买在没有回撤的进场点，否则被套是很难耐的。反而是在波段结构完整后，一旦确认波段即将见顶，牛市即将结束时，快速抛掉手上的筹码才是王道。

2018年10月18日当天,股价还在不断地创新低,实际上8月3日这一天的大阴线已经击穿了前期主周期的上升趋势线,这个时候已经可以考虑减仓或者清仓了。在之后的几天虽然有短期的反弹行情,但是量能不足,量价关系不健康,注定无法再次形成上升趋势。之后的下跌也在预想之中。回到10月18日这一天,前面10月11日的向下跳空缺口无法回补,继续向下的杀伤力是十分强劲的。

图3-46 泰格医药(300347)2017年2月至2018年10月的日K线走势图

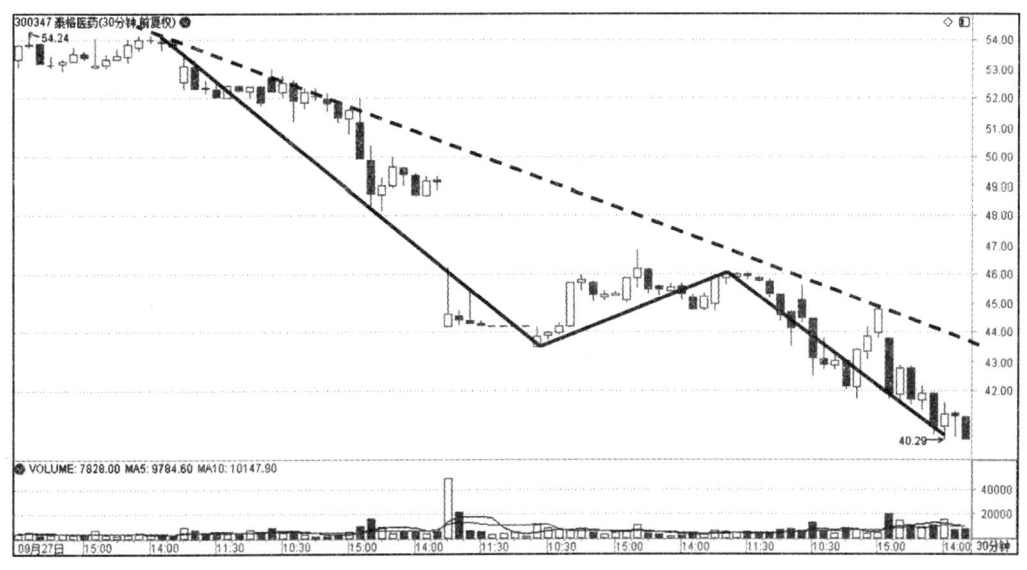

图3-47 泰格医药(300347)在30分钟K线的走势图

在更小一级的周期，使用30分钟K线看短期的走势，从图3-47中可以看到现在已经形成了三个波段，但是下跌的三浪结构还不完整，还会继续下跌，并且如果股价不能有效突破小周期的下降趋势线，则短期内没有反弹的可能。只有当小周期、主周期形成共振，向上突破下降趋势线，股价才会形成真正的反转。

综上所述，泰格医药目前的走势比较堪忧，大概率会继续下行，已有的仓位建议在小周期上逢高出掉，因为后市还会继续下跌，如果此时不及时清仓，利润会进一步大幅回吐。

思考题

1. 多周期看盘的核心依据是什么？操作至少要看几个周期？
2. 大周期、主周期和小周期的作用是什么？
3. 不同级别的趋势对应的大周期、主周期和小周期都是哪些？
4. 大周期和小周期上的趋势是如何相互转化的？
5. 多周期共振和矛盾会产生怎样的机会？

第四章

趋势的起始：确认的标准

技术分析的三大假设之一：市场按趋势运行。首先务必明确什么是趋势，趋势本质上是事物发展的方向。正如诗句"大鹏一日同风起，扶摇直上九万里"所描述的一样，借着风的力量，直冲九天云霄。在市场中，投资者应顺着趋势延伸的方向去做交易，借助趋势的力量轻松地获取盈利。

投资箴言

> **"庄家"选股，散户选庄**
>
> 这是1995年至2010年之间市场中非常流行的一句话，虽然随着A股制度的完善，"庄家"这个称呼几乎销声匿迹，但是我们江氏操盘体系一再对投资者强调，市场再变根本逻辑不会变。虽然"庄家"的时代悄然过去，可是引领股价方向的聪明资金依然存在，只是不会像那个特殊年代一样简单粗暴。关注资金，不仅仅是看放量和缩量，更要关注背后能够引领股价趋势的资金的意愿。

第一节　趋势的定义

趋势完整的定义，需要从形态、空间、时间三个角度来进行考量。股价在某个周期上走出了上涨或下跌趋势，该趋势中的波段结构是否完整、空间和时间是否均满足该周期一个波段对运行时间和空间的要求，都是判断波段是否完整的重要因素。最重要的还是要突破了该走势的趋势线后，才能确认趋势的完整。

无论原趋势的结束，还是新趋势的开始，都需要一个重要的点位来确认趋势的交替。主周期波段的拐点，就是新的趋势打破原趋势的动力源。

第二节　波段完整的界定标准

趋势有上涨、下跌以及盘整。一个新的趋势的开始，代表着原有趋势的结束。三种趋势之中存在上涨与下跌的波段。同样，一个波段的结束，也是以另一种类型的波段的开始作为临界点。而波段的形态以及相邻波段之间，存在着固定的标准，准确识别这些标准，便能判断波段的结束以及新波段的开始。

1. 标准1

破小周期趋势线、不破主周期趋势线，为主周期的一个次波段；主周期波段单破位仍然认为在主周期趋势中运行，只有主周期波段双破位才确认主周期趋势结束。

第四章 趋势的起始：确认的标准

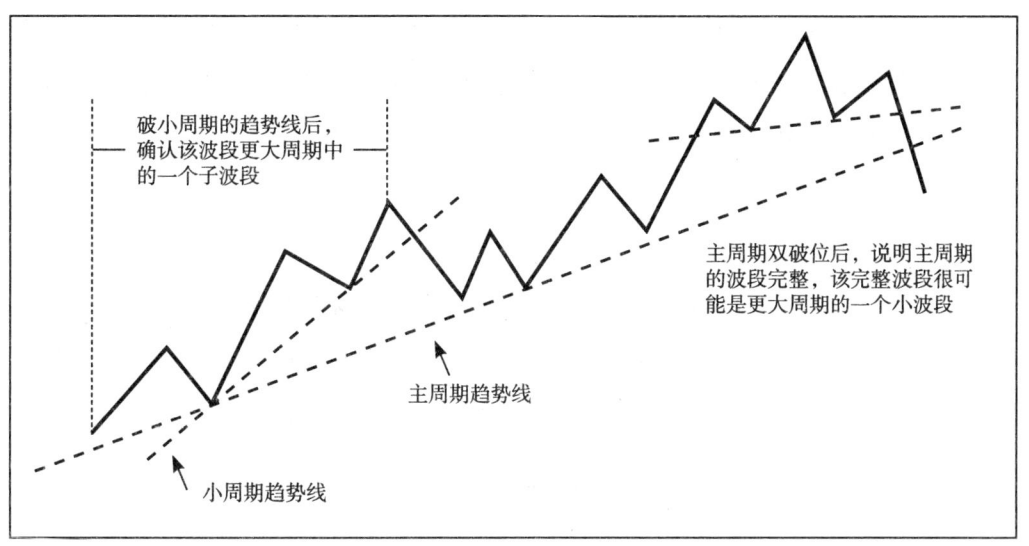

图4-1

实战案例

如图4-2所示，洋河股份（002304）从2013年以来，开始了长期的上升趋势，2015年大盘发生"股灾"后，跟随大盘开始下跌，跌破了小周期的上升趋势线，但是随后股价不再创新低，十分强势，在横盘调整18个月之后，开始向上突破平台，一路拉升，形成了新的上升趋势。

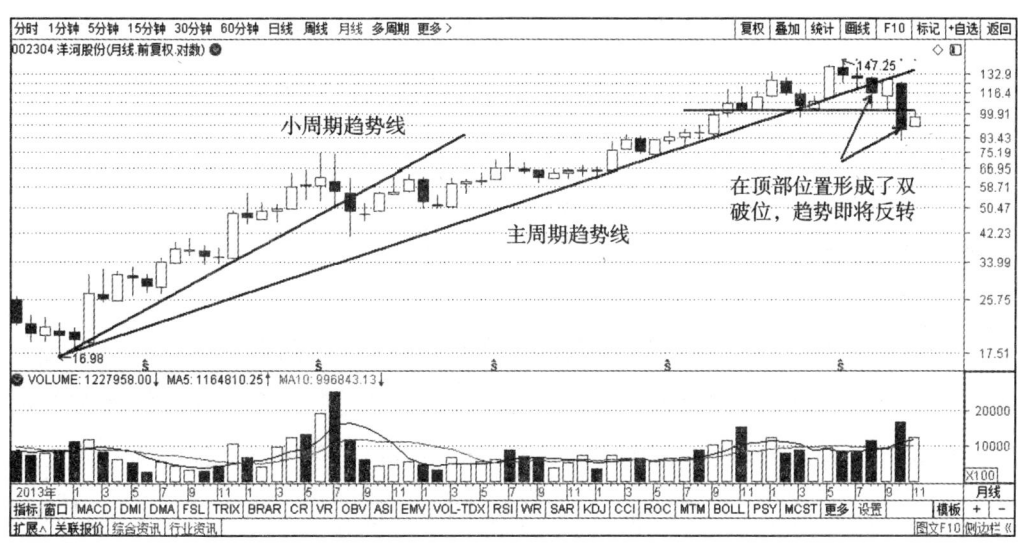

图4-2 洋河股份（002304）2013年开始的长期上升趋势

在2018年的8月和10月，分别对上升趋势线和形态线形成了双破位，虽然主周期的波段结构还没有完整，但是在月线的相对顶部位置形成双破位，也是需要进行规避操作的，以保证资金的安全。

2. 标准2

主周期的一个波段在小周期上必须达到3个或3个以上波段，后波段较前波段低点抬高、高点抬高之后才能构成更大一个周期上的上升趋势，后波段较前波段低点降低、高点降低之后才能构成更大一个周期上的下降趋势。

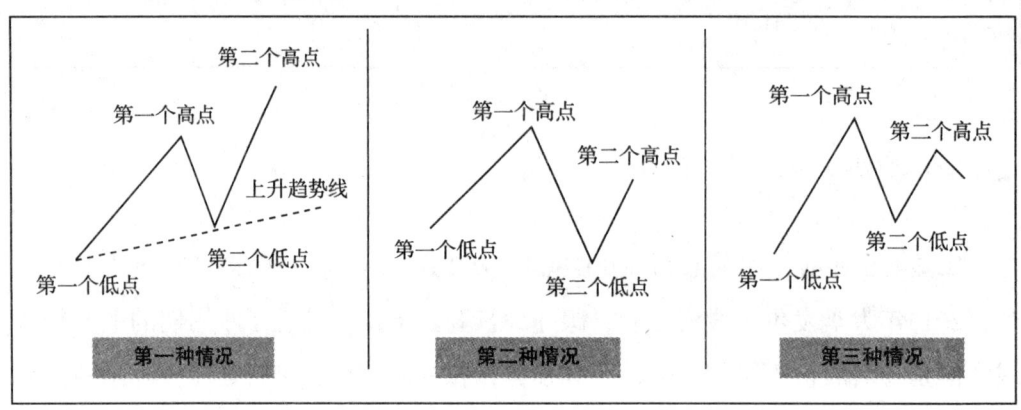

图4-3

第一种情况：第一波上升波段结束后的反向调整波段没有创新低，且第二个上升波段的高点创了新高，可以确认这是一个上升趋势，连接两个低点构成了上升趋势线。

实战案例

如图4-4所示，苏宁易购（002024）在日K线图中从高点开始下跌，经过连续两个多月的下跌后开始反弹，走出了三波段的上涨趋势。第三波段的起点比第一波段的起点高，而第三波段的终点比第一波段的高点还要高，即回调的低点在不断抬高，而高点也在不断地抬高。在日线图中，这三波段构成了一个小周期的上涨趋势。连接两个上涨波段的起点，构成了一条上涨趋势线。

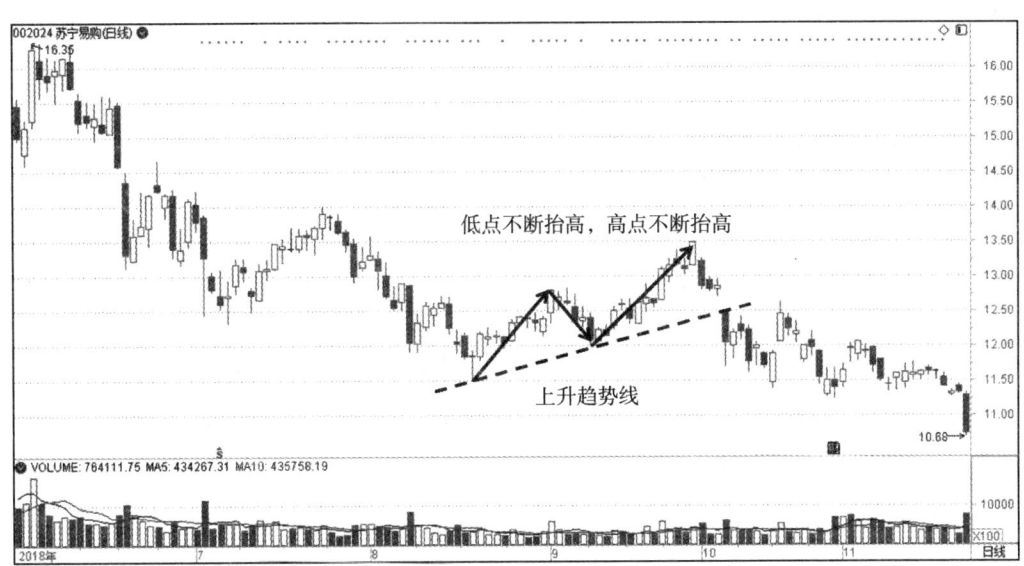

图4-4 苏宁易购（002024）2018年5月29日至11月23日的日K线图

如图4-5所示，日线图中显示的下跌途中的上涨趋势，在周K线图中仅仅只是一个小波段的反弹。当日线图中的第三个上涨波段走势力度减弱时，代表这个上涨走势将要终结，走势将延续主周期中的下跌走势。

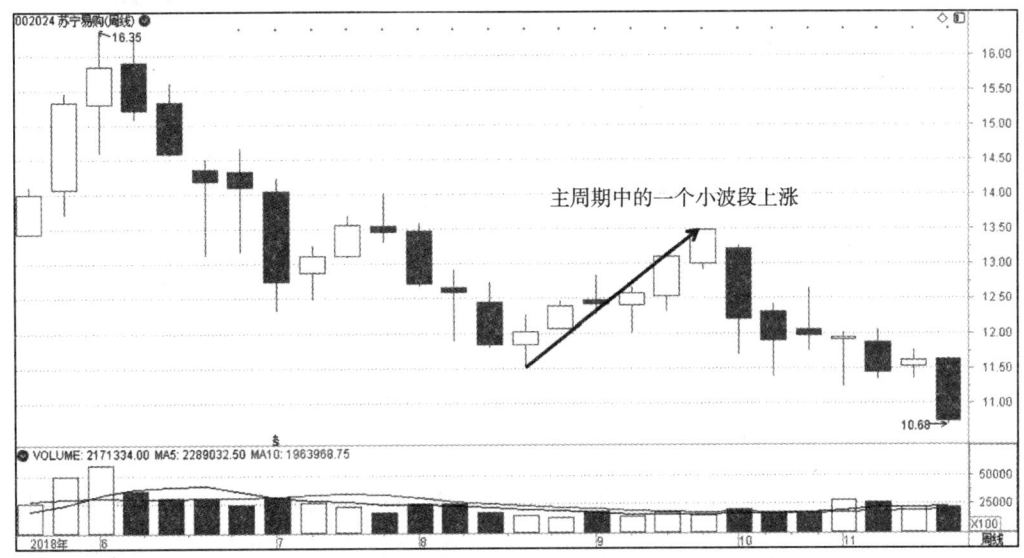

图4-5 苏宁易购（002024）2018年5月18日至11月23日的周K线图

第二种情况：第一波上升波段结束后的反向调整波段创了新低，无论第二个上升波段的高点会不会创出新高，都不会构成上升趋势，只能是一个横盘整理区间。

第三种情况：第一波上升波段结束后的反向调整波段没有创新低，第二个上升波段的高点没有第一个高点高，即第二波的高点没有创新高，也不能构成上升趋势，只能是个横盘整理区间。

实战案例

如图4-6所示，上证指数（999999）从3587点下跌后，于2018年2月开始形成了一波强势的反弹，随后股价高点不创新高、低点不创新低，构成了横盘整理区间，整体市场环境相对低迷，没有持续性的动能支撑指数再次上升，最终在6月突破平台下轨，形成了新的下降趋势，一发而不可收拾。

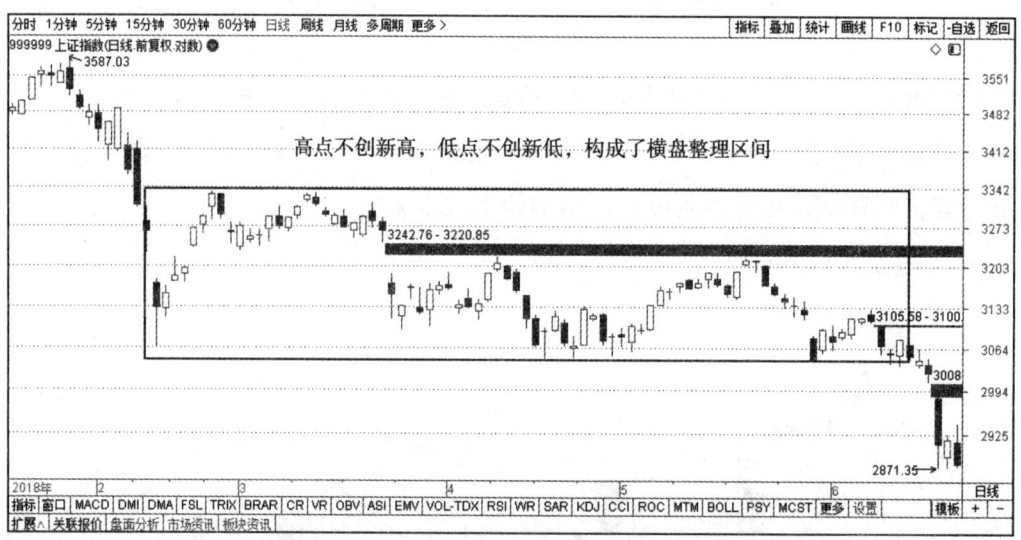

图4-6　上证指数（999999）2018年2月至6月形成的横盘整理区间

3. 标准3

调整与上涨、反弹与下跌，修正波的时间和空间至少要有一个达到上涨或下跌的一半，或者达到重要的黄金分割位。

第四章 趋势的起始：确认的标准

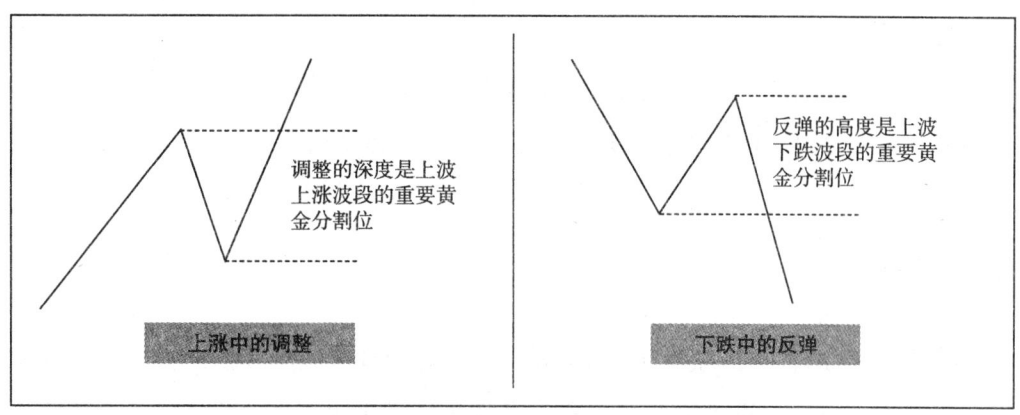

图4-7

实战案例

如图4-8所示，福田汽车（600166）在上涨过程中，经历了两波上涨以及一波调整。在第一段上涨后，走势力度缩减，必然会有一个调整的走势，股价以上涨幅度的50%作为回调空间。当这波调整至50%处时，股价开始企稳，成交量逐渐缩减，说明这波调整到位。随即，开始了第三波的拉升走势。

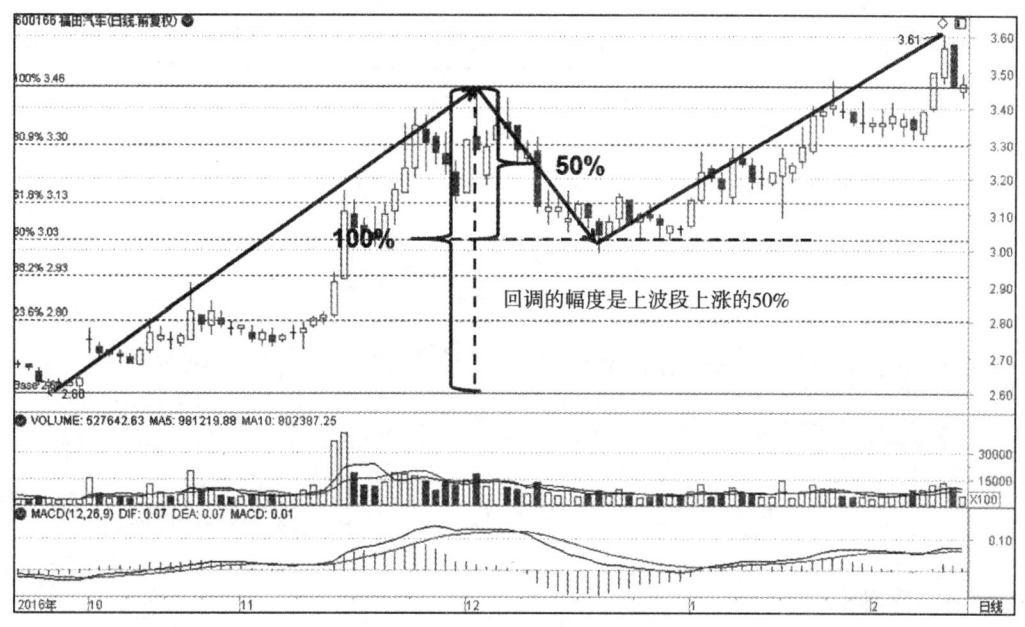

图4-8 福田汽车（600166）2016年9月22日至2017年2月16日日K线图

4. 标准4

平衡整理的确认：必须有效突破平衡整理形态，且突破后不能回原平衡整理形态之中，如果再次回到平台整理区就是假突破，盘整还会延伸。

实战案例

如图4-9所示，宝信软件（600845）于2017年7月从低点开始反弹，股价反弹至18元附近走出一个横盘震荡的走势，股价在16元和18元之间反复震荡。至12月在相对的底部形成了整理平台，并且在11月14日向上突破平台，但是次日收了一根黑太阳，之后再次回到整理平台，那么这一次突破就可以确认是假突破，盘整还会继续。股价在2017年12月6日向下突破平台整理区，但是第二天便回到了该区域内，说明该向下突破是假突破。随后股价再次突破平台整理区，并且站稳该高位，说明这个突破是真突破。

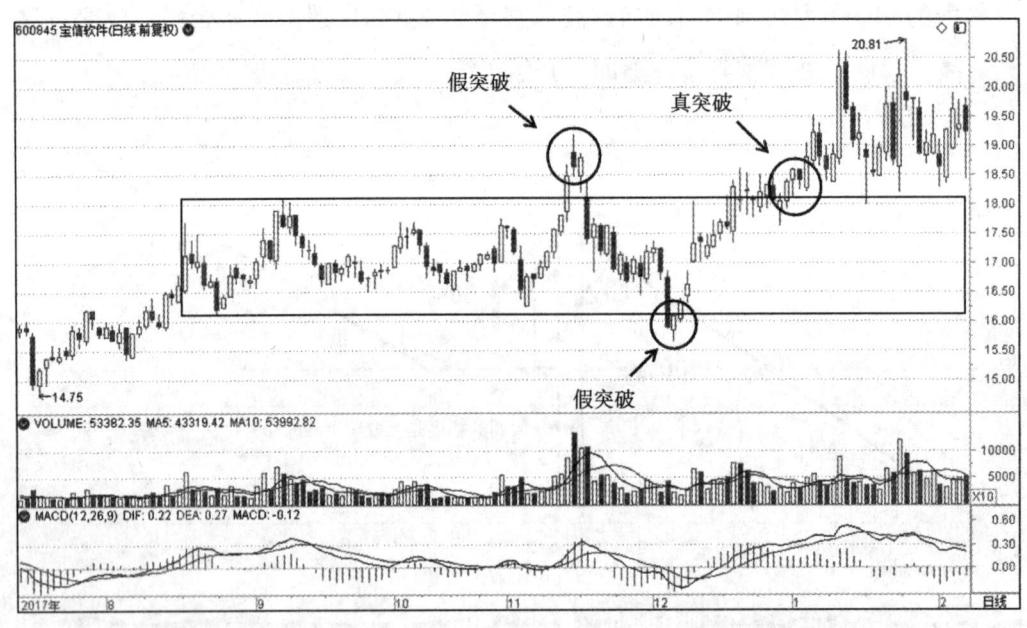

图4-9 宝信软件（600845）2017年7月13日至2018年2月7日的日K线图

5. 标准5

主周期的一个波段结束后出现一个反向调整波段，一般攻击线和操盘线会向生命线和决策线靠拢，进入新的同向波段，均线会再次发散。

实战案例

如图4-10所示,延华智能(002178)在第一个上涨波段结束之后,形成了横盘的调整波段,等待短期均线向长期均线靠拢,黏合之后,形成新的同向波段,之后均线会再次发散。通过研究均线也能很好地理解主力操盘的思维逻辑,大家也可以参阅我的另外一本书——《黑马在线——均线实战利器》,学习均线带给我们的非同一般的讯息。

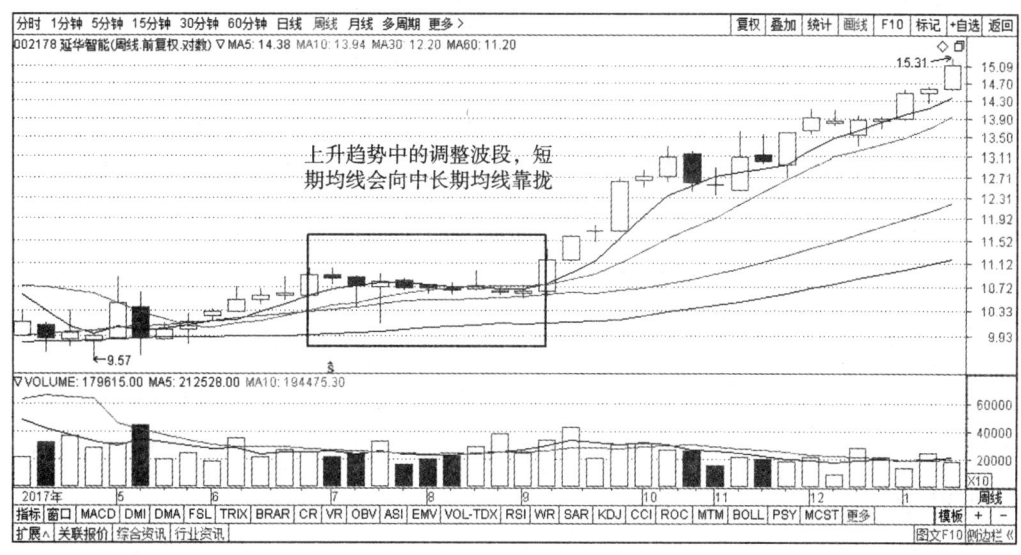

图4-10　延华智能(002178)2017年4月至2018年1月的周K线走势图

第三节　趋势确认的标准

趋势的运行就是在上涨、做头、下降、做底、上涨之间进行循环,所以对趋势的分析就是对趋势的确认和转折的分析。其实对上升趋势和下降趋势的识别是最简单的,问题通常出现在上升趋势和下降趋势转变之间的顶底形态。通常情况下我们用趋势线来衡量趋势是否结束,但是趋势线并不是趋势存在的唯一、确定的方式,假突破经常会发生。所以我们把对趋势的反转确认进行了延迟,把顶底形态的转换作为趋势确认的重要依据。

1. 单突破和双突破

对趋势的研判需要两个重要的工具，即趋势线和形态线。这是趋势分析方法中两个最简单但又最有用的工具，会贯穿江氏操盘整个体系的分析过程。趋势线用来识别上升趋势和下降趋势，形态线用来识别顶部形态和底部形态，看似两条简单的线，但它们组合在一起就成为研判趋势演变的利器。

随着趋势的运行，股价和两个工具的状态就是我们判断股价所在位置的重要依据。通常情况下，股价和两种工具会构成以下两种状态：

单突破

在下跌趋势的末期，股价由下跌转为横盘或者上涨，这个过程会突破前下降趋势的下降趋势线或者突破底部形态的形态线；在上升趋势的末期，股价由上涨转为横盘或者下降，这个过程会突破前上升趋势的上升趋势线或者突破顶部形态的形态线。股价只突破了一条线时，视为单突破，此时不能确认原来的上升趋势或者下降趋势已经结束。

双突破

在构成了单突破的基础上，随着股价的运行，股价要么沿着原趋势方向继续运行，要么改变原趋势运行的方向，如果改变原趋势运行的方向，必然会形成对趋势线和形态线的双突破。

从图4-11工业富联的走势中可以清楚地看到，股价先突破了下降趋势线构成了单突破，此时并没有底部形态，故股价没有立刻反转为上升趋势而是选择了底部横盘。在经过了长达77个交易日的底部横盘后，股价以涨停板的方式强势向上，突破了横盘区域的最高点，实现了双突破，进而确认了上升趋势。

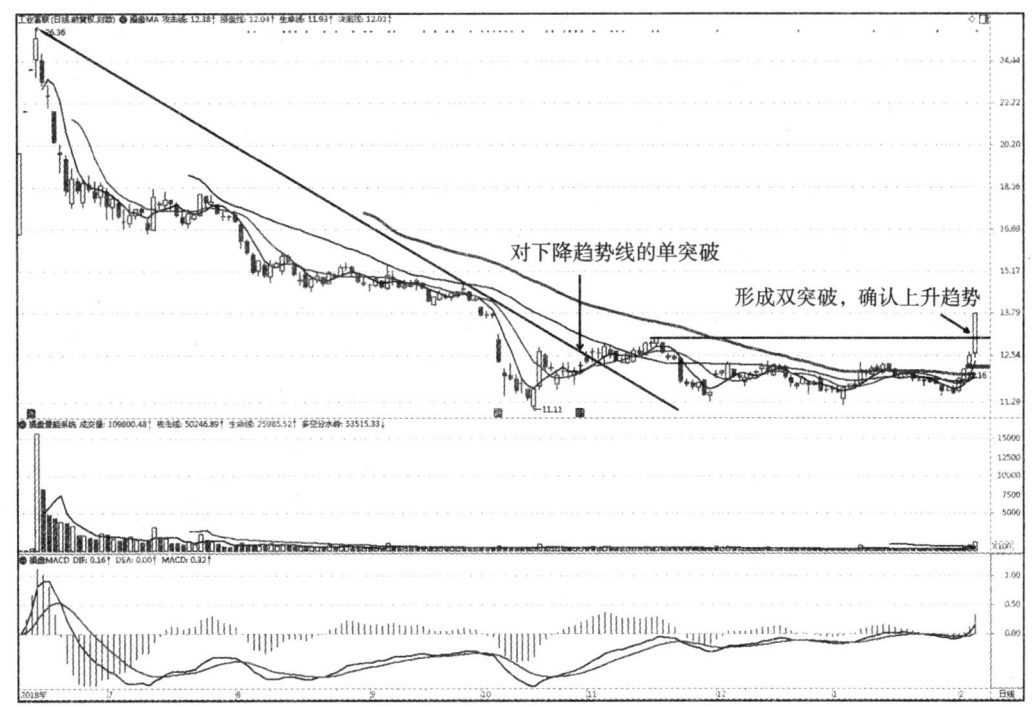

图4-11 工业富联（601138）2018年6月8日至2019年2月13日的日K线走势图

2. 先破趋势后破形态

在上涨趋势的末期，股价及上涨的动能同均价线、趋势线之间没有产生明显的乖离，当股价由上涨转为下跌或者横盘时会先向下突破上升趋势线，此时为单突破。随后股价会在高位展开短暂的做头过程，当头部形态完成后，股价下跌破位时就会构成对形态的破坏，此时就构成了既破趋势线又破形态线的双突破。

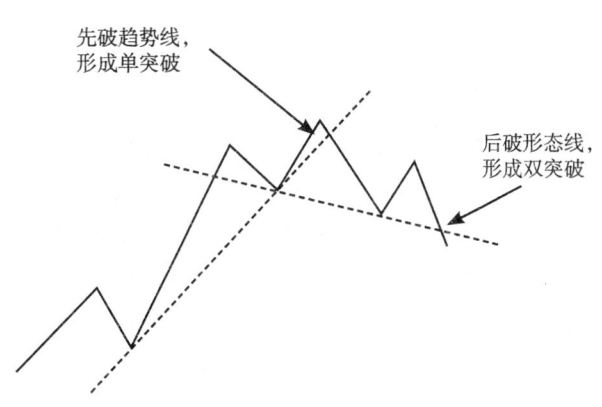

图4-12 对上涨趋势先破趋势线后破形态线

如图4-13所示,赛升药业(300485)日K线图上,股价从高点下跌之后,5根阴线先跌破了上升趋势线,这时只能说明当下的走势进入回调,真正的趋势反转还需等待走势的验证。在跌破上升趋势线后,股价稍有反弹,但反弹的股价仍旧在上升趋势线之下,未能站上上升趋势线。随后股价继续下跌,跌破头肩顶的颈线,从而构成了双突破,确认上涨趋势扭转。

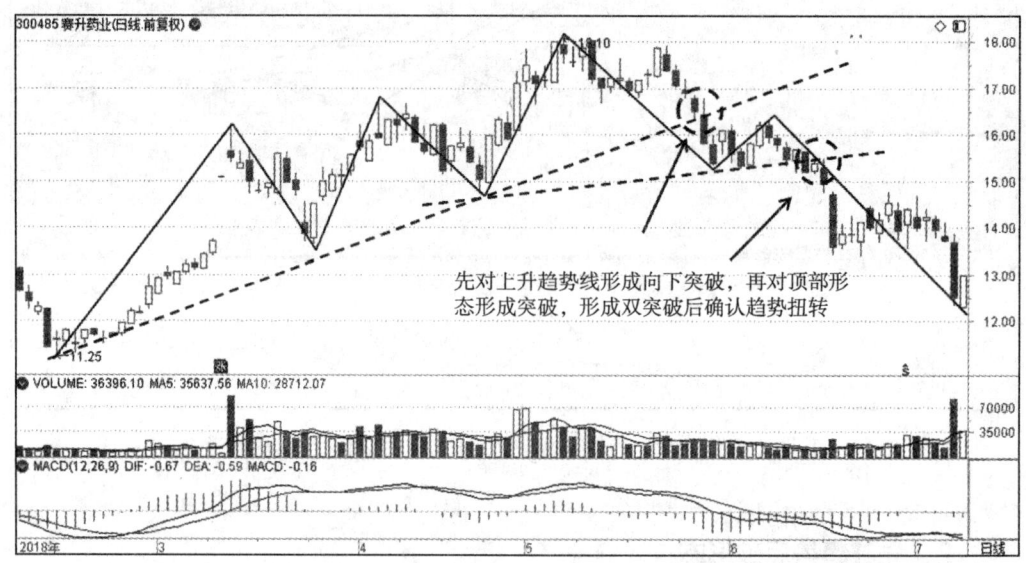

图4-13　赛升药业(300485)2018年2月1日至7月9日的日K线图

在下跌趋势的末期,股价及下跌的动能同均价线、趋势线之间没有产生明显的乖离,当股价由下跌转为上涨或者横盘时会先突破下跌趋势线,此时为单突破。随后股价会在低位展开短暂的做底过程,当底部形态完成后,股价上涨破位时就会构成对底部形态的破坏,此时就构成了既破趋势线又破形态线的双突破。

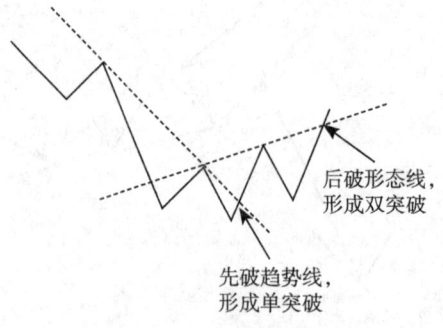

图4-14　对下跌趋势先破趋势线后破形态线

从图4-15京东方A的走势中可以看出，股价在突破下降趋势线后构筑了非常典型的收敛底部形态，这种走势运行的时候以弱势K线为主，股价的振幅比较小，很难引起投资者的注意。但就是这种底部形态，股票一旦有基本面配合，就值得我们重点关注，等强势的股票已经走出上升趋势后很可能就追不上了。

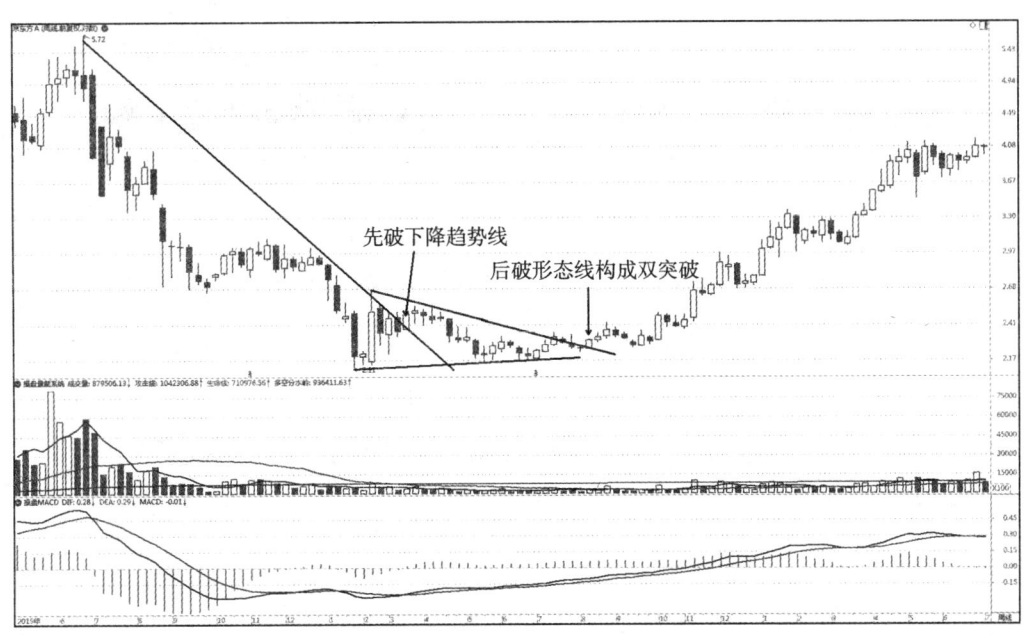

图4-15　京东方A（000725）2015年4月30日至2017年7月7日的周K线走势图

3. 先破形态后破趋势

在上涨趋势的末期，股价出现了快速上涨的诱多过程，股价同均价线、趋势线之间产生明显的乖离，当股价由上涨转为下跌或者横盘时，先形成了顶部形态，随着股价继续下跌或者横盘，突破了顶部形态，此时为单突破。随后如果股价快速下跌，形成对上涨趋势线的突破，就构成了既破形态线又破趋势线的双突破。

在下跌趋势的末期，股价出现了加速下跌的诱空过程，股价同均价线、趋势线之间产生明显的乖离，当股价由下跌转为上涨或者横盘时，先在底部形成底部形态，随着股价继续上涨或者横盘，突破了底部形态，此时为单突破。随后如果股价快速上涨，形成对下降趋势线的突破，就构成了既破形态线又破趋势线的双突破。

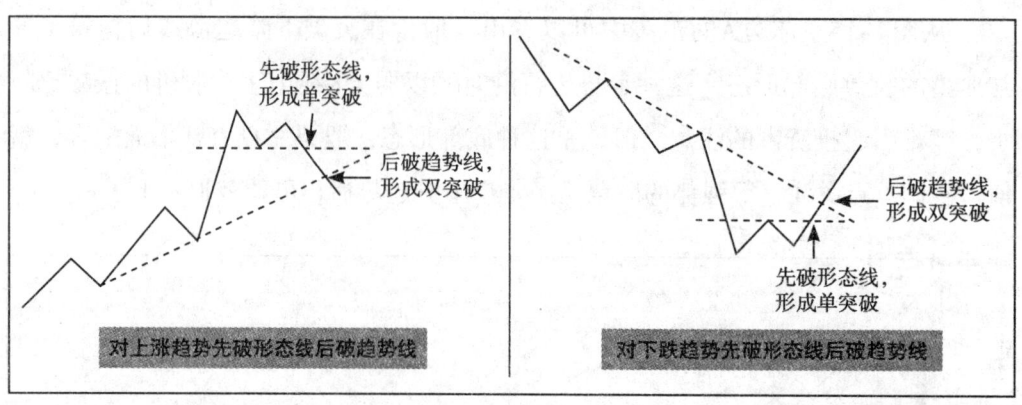

图4-16

如图4-17所示,太钢不锈(000825)的走势即是典型的先破形态线后破趋势线的走势,这种情况的发生通常是因为股价前期出现超跌,导致股价在小周期上又构成了一个小级别下降趋势,而图中所示的下降趋势线实际上是更大级别的下降趋势线。股价在形成对图中标示的形态线的突破之前,已经形成了对小级别下降趋势线的突破。

图4-17 太钢不锈(000825)2017年2月至8月的日K线走势图

第四节　横盘整理区的研判

横盘整理形态非常重要，因为盘整过程会直接影响并决定之后的行情是上涨还是下跌，它可以将头部转化为上涨中继，可以将底部转化为下跌中继，所以判断不好会直接导致后期操作上的错误。最有价值的平衡区域是上升或者下降波段不完整的趋势中的横盘整理区域，对于确定波段完整的底部横盘整理区域，待突破之时就可以操作；对于确定波段完整的顶部横盘整理区域，及早平仓出局。

1. 进入盘整的条件

上升或下降趋势中，只要主周期对应的小周期上走出3个波段后，动能减弱，就可能进入主周期的盘整过程，若小周期对趋势或形态构成单破位就可以确定主周期进入盘整。

实战案例

如图4-18所示，绿庭投资（600695）在2017年6月2日至7月26日期间，完成了两个上升波段和一个调整波段的走势，并且第二个上升波段的高点未能高于第一个上升波段的高点，但是第二个低点却比第一个低点抬高，上涨的动能已经衰竭。所以我们可以大胆地判断，未来的走势是进入一个横盘整理区间，在后市中若配合量能形成对区间平台的突破，那就是进场点。

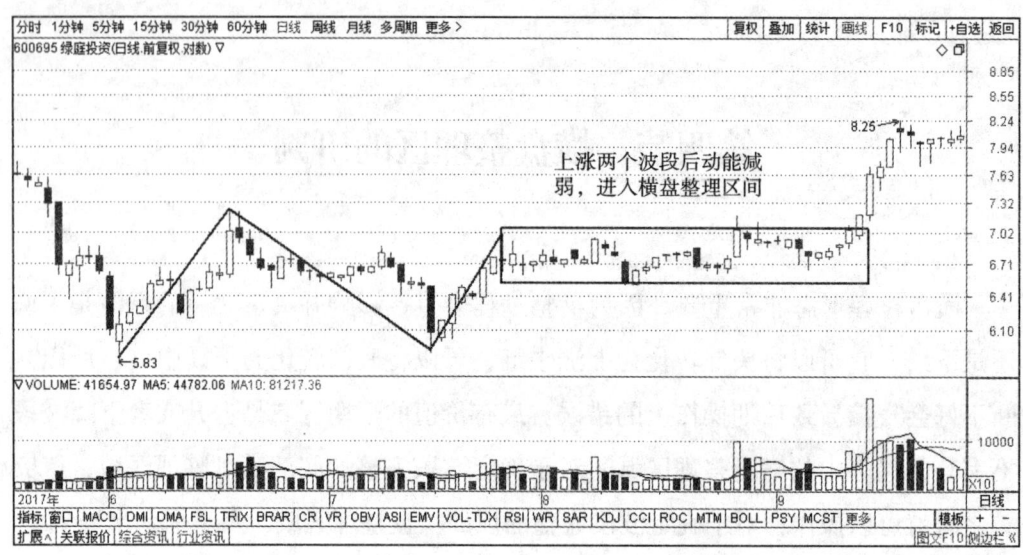

图4-18 绿庭投资（600695）2017年5月至9月的日K线走势图

2. 盘整延伸的判断

若主周期在盘整过程中已经走出ABC三波段，而股价仍然不能突破该整理形态，说明股价的整理将延伸，可能走出两个形态，有形成多波段的可能，但一般不超过9个波段。

实战案例

如图4-19所示，华侨城A（000069）从2018年1月26日开始的首轮下跌是一个三浪下跌，第三浪的下跌明显动能减弱，下跌的力度和角度都减小，在完成了第三浪下跌后，股价进入了横盘整理区间，在区间内又走出了两个ABC浪的调整结构，最后向下突破横盘整理区间，开始新一轮的下跌行情。

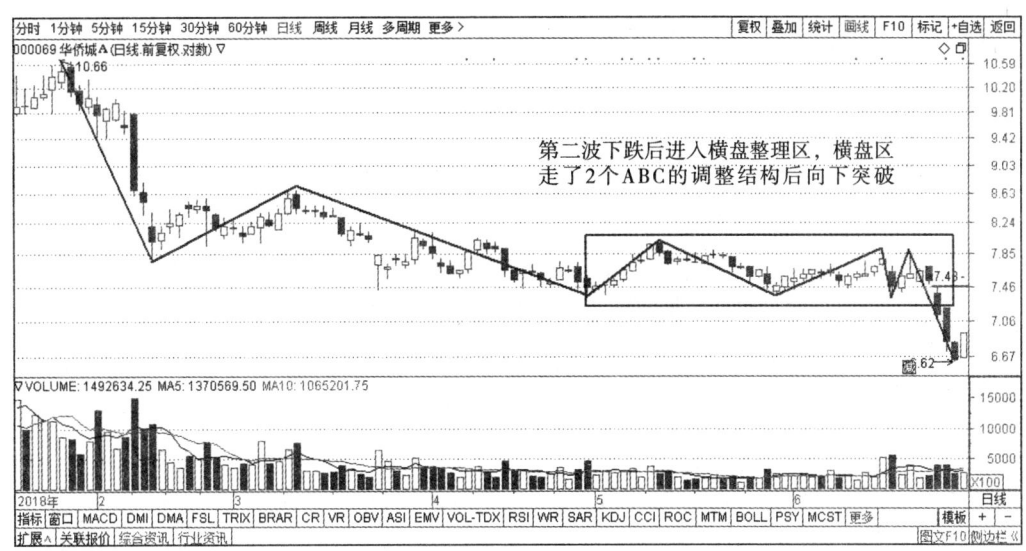

图4-19 华侨城A（000069）2018年1月至6月的日K线走势图

3. 整理形态结束的判断

盘整形态的波段必须完整，至少是主周期上的3个波段，若有延伸最多不超过9个波段，否则就有可能是更大周期的整理过程。股价突破后必须不再回到原整理区域，小周期形成的上涨波段完整后，调整不再回到原盘整区域，就会形成一个股价重心上移的盘整过程。

实战案例

如图4-20所示，同方股份（600100）在2018年2月2日开始见底，至2月23日形成了60分钟行情底部的横盘整理区间，在此区间内，股价的重心一直不断上移，并且走出了2个完整的ABC浪调整结构，形成了一个收敛三角形的形态，股价在突破上轨平台之后不再回到整理区间内，而是开始向上拉升，可以确认整理形态已经结束。

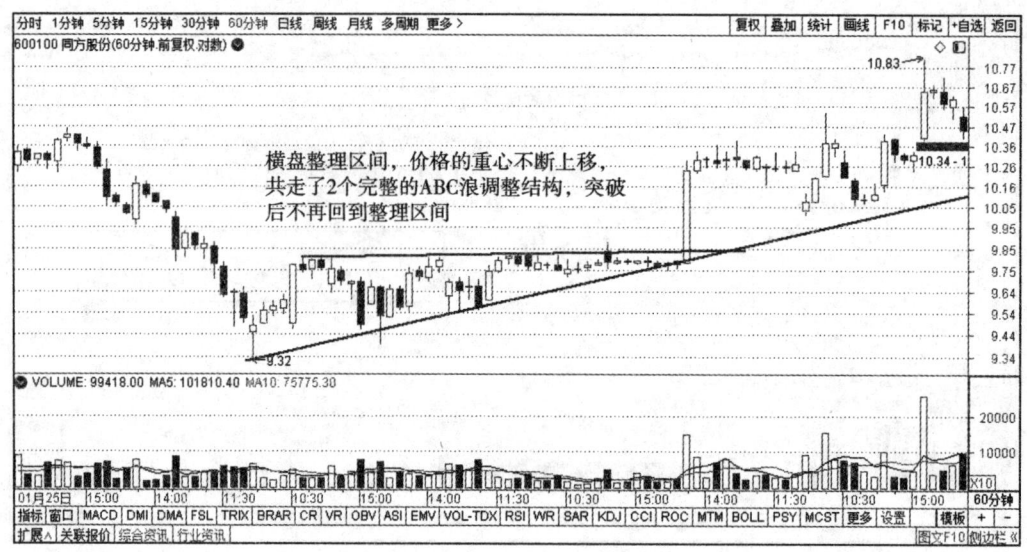

图4-20　同方股份（600100）2018年1月25日至3月7日的60分钟K线走势图

⚠ 特别说明

盘整过程就是买卖双方反复较量的过程，整理形态越简单，证明其中一方的力量越大。整理形态在时间上的延长，是考察市场最终动向的一个很重要的依据。一个超复杂的整理形态后，就算一方赢了，其后的走势也不会太顺畅。

4. 盘整的时间和空间的研判

盘整的时间不能超过上一个主周期上涨波段或下跌波段的时间，最好在一半以内，时间长反而易向反方向运行。

盘整的空间越小越好，尽量不超过上一个主周期上涨波段或下跌波段的50%，否则调整的时间容易延长。

📈 实战案例

如图4-21所示，长春一东（600148）前一个上涨波段上涨了9天，上涨幅度为29.58%，随后的横盘整理运行了16天，整理期的振幅为12.8%。横盘整理期的运行时间较前一个上涨波段的运行时间稍长，但是横盘整理期的振幅小于前期

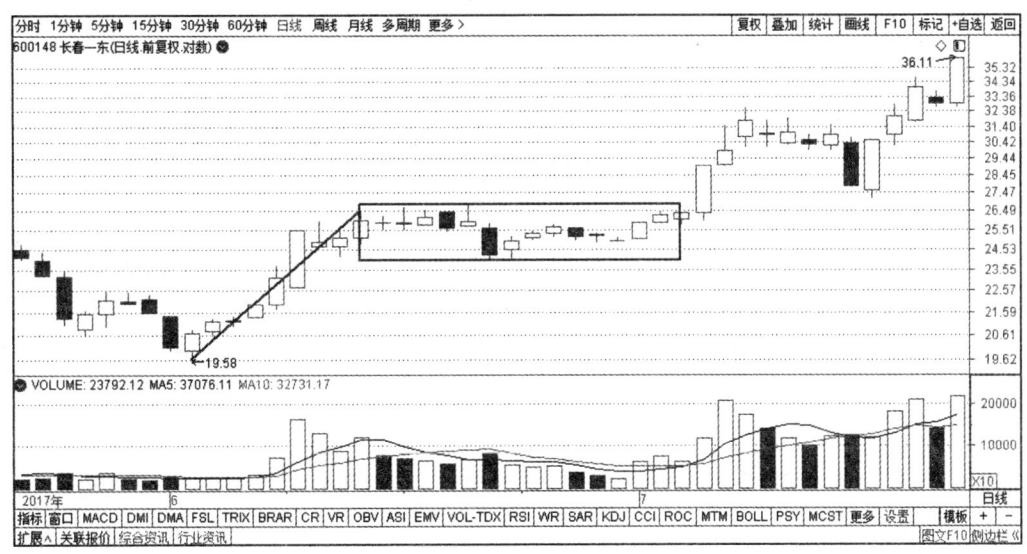

图4-21 长春一东（600148）2017年5月至7月的日K线走势图

上涨波段的50%，也可以看作中强势调整，后期向上突破平台后继续上涨的概率大。

5. 时间换空间

盘整过程中时间与空间的转换关系是以时间换空间，如果回调的空间快速到位后会选择横盘整理，保证横盘时间也达到调整的要求。

实战案例

如图4-22所示，天坛生物（600161）在前期上涨波段到位后，开始了跳水式快速下跌，随后展开了下跌中继过程的横盘，以此弥补前期快速下跌造成的空间和时间的不对称。但是因为下跌只走出了一个下跌波段，下跌的结构还不完整，所以在横盘整理之后必还有一跌。

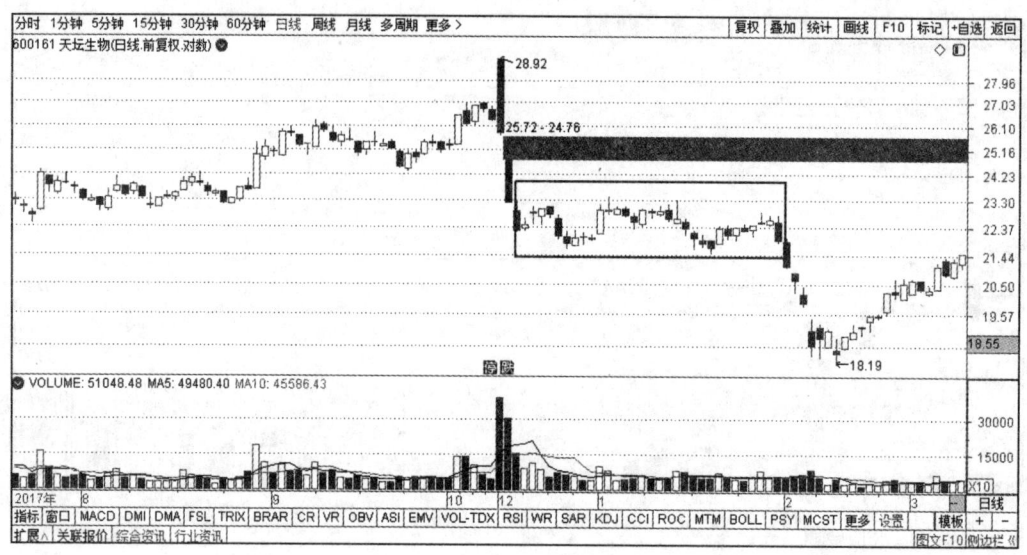

图4-22 天坛生物（600161）2017年7月至2018年3月的日K线走势图

6. 盘整过程的股价转折点

盘整过程形成对前期趋势的双突破后才能确认股价运行方向的反转，下降趋势的确认不需要放量，上升趋势的确认一定需要放大量，但不能放巨量。无论是中继形态的盘整还是顶底形态的盘整，盘整形态的结束一定伴随方向的选择——要么沿着原趋势方向继续运行，要么形成对原趋势的反转。

实战案例

如图4-23所示，太原重工（600169）在2018年6月22日至7月23日的走势形成了横盘整理区间，当在7月24日以一根大阳线向上突破横盘整理区间时，成交量也显著提升，从而也确认了这一根K线突破的有效性。需要特别注意的是，向上突破横盘整理区间时的K线一定要结合成交量才能确认有效，而向下突破横盘整理区间时的K线则不需要放大量来确认。

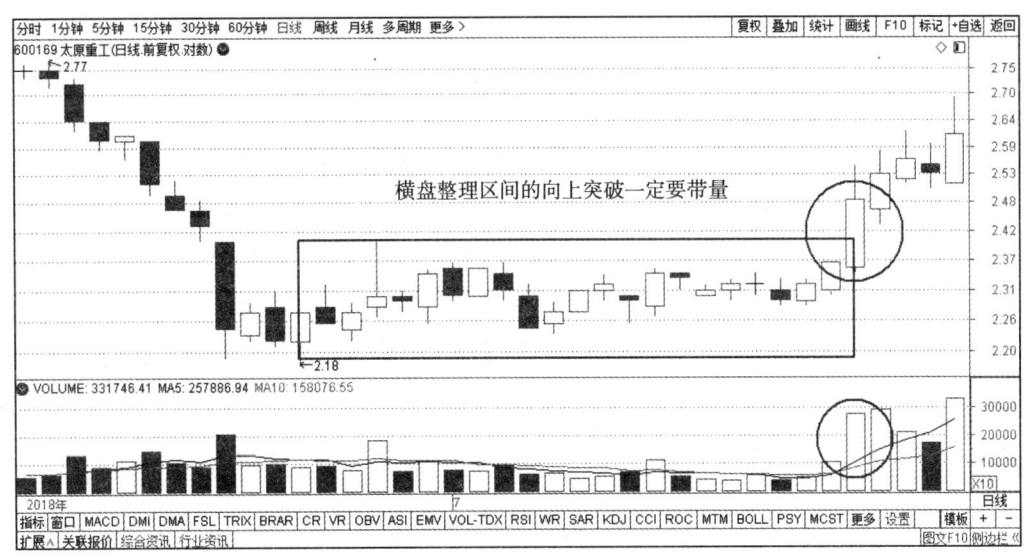

图4-23 太原重工（600169）2018年6月至7月的日K线走势图

7. 盘整力度判断

若在下跌过程中盘整区间的重心不能比上一个盘整区间的重心高，则说明反弹是一种弱反弹，反弹后还会下跌，即使不继续下跌也会使盘整的时间延长，不会立即上涨，所以整理一定要在上一个整理平台的上方。

盘整过程最好是在前一个盘整形态的上方，因为可以把左边的套牢盘解放出来，在前盘整形态以下的盘整尽量不要介入，股价向上突破会面临更大的阻力。股价形成上升趋势需要的条件比较苛刻，需要耐心等待。

实战案例

如图4-24所示，永鼎股份（600105）在2017年12月至2018年1月形成横盘整理区间之后，再次向下突破，经过反弹之后，于2018年4月在反弹的高位再次形成了横盘整理区间。通过画图可以很清晰地看出来，4月形成的横盘整理区间的重心相对于前期的横盘整理区间是有所下降的，这也就表明了这次的反弹力度较弱，无法成功消化前方的套牢盘，压力还十分大，所以股价在此还不会形成向上的再次突破。

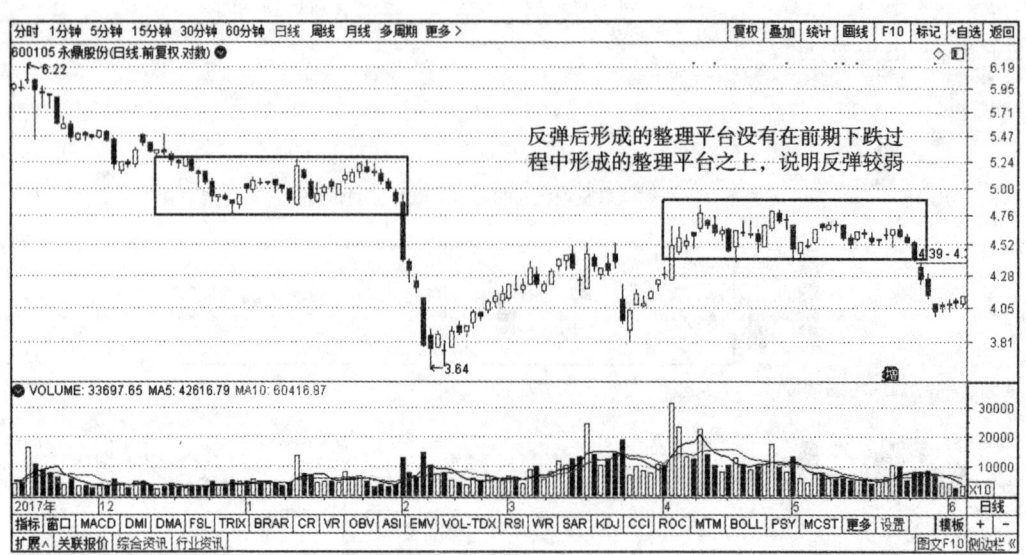

图4-24 永鼎股份（600105）2017年11月至2018年6月的日K线走势图

相反的，当后面的横盘整理区间在前方横盘整理区间之上，那么后市的走势就会表现得更强一些。如图4-25所示，皮阿诺（002853）在2017年7月开始的横盘整理区间之后，又于8月形成了一个重心更高的横盘整理区间，那么后市向上突破横盘整理区间之后，还会有一波可观的获利空间。

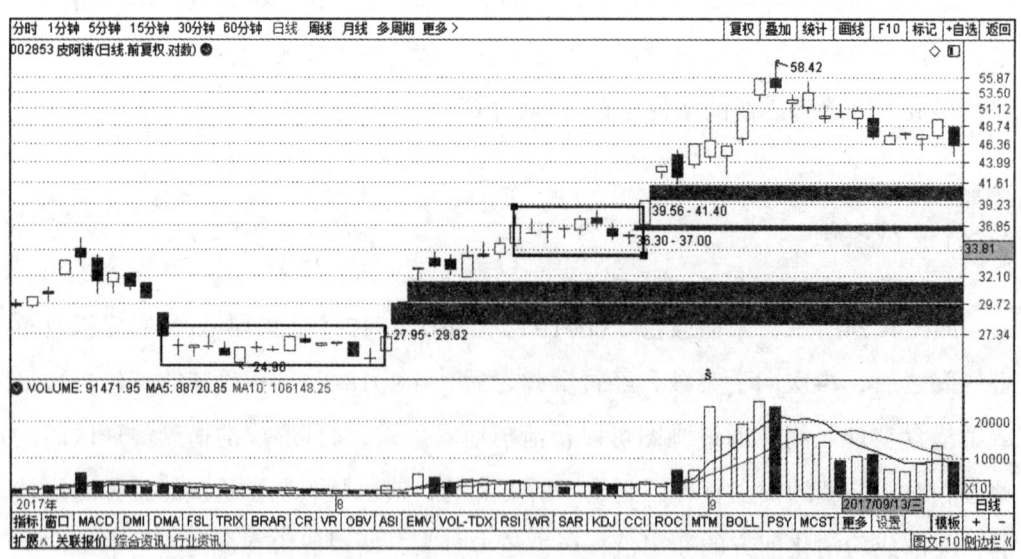

图4-25 皮阿诺（002853）2017年7月至9月的日K线走势图

8. 盘整区间的突破

突破最好是在这一波的前三分之一的位置，调整后回到平衡整理区，向上突破时突破波段是在中轨上方启动。突破是否有效，要看突破时对应的是小周期的第几波，第一波或第三波突破有效，第五波突破无效。若突破前小周期买点在盘整区域的中轨之上，一般都能突破，买入后要以中线持股为主。

实战案例

如图4-26所示，湖南黄金（002155）2018年2月下跌后在底部形成横盘整理区间，在平台的中轨附近开始形成向上突破的波段，在该波段的前三分之一的位置形成了对整理区间的向上突破，并且突破波段完成后的回调没有再次回到整理区间，该调整属于强势调整，说明后期会有一波非常漂亮的上升走势。

图4-26　湖南黄金（002155）2018年2月至4月的60分钟K线走势图

9. 盘整的操作方法

盘整没结束前以小周期进行买卖。如果在日线上形成横盘整理区间，用30分钟K线进行操作，如果在30分钟K线上形成横盘整理区间，用5分钟K线进行操作，如果在5分钟K线上形成横盘整理区间，用1分钟K线进行操作。日线上的横盘期间值得进行操作，更小周期的横盘期间都不建议操作，因为波动的幅度会越来越小，操作难度越来越大，风险越来越高。

实战案例

如图4-27所示，晋西车轴（600495）这个横盘整理区间的行情级别对应的是日线级别，一共持续了172个交易日，区间振幅21.71%，操作时应当以小周期进行操作，使用30分钟级别的周期寻找准确的交易点位，因为空间十分有限，一旦买卖点出现偏差，利润会严重缩水，甚至回吐，这也是为什么我不建议大家在盘整区间内进行操作的原因。

图4-27　晋西车轴（600495）2017年5月至2018年2月的日K线走势图

特别说明

在趋势之中必能找到三重运动的痕迹，一环套一环，一个周期套着另一个周期，环环相扣。主力在进行大资金布局时，首先是从大周期开始研判，一步一步，到主周期，最后才到小周期，而在大周期、主周期保证完好的情况下，日常运动的不规律性就是给予散户投资者的最大考验。作为散户，就是太关注短期的运动了，没有大局观，忽略了基本运动，才会导致被微小的价格波动所左右，完全被行情控制。

为了帮助广大还在迷途中的投资者,在多年的股市学习和实战中,我也总结出"黄金解套"的精品课程,能够让投资者在学习之后,一眼识破"套"。

学员互动

2017年11月28日,苏州的伍女士拨打股市120的电话进行咨询:

伍女士:

我在2017年11月10日尾盘涨停的时候追进新易盛,买入的时候是看到周线上面回踩10周均价线,并且出现了涨停板,判断当下的位置是周线上的2浪回调。买入后股价也上涨了几天,并且创了前一波的新高,非常开心,但是后市却出现了两根大阴线直接下跌,其中还有一天是跌停板,为什么会出现这样的情况呢?

股市120:

首先在2017年11月10日,从周线上面来看,新易盛均线的方向还是呈现多头向上的,股价打在10周均价线时,也看到有明显的向上反弹,但是5周均价线已经走平,最重要的是原上升趋势的波段结构已经完整,日线上已经可以确认空头趋势开始。

新易盛股价从2016年12月开始下跌,一直跌到2017年的7月,下跌时间一共持续了将近7个月。但是在底部横盘整理区间仅仅停留了22个交易日,满打满算就1个月的时间,8月16日以大阳线的方式完成了向上的平台突破,并在8月25日完成了对前期下降趋势线的突破,形成双突破之后,开始了这一波的上涨趋势。前期充分下跌,但是在底部横盘整理区间的时间太短,在区间内的总换手率也只有28.25%,主力能够获取的筹码十分有限,也就说明对这一波的上涨周期来说,肯定不会是以周线为单位的周期,而是更小一个级别的周期。

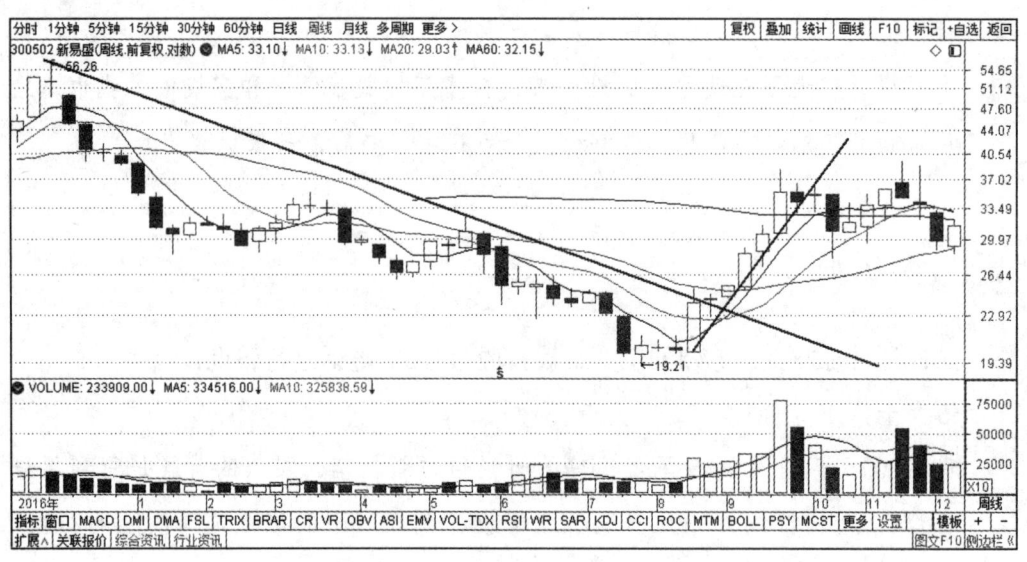

图4-28 新易盛（300502）2017年7月至2018年1月的周K线走势图

在明确了主周期之后，对后面的判断就更加容易了。以日线上来看，前一个上涨波段在10月16日这天的跌停板首先是对上升趋势线形成了突破，并且同时对前面数个交易日形成的横盘整理区间形成了向下的突破，这里的双破位其实已经发出了很明显的警示信号，前期上涨波段的结构趋于完整，同时出现警示性K线，我们在后市的操作上就一定要更加小心。后面虽然股价再次创出新高，但无

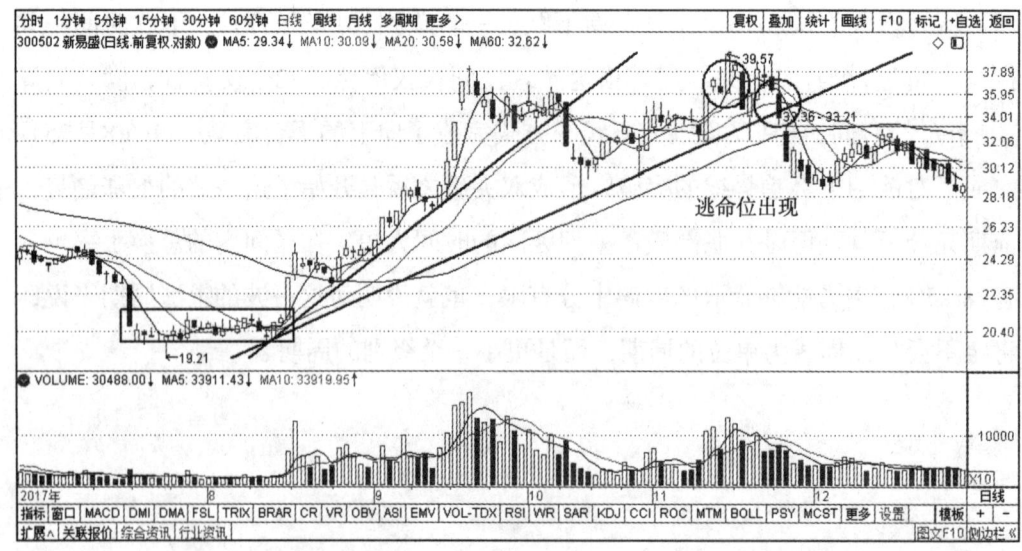

图4-29 新易盛（300502）2017年7月至2018年1月的日K线走势图

论是上升的力度、幅度还是成交量，都不足以支撑其形成持续性的上涨，所以在最后的逃命位出现时，便是我们离场的最后机会了。

新的趋势的形成是不会轻易被扭转的，尤其是下跌趋势，需要有足够的时间和量能才能修复快速杀跌对市场人气的破坏。这一波的上涨只是下跌趋势中的一个反弹行情，也是对普通投资者最具诱惑性、让他们亏损最多的行情。趋势的扭转一定是从小趋势开始的，大趋势的形成需要时间，同样大趋势的破坏也需要时间，当大周期的结构完整后，对原趋势的破坏一定是从小周期开始的，逐渐传到大周期上，所以此时小周期趋势的反转一定会带动大周期趋势的反转。

思考题

1. 波段完整的标准是什么？波段完整在判断趋势的开始和结束时重要吗？
2. 趋势确认的标准是什么？
3. 横盘整理区的研判要素有哪些？
4. 横盘整理区对趋势的产生有什么作用？
5. 横盘整理区有哪些操作机会？

第五章

趋势级别的深度研判

本章讨论的重点是某一个上涨或下跌的行情，在某一个时间周期内，以什么样的波段和形态方式运行，可能运行的时间、空间是多少，又会以什么样的趋势角度运行，不同的动能又会形成怎样不同的趋势形态。

在江氏交易天机系列课程中，对于行情级别的界定的研究，也是对不同周期之间的关系的研究。在前文中我们已经学习了周期套，以及不同行情机会对应的三个周期，在本章中，将结合周期套，通过界定不同行情级别，来研判股价运行的方式和轨迹。

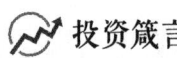 投资箴言

> **只有趋势才是你真正的朋友**
>
> 只有趋势才会给我们带来盈利，做多的要依附上升趋势，做空的要依附下降趋势。趋势入门简单精通难，一方面需要长年的日积月累，另一方面需要持续的名师指点。我们在看股价走势的时候，大多会纠结于"形"上的走势，忽略了内在的真正逻辑，比如不同趋势级别的走势之间的制约和引领，就是趋势的真谛。

第一节　实战研判行情的流程

实战研判行情时，第一个要解决的问题是趋势的级别，第二个要解决的问题是股价的位置，第三个要解决的问题是形态，第四个要解决的问题是时间和空间，第五个要解决的问题是动能，最后要解决的问题是趋势是否形成、波段是否完整，是否有操作机会。

实战过程中研判波段的步骤如下：

第一步：趋势的级别在哪个周期，周线、日线、60分钟线还是15分钟线？

第二步：上一个趋势的起点和终点在哪里？

第三步：上一个趋势中每个波段是怎么运行的，时间和空间有什么关系？

第四步：股价后期的方向如何，趋势运行的时间和空间如何量化？

第二节　级别研判总则

在前面的章节中，我们学习了不同周期的作用，以及不同周期在操作时的意义与方法，也学习了趋势与波段的确认条件。在实际应用中，我们需要将这些知识点全部融会贯通，从点到线最后发展到面，全方位地熟练掌握这些技巧，才能在股市中如鱼得水，操作自如。本节将着重介绍如何研判趋势的级别，帮助大家把握住上升趋势，远离下降趋势。

1. 总则1

趋势行情主周期上涨或下跌动能不减时，无论股价在该方向上运行几波，股价也不会直接向反方向运动。波段的数量只是形式上的展现，并不代表股价运行的真正逻辑，我们要关注趋势中波段运行的数量，但不能拘泥于波段的数量。

实战案例

如图5-1所示,凯乐科技(600260)在2016年1月至9月的上涨中明显有三波上涨结构,通过画线工具,我们可以很清楚地看出第二波的上涨动能比第一波的上涨动能强,确认这个条件之后,我们可以判断其在第二波上涨后调整,必有再次的上涨。我也总结了一句口诀送给各位读者朋友们:在上升趋势中,三比一强必有五。望各位熟记于心!

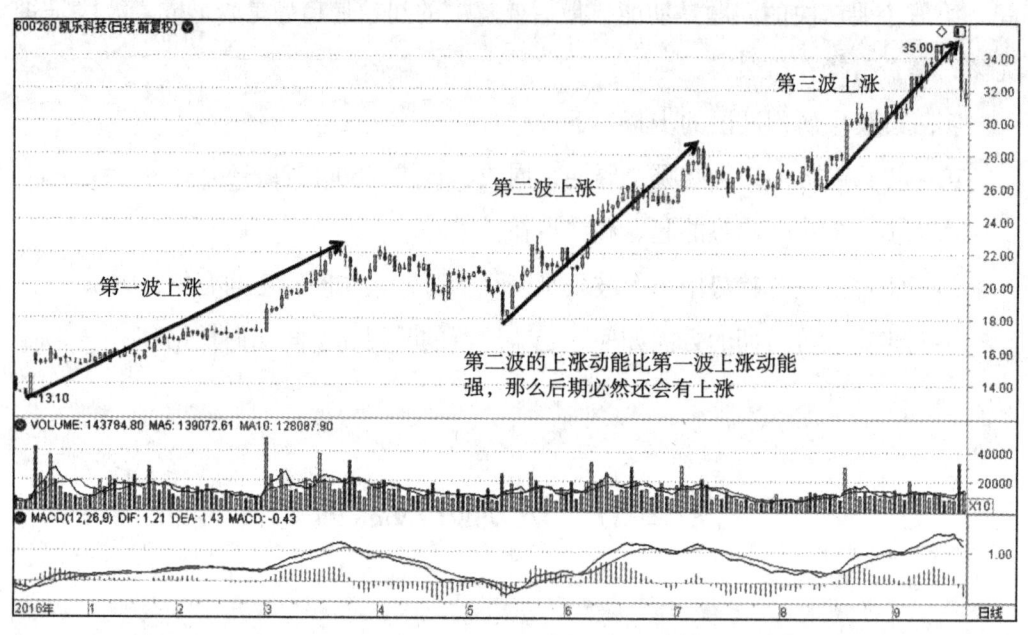

图5-1　凯乐科技(600260)2016年12月至2017年9月的日K线走势图

2. 总则2

主周期的趋势中,只有在小周期上走出两个推动波段和一个调整波段后再出现动能减弱的迹象,股价才有转势的可能。如果没有第二个推动波段则很难构成趋势,有了第二个推动波段但是动能减弱了,也很难维持趋势的运行。

实战案例

如图5-2所示,星网锐捷(002396)在2018年2月共上涨19天,最大涨幅达到

41.85%；而在4月中旬开始的一波上涨虽然持续了23天，涨幅却只有23.09%。由此对比可知，第二波的上涨动能远不及第一波的上涨动能，那么在两个推动波段和一个调整波段的结构完整后，动能减弱，股价就有可能转势，在大盘环境不稳定的情况下，投资者一定要暂时离场。

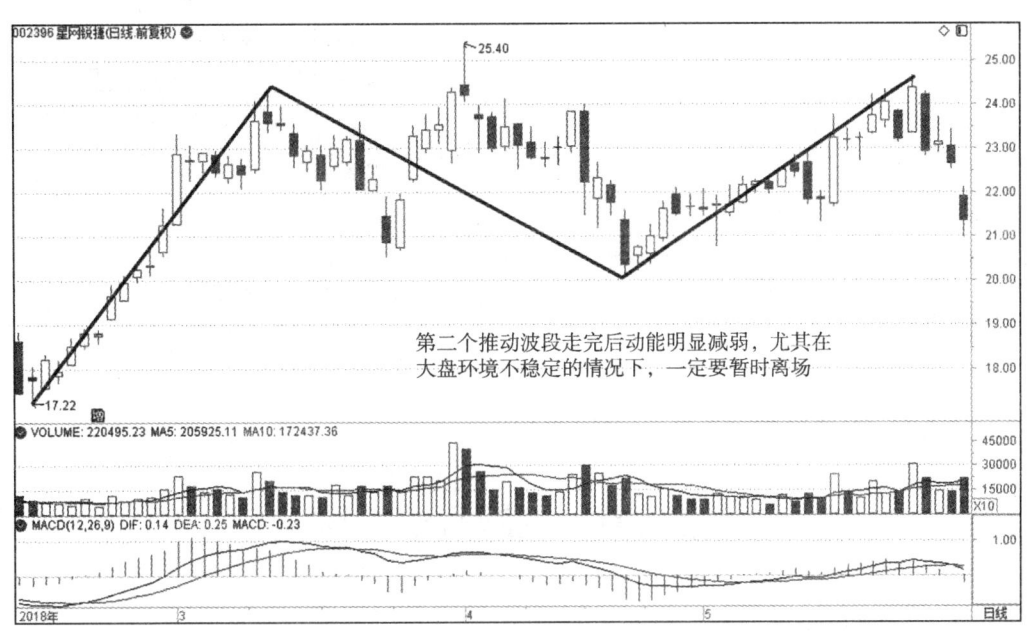

图5-2　星网锐捷（002396）2018年2月6日至5月30日的日K线走势图

3. 总则3

当上涨或下跌趋势中形成单突破后，该波段可能见顶或见底，只有形成了双突破，才能确认顶部或底部的成立。

实战案例

如图5-3所示，同达创业（600647）周线上从2016年1月开始长期处于下跌趋势中，在2018年2月开始的一波反弹，成功对下降趋势线形成了单突破，有见底的可能性。但从后期的发展中看到，股价的走势不能有效地突破形态线，无法构成双突破，那么此时的单突破就是无效的。从这个例子中也能发现，单突破不是判断股价见顶或者见底的方法，只是对于判断顶底建立了一种可能性，唯有形成双突破，才能真正确认顶部或底部的成立。

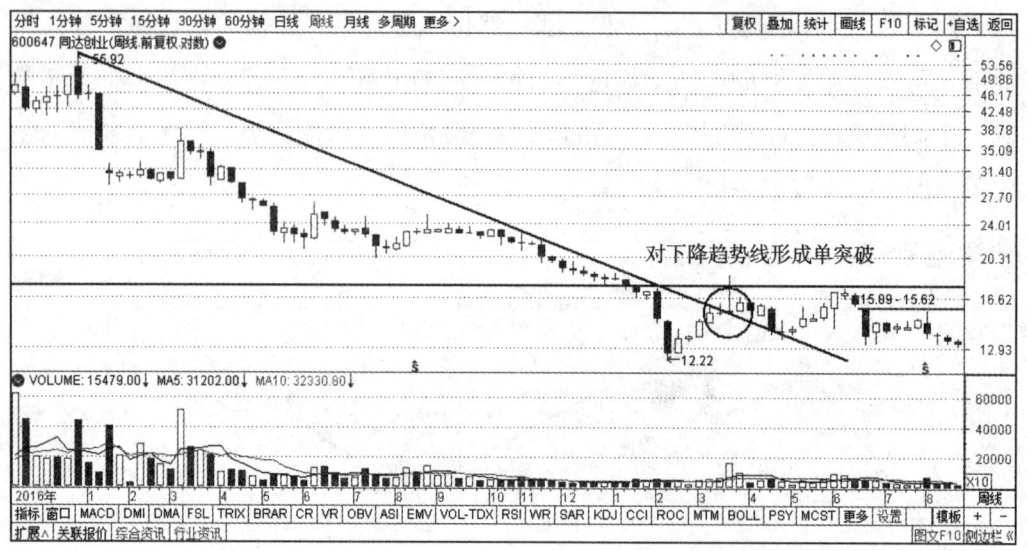

图5-3 同达创业（600647）2016年1月至2018年8月的周K线走势图

第三节 判断行情性质

确定行情性质对我们操作的意义就像起航前找准方向一样，一旦方向错了就会导致航行的失败，即使有到达目的地的可能，也必然要经过更多的风险。判断行情性质的六个要点如下：

1）哪个主周期波段完整才能确认该主周期的趋势行情；

2）主周期波段没有完整，只能产生小周期的趋势行情，只能用小周期操作买卖；

3）主周期下跌波段完整后，小周期走强可以带领主周期走强，反之亦然；

4）在多个周期的上涨或下跌波段形成共振时，哪个周期的上涨或下跌波段完整，就会形成那个周期对应的调整或反弹行情；

5）当主周期单破位后会产生对应小周期的趋势行情；

6）主周期趋势没有结束前，小周期趋势的方向服从大趋势方向。

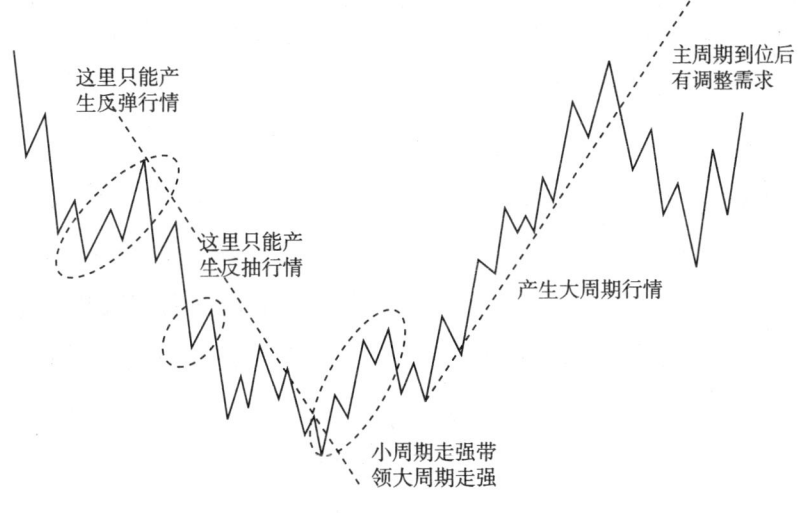

图5-4 行情性质区分图谱

实战案例

如图5-5所示,我们观察到上证指数(999999)从熊市开始的2015年6月到2018年10月,在长达3年的时间中,实际包罗了所有的行情类型。

从最开始大周期的下降趋势形成,出现了数次反抽行情以及为数不多的反弹行情。经过长达8个月的下跌趋势,终于在2016年2月见底,并且在2016年6月形

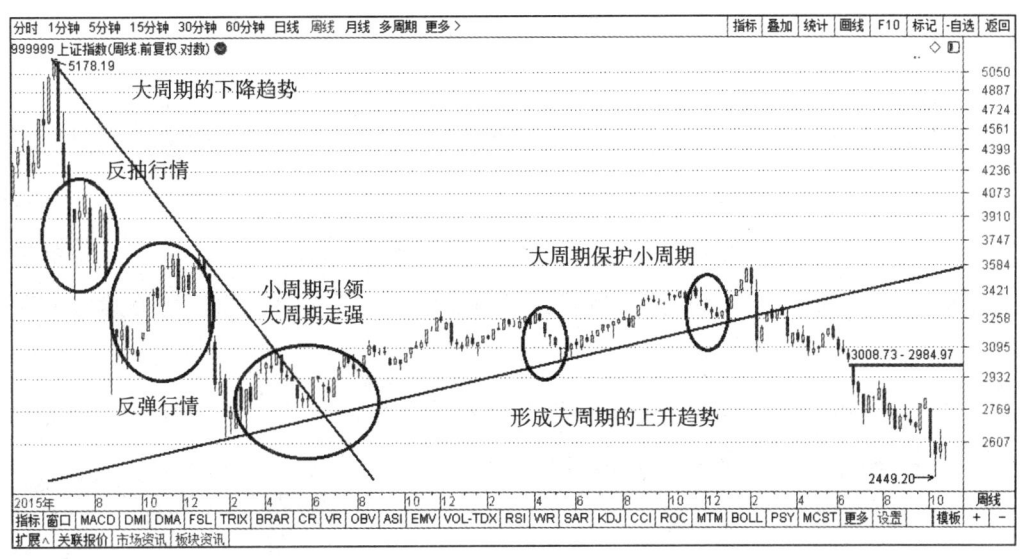

图5-5 上证指数(999999)2015年7月至2018年10月的周K线走势图

成了对下降趋势线的单突破，启动了长达近两年时间的慢牛，其间虽然有多次恐慌的下跌，但在大周期上升趋势的保护之下，指数依然维持在上升趋势中，缓慢上行。

直到2018年2月9日形成的大阴线，直接强而有力地击穿了大周期的上升趋势线，小周期的下跌再次引领大周期形成反转，构建了新的下降趋势。

在整个过程中，我们从大周期的角度来看，大周期中的波段并不完整，所以每一次的反弹或者反抽都以失败告终。只有当大周期的波段完整，再次形成反弹，此时形成了突破之后，才会最终形成趋势的反转。而每一次的回调过程也是一样，大周期的上涨波段不完整，小周期上涨之后进行的回调一定会受到大周期的保护，而在大周期上涨波段完整之后，小周期再次破位下跌，就会引领大周期形成趋势的反转。

第四节 推动调整关系

用不同的周期分析不同性质的波段有利于更好地看清波段的运行状态，大家要养成这种思维方式。

1）时刻明确当下属于哪个周期的做多或做空，明确操作的大周期和主周期，是定性的过程；

2）在明确主周期的方向后，要对小周期上会产生哪种波段行情有充分的预期，同时要明确小周期上的支撑压力位；

3）主周期处于明显趋势中的，当主周期完成一波行情进入盘整期，若调整的级别为小周期对应的ABC三浪调整，待调整完毕后股价会继续沿着原趋势方向运行；

4）调整和反弹的空间、时间一般为上涨或下跌的重要黄金分割位，分析时一定要结合时间换空间的规则具体研判；

5）当主周期进入做头做底过程后，小周期的一个趋势结束后就会进入一个对应级别的小周期回调，直至大周期双破位出现，此时确认大周期已经进行反转。

实战案例

如图5-6所示，上海钢联（300226）从2018年4月至9月处于中长期的下降趋势中，在7月周线的下降趋势中运行了一波反弹行情，该反弹行情由两个30分钟K线上的上涨波段和一个30分钟K线上的调整波段构成。

如图5-7所示，操作上海钢联时，日K线图上反弹波段走势中的第二个上涨波

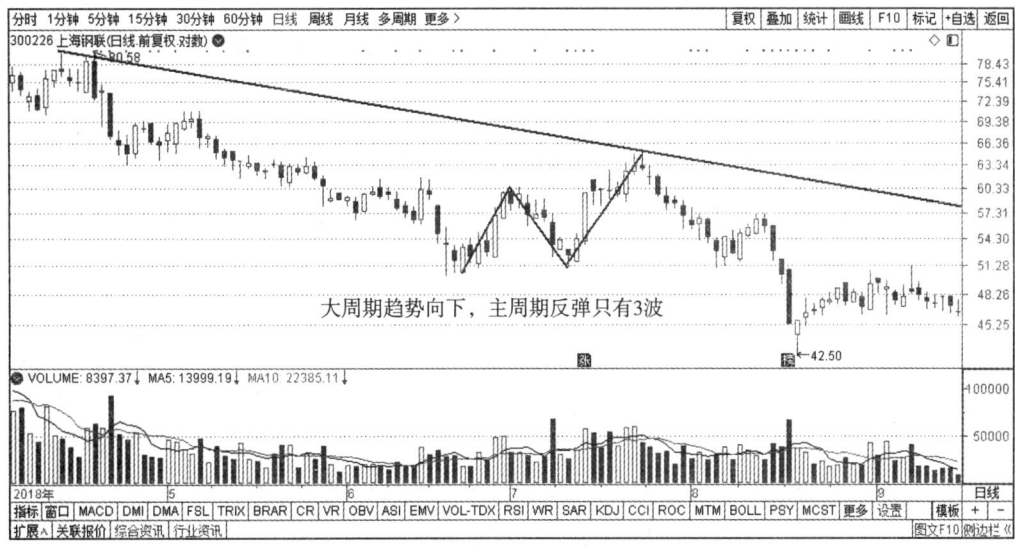

图5-6　上海钢联（300226）2018年4月至9月的日K线走势图

图5-7　上海钢联（300226）2018年7月5日至30日的30分钟K线走势图

段，在30分钟K线图的小周期上走出了清晰的5个波段，并且出现了单破位，此时一定要果断离场，因为后市面临的将是日线级别的下跌，跌幅会非常大。在大周期处于下降趋势时，任何的反弹我们都要从小一个级别的周期上分析，安全起见甚至要从小两个级别的周期上分析，而且一旦小周期的力度减弱，股价走势必然重回大周期原来的走势之中，此时的破位点就是一个离场点，勿与大趋势为敌。

第五节　各周期之间的服从关系

前文说到在行情级别的确认中，往往我们至少要通过判断3个周期的级别行情，来确定当前的行情主周期、大周期、小周期，而在这3个周期之中，相互之间关系紧密。本节针对各周期之间的服从关系展开，明确各周期间关系以及判定法则。

1）如果主周期的趋势方向还没有改变，小周期服从主周期。小周期虽然有调整和反弹，但在小周期波段完整之前不会改变主周期的总体方向，股价调整或反弹到位后会继续沿着主周期的方向运行；

2）如果在主周期的趋势运行中小周期的波段结构已经完整，小周期方向的改变会引领主周期方向的改变。在该过程中，小周期的下跌或上涨会使主周期产生双破位，小周期的转势会使主周期的性质发生根本改变。

实战案例

如图5-8所示，万达信息（300168）在2017年12月形成短暂的小双底后开始了一波上涨行情，这波在周线上的上涨行情是由日线的5个上涨波段构成的。

如图5-9所示，在万达信息的日K线走势图上可以清楚地看到完整的5个波段的上涨结构。当股价第四个波段的调整结束，开始走第五个上涨波段时，我们就要留意主周期上的卖出点，也就是周线上的卖点。这需要我们分析小周期图上的第五个波段的结构，不断地从小周期着手，研判精确的卖出点位。

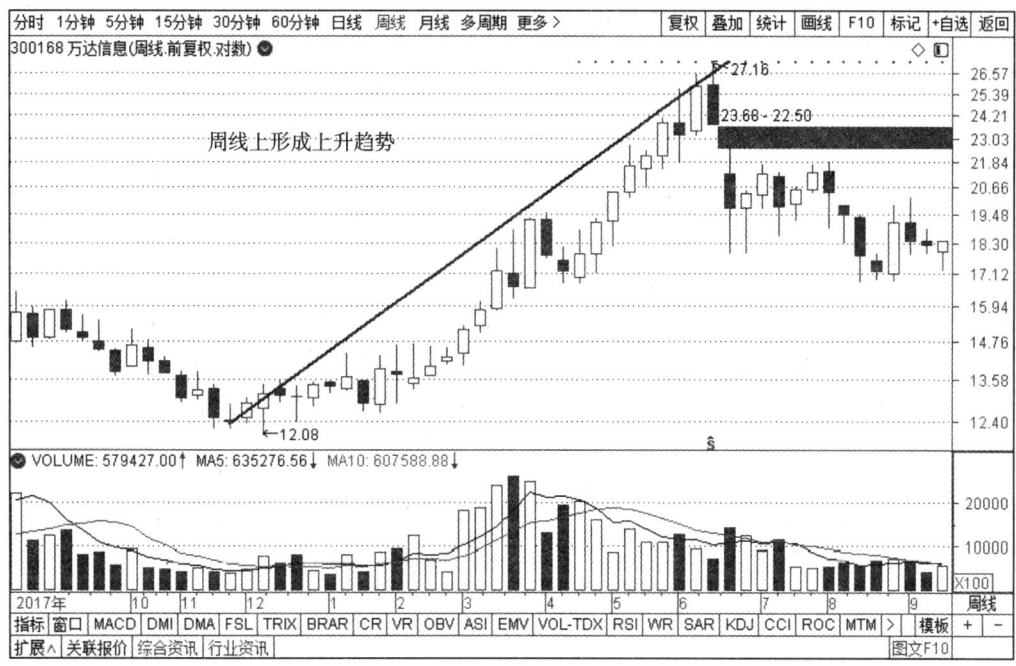

图5-8 万达信息（300168）2017年11月至2018年9月的周K线走势图

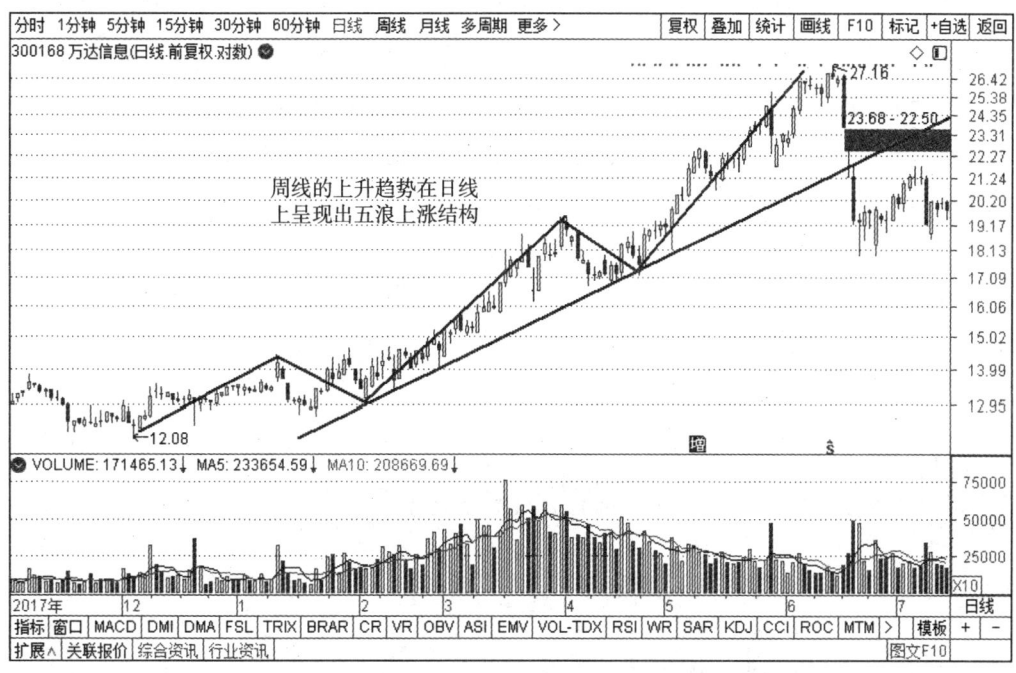

图5-9 万达信息（300168）2017年12月6日至2018年6月15日的日K线走势图

从周线图到日线图,再从日线图到60分钟K线图,一层层抽丝剥茧,将每个上涨的第五个波段在小周期上进行详细分析。如图5-10所示,日线图上的第五个波段在60分钟K线图上能够再次细分出5个波段的上涨。如此逐层分析,等待各

图5-10 万达信息(300168)2018年4月16日至6月15日的60分钟K线走势图

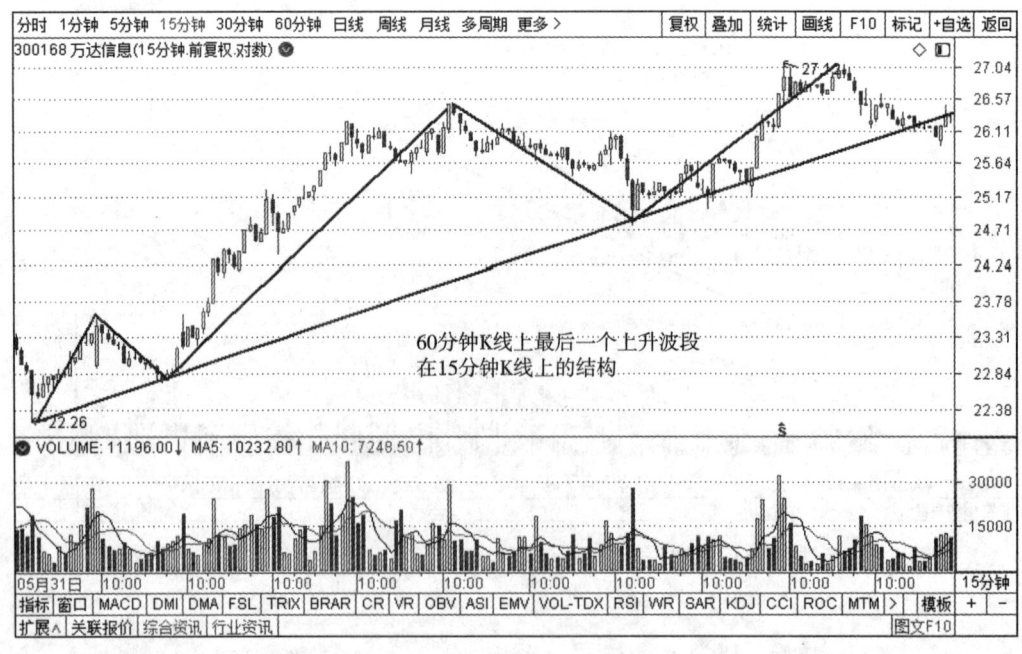

图5-11 万达信息(300168)2018年5月31日至6月15日的15分钟K线走势图

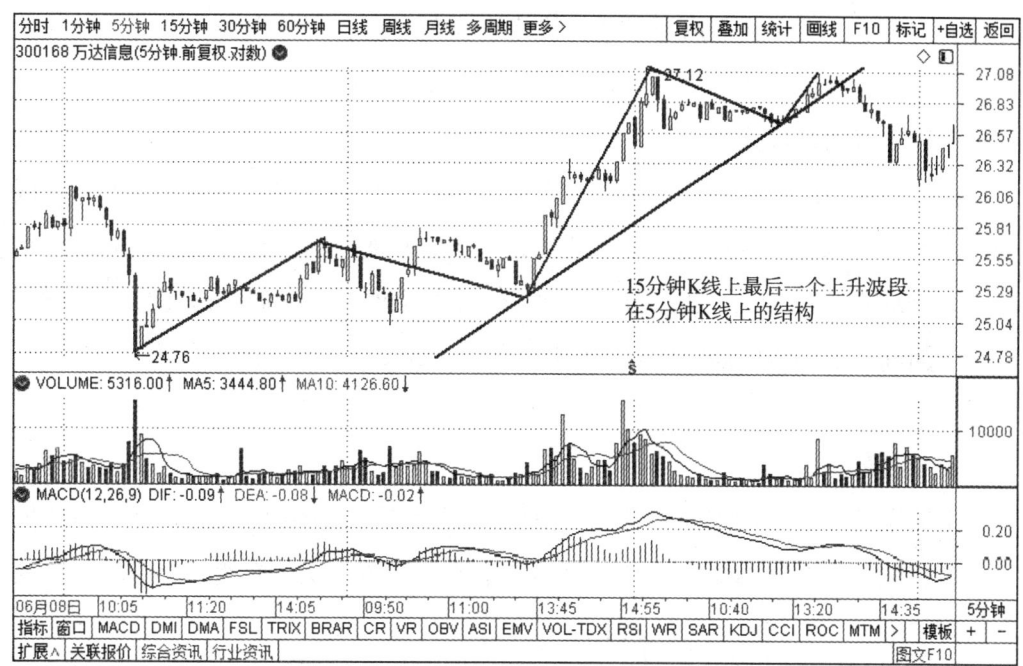

图5-12 万达信息（300168）2018年6月11日至15日的5分钟K线走势图

个周期的第五个波段，直到5分钟K线走势图上的第五个波段。当5分钟K线上的5个波段完成之后，一旦股价向下跌破最后一个波段在5分钟K线上的上升趋势线时，5分钟K线上的破位会引领15分钟K线走势的变盘，然后带动60分钟K线走势变盘，最后带动日线走势的变盘。

! 特别说明

当大周期、主周期和小周期共振五波段走完且动能减弱时，分析的周期一直到5分钟K线或者1分钟K线的行情后，就可以找到顶底的大致区域和时间。

第六节　周期共振矛盾

多周期的共振和矛盾是股价在任何一个时刻都存在的现象，股价的变化看似无序，实则它的背后有着极强的规律在牵引，就是这种规律成为我们交易过程中的利器，是让我们在市场中"活得明白"的基础。周期的共振形成的是趋势，周期的矛盾形成的是震荡。

在分析周期的共振和矛盾时，首先要牢记一个基本原则：当多周期形成共振时，力量会加强；当多周期产生矛盾时，力量会减弱。为了让我们在实战过程中更好地顺应盘面的变化，这里给大家强化4种常见现象，它们可以让我们在分析股价不同周期上趋势的运行时有据可依。

1. 现象1

主周期处于上升趋势时，若小周期要面临调整，小周期的调整力度会被抵消，调整的时间会被缩短，调整波段不一定能够完整。反之亦然。上涨趋势会减弱下降的力量，下跌趋势会减弱上涨的力量。

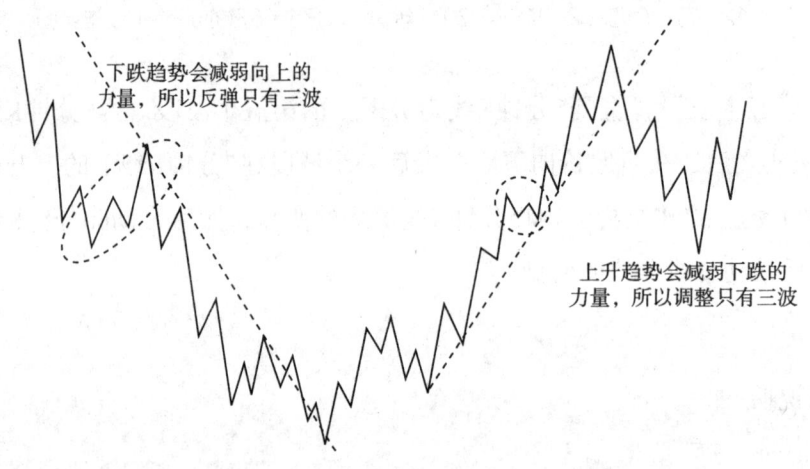

图5-13 趋势对能量的加强和减弱关系

实战案例

如图5-14所示，启明星辰（002439）在2018年1月16日前的下跌趋势中，有过数次的反弹结构。只要主周期的下跌趋势还在延续，那么小周期的反弹走势将受制于主周期的趋势。所以每次反弹的高点都受到下跌趋势线的压制。

如图5-15所示，30分钟K线图所展示的是日线图中的第二个方框中的反弹结构，通过观察此反弹结构可以看出，在大周期处于下降趋势中时，小周期的反弹或者反抽力量受到减弱、抵消，通常只运行3个波段结构，包括两个上涨波段以

图5-14　启明星辰（002439）2017年11月至2018年4月的日K线走势图

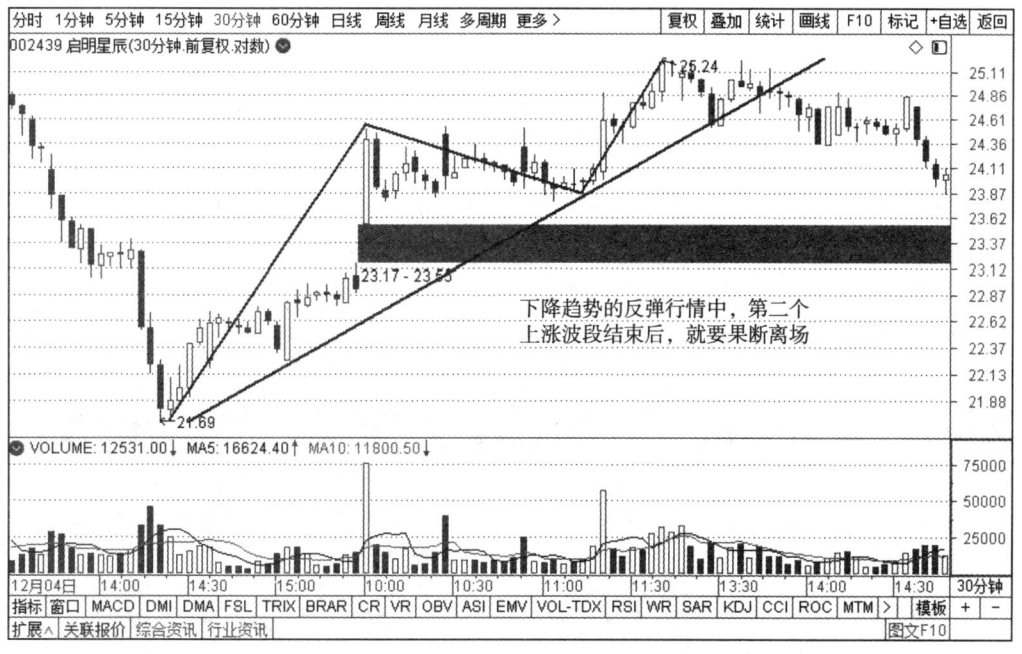

图5-15　启明星辰（002439）2017年12月4日至20日的60分钟K线走势图

及一个调整波段。在两个上涨波段结束时，第二个上涨波段虽然创了新高，但走势力度明显减弱，预示着反弹力量消失殆尽，这波反弹结构已经无法再形成第三个上涨波段了。

2. 现象2

在大周期处于上升趋势时，小周期的回调力量受到减弱、抵消，通常也只运行3个波段结构，包括两个调整波段和一个上涨波段。在两个调整波段结束时，大周期形态完好，那么此时又将回到大周期的上升趋势行情中。

实战案例

如图5-16所示，小天鹅A（000418）的走势在中长期的大级别上升趋势中，股价在完成一个上涨波段后进入调整，因为股价依然在大的上升趋势中，所以反向的调整和下跌只是短时间的行为，在小周期的结构上最多走出ABC三浪调整后，股价依然向上运行的概率较大。

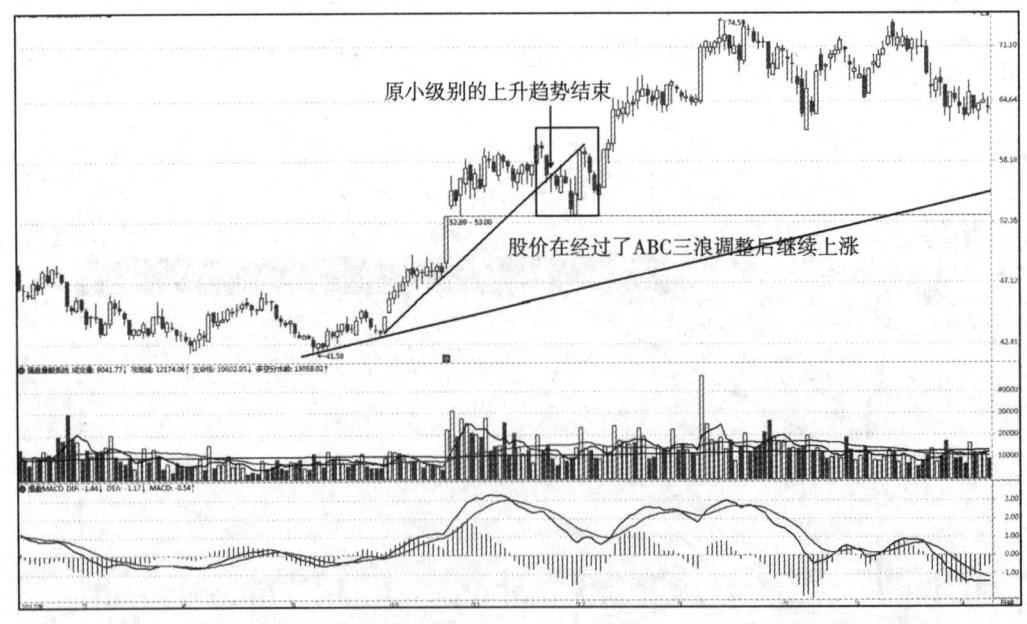

图5-16 小天鹅A（000418）2017年6月14日至2018年4月12日的日K线走势图

3. 现象3

主周期上升、小周期也上升，则小周期上升的力度会被加强，表现在空间、时间、波段、速度上都会被加强。主周期下跌、小周期也下跌，则小周期下跌的力度会被加强，表现在空间、时间、波段、速度上都会被加强。

实战案例

如图5-17、5-18所示，融捷股份（002192）在2017年5月至10月形成周线上的上升趋势，在日线上看到了清晰的五浪上涨结构，说明该上涨行情的主周期在日线级别上。在大周期的上升趋势中，我们确认了主周期的行情级别，然后在主周期的上涨波段中再次剖析寻找小周期的上涨共振波段。

如图5-19所示，在30分钟级别上，我们找到了对应主周期的位置，也可以展开看到在小周期上形成了五浪上涨结构。由于小周期与主周期形成共振向上，力度增强、角度增强、涨幅增强，这也是研究多周期共振最有价值的地方。

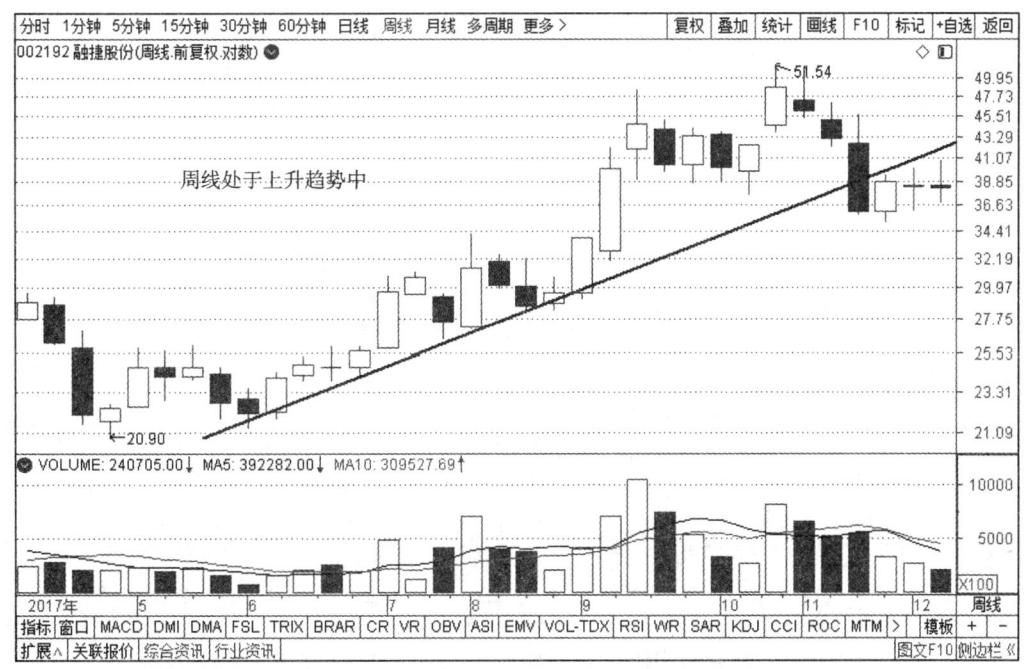

图5-17　融捷股份（002192）2017年4月至12月的周K线走势图

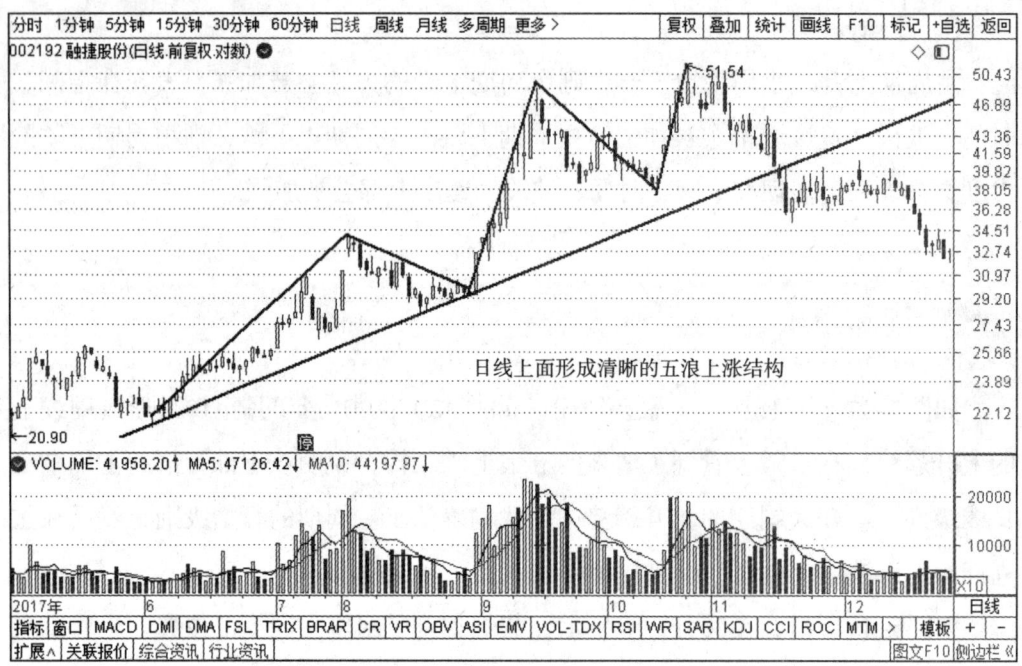

图5-18　融捷股份（002192）2017年6月1日至10月26日的日K线走势图

图5-19　融捷股份（002192）2017年8月31日至9月14日的30分钟K线走势图

4. 现象4

主周期在做头过程时,小周期的上涨力度会被减弱;主周期在做底过程时,小周期的下跌力度会被减弱。

实战案例

如图5-20所示,平治信息(300571)在2018年1月至7月的走势中形成了一波周线上的上升趋势,但在7月中下旬时,对上升趋势形成了单突破。在破位之后的走势中,股价并没有继续快速下跌,维持了数周的顶部横盘。但是股价也并未继续回升到上升趋势线上方,延续之前的上涨趋势。

图5-20 平治信息(300571)2018年1月至10月的周K线走势图

如图5-21所示,观察小周期图表,我们在主周期日线上可以看到,在做头过程中的每一次向上反弹或者反抽,都在小周期上仅仅形成了三波的上涨结构,上涨力度越来越小,也不能有效地抬高高点,那么此时每一个小周期的高抛点,就是我们操盘时的清仓位。

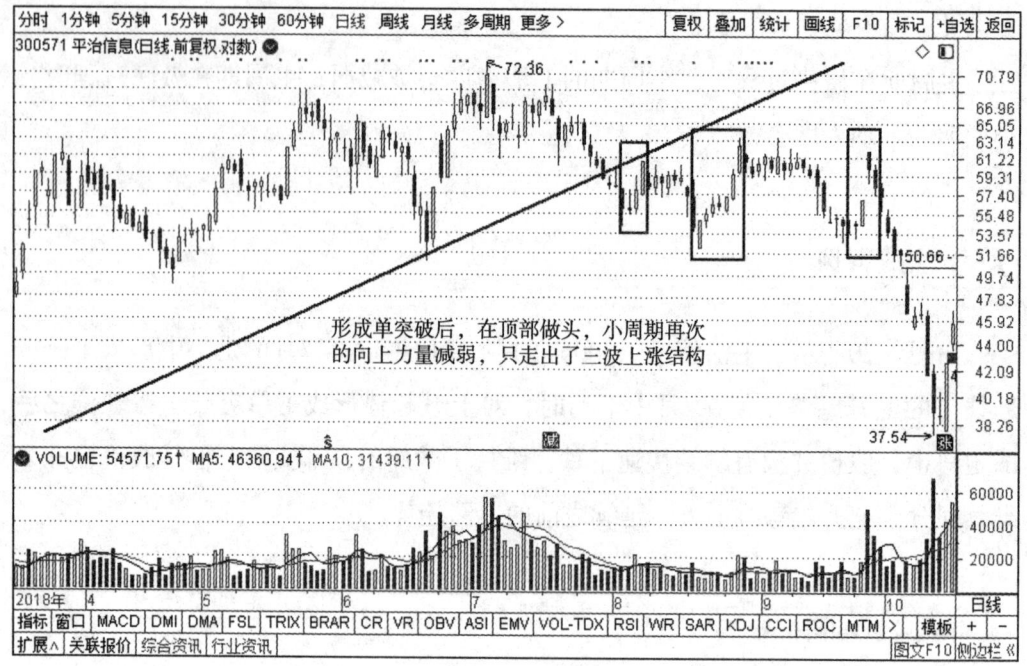

图5-21 平治信息（300571）2018年4月至10月的日K线走势图

第七节 趋势波段分析要点汇总

本节是对前面所有趋势和波段知识要点的汇总，当养成波段操作思维后，理解前面的要点会更容易。本节的归纳是为了把知识点串成一条线，在读者自己进行研判时可以将这些知识点快速地运用自如。

1）无论上涨或下跌，在你所分析的行情下使用周期，必须要走出3个波段以后才有可能转势。因为3个波段才会有两低点一新高的结构，才会确认趋势的形成；

2）只要你所分析的波段行情上升动能不减弱或不加速，即均衡运行，那么无论运行几个波段股价都可能延续原来的运行方向，不会直接形成新的趋势；

3）在当前操作的周期内，股价走出3个波段后进行整理，整理后再上涨的动能明显加快且刚好又到重要的压力位，一般属于冲顶的信号，反之则是见底的信号；

4）在上升趋势或下跌趋势中，如果在第二个上涨波段时动能就开始减弱并形成单突破，一般可以确认这是3个波段的上涨，趋势的运行有限；

5）第二个上涨波段动能不减，股价调整后一半都会再上涨；

6）若时间和空间均已到变盘点，小周期上走出3个波段后动能减弱，一般都是见顶或见底的信号。

特别强调

在实盘过程中，预测不等于预判，预判不等于操作，最重要的是认真观察市场的变化，一旦某个周期的买卖点成立后果断进行操作。然后观察市场反向运行的力度，若发展的方向和力度符合我们的要求就坚持，否则就采取反向操作。该涨不涨，理应看跌。

学员互动

2018年9月28日，重庆的黄先生拨打股市120的电话进行咨询：

黄先生：

我在2018年4月3日买入神马股份，在2018年4月16日卖出，赚了10%，卖出后第二天就出现了一根小阴线，当时特别开心，觉得自己卖对了，可是一段时间后看这只股票却发现几乎是卖在启动之前。操作时前面的一个完整的上涨波段已经结束，然后要走调整的ABC三浪，反弹的B浪只能按照3个波段进行操作，完全是按照波段交易的要点操作的，怎么会卖在启动之前呢？

股市120：

您分析的都非常正确，但是对大周期的定位出现了错误，在某个周期上走出了8浪的循环周期后，完成了更大周期的一个波段，如果要走出更大周期的第二个波段就需要沿着原来的方向再走出8浪的循环。您对前面1-2-3-4-5浪的分析以及对调整ABC三浪的分析都非常到位，但是忽略了这个8浪的循环是日线上一个上涨波段在30分钟K线上的第一个波段，接下来在30分钟K线上还会走一个完整的上涨波段才能走出日线上的上涨行情。

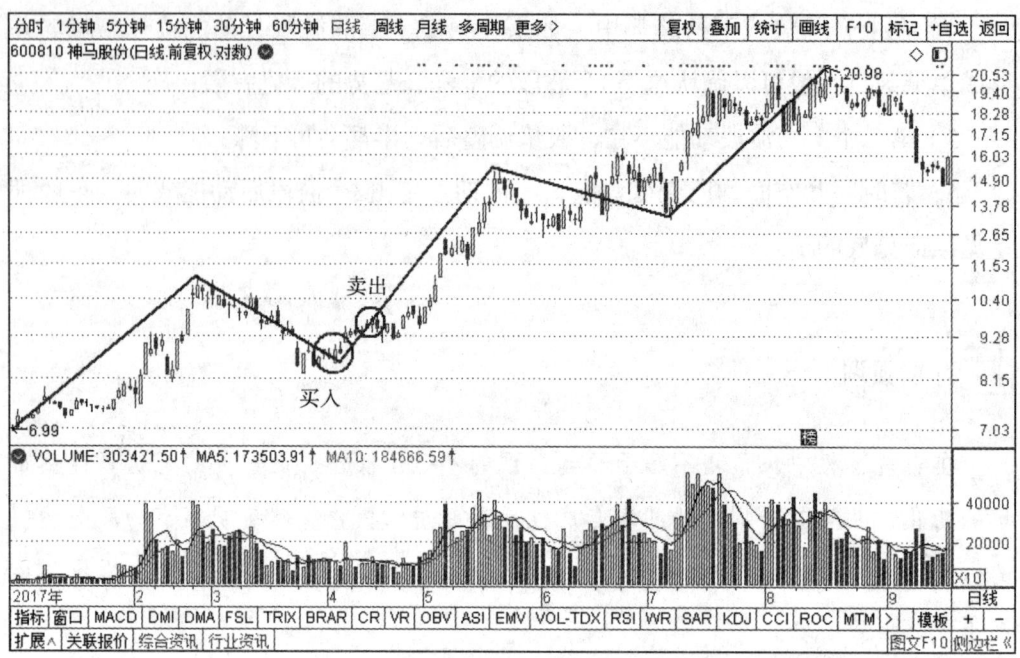

图5-22 神马股份（600810）2017年12月至2018年9月的日K线走势图

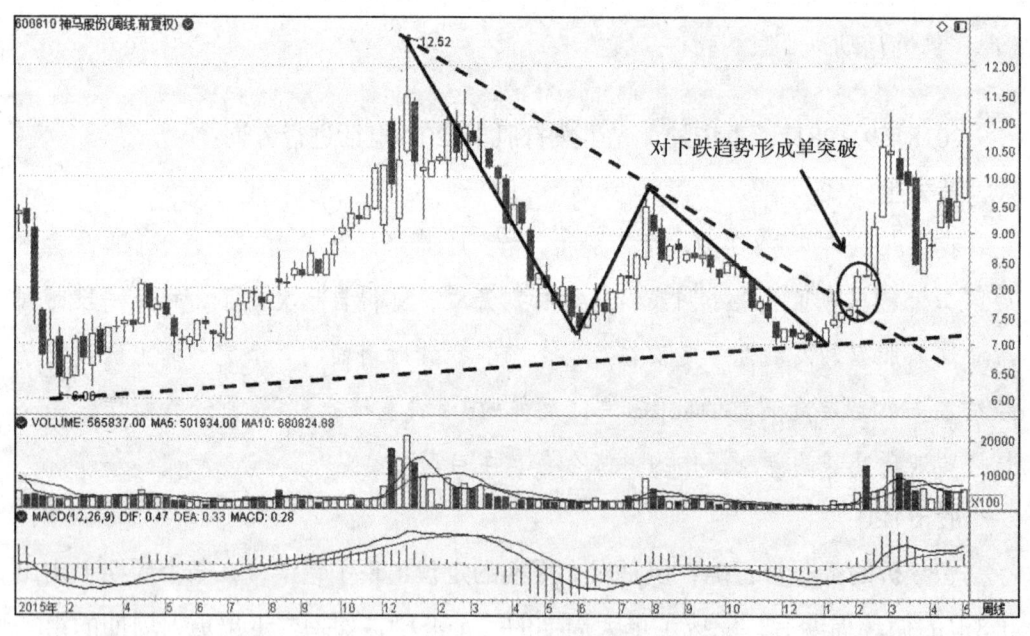

图5-23 神马股份（600810）2015年12月25日至2018年5月4日的周K线走势图

如图5-23所示，从周线上看，神马股份在2017年1月以来处于长期的下降趋势之中，在周线走势图中，我们画出下降趋势线之后看到，实际上在周线中形成了一个收敛三角形的形态特征。2018年2月，对下降趋势线形成向上的单突破，并且也突破了收敛三角形形态，突破是在该波段的前三分之一位置形成的，并且上涨的幅度较大，达到了60%，我们可以视为强势突破。随后的回调不再创新低，也没有回到趋势线下方，那么突破视为有效突破。

在周线上构成的每一个上升波段，都可以在日线上面形成完整的上涨结构。如图5-24所示，在2018年4月3日买入时，首先当日在低位是处于30分钟K线走势的支撑线上，股价拉升之后横盘，也是对30分钟K线走势底部的收敛三角形形态进行了向上的突破，此时正处于30分钟K线底部形态之中，持有了一个小周期级别的完整的上涨波段，从短线的角度来看黄先生的买入点和卖出点都非常好。

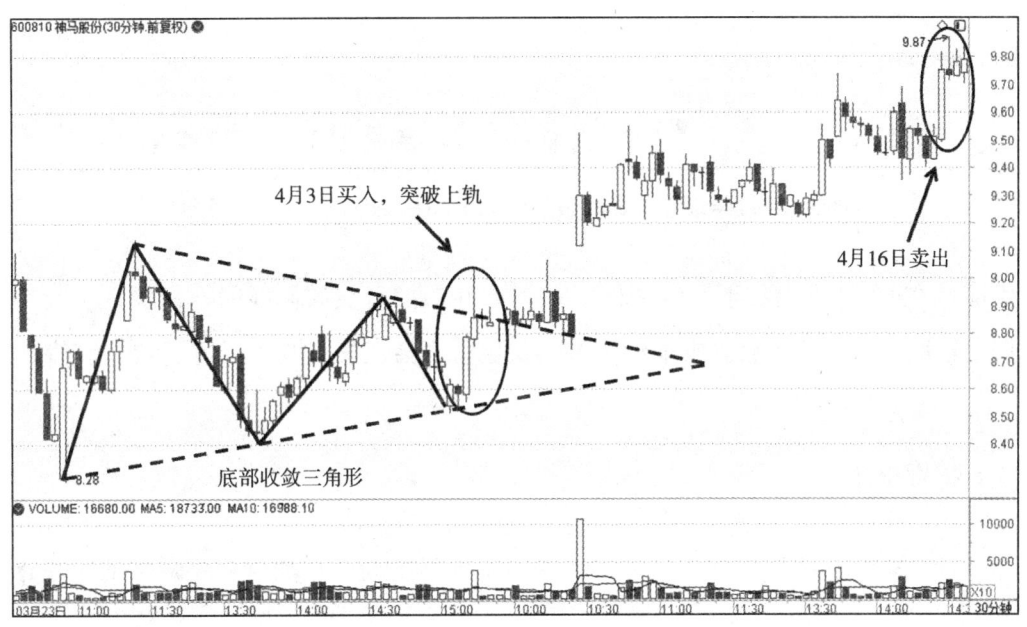

图5-24　神马股份（600810）2018年4月3日前后的30分钟K线走势图

我们在进行买卖操作的时候，首先是按三个周期的顺序观察走势。如果只是看大周期图，那么买卖点可能会找不准确，但对于大势的研判是到位的；而如果只是从小周期看走势，可能会赚取一波利润，但整个走势的趋势利润是掌握不了的。

如图5-25所示，在30分钟K线图中的一波上涨走势，在日线图中仅仅是一个小波段，而且股价仍旧处于主趋势线上方，连主趋势线都没有跌破，那么大周期的上涨趋势怎么可能这么快就结束呢？股价从高点回调之后再次上涨，当在4月16日卖出后，当股价再次回到趋势线之上时，便是又一个短线的买点。因此黄先

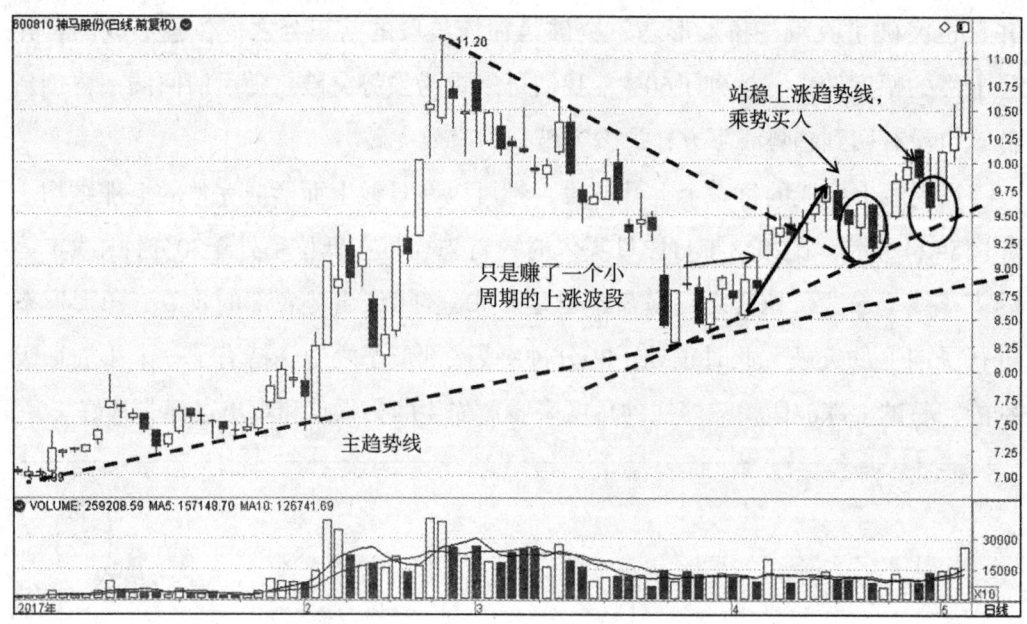

图5-25 神马股份（600810）2018年1月至5月的日K线走势图

生应该在4月18日的长下影线买回，最迟要在5月3日突破阳线时再次买入。三个周期辅助分析，才不会丢失廉价的筹码，也就不会丧失这波大行情了。

特别提示

对当前行情级别的确认，一定是按照从大周期到主周期再到小周期的顺序逐渐分析的，否则很容易对行情级别定性时出现问题，就会导致该赚的利润赚不到，甚至有的时候会承担更大的风险。

思考题

1. 需要从哪些要素上界定不同趋势行情？
2. 趋势分析方法的研判总则是什么？
3. 小周期的波段之间在时间和空间上的关系是什么？
4. 各周期之间的服从关系是如何体现的？
5. 不同周期之间的动能是通过什么方式进行抵消和加强的？

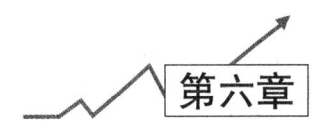

第六章
顶底的时空定量法则

对于一段横盘整理区域,能够判断其是顶底还是趋势中继形态,是决定后期波段交易成功的决定性因素,在波段交易中起到决定性的作用。上文详细介绍了多周期看盘以及不同周期行情是如何转化的,本章会在此基础上,深度解析不同周期的趋势、顶底相互转化的过程和转化的方式。其实,研究顶底的过程也是研究多周期行情之间转换的过程。

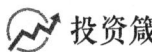 投资箴言

> **学而不思则罔,思而不学则殆**
> 在股票市场中,如果只是看书和听老师分享,自己不去复习和总结,那么交易水平就没有办法提升;如果只是思考和总结,不去学习广袤的基础理论,那么对市场的理解就很难全面,容易一叶障目。江氏操盘整个体系容纳了很多经典的分析工具,是每位投资者必学的内容,同时也会给大家留下很多问题,这些问题的答案只有在你通过学习后找到才有价值。

第一节 顶底定量法

顶底定量法主要是指顶和底形成时间的确定方法。即上涨或下跌的波段见三后再次上涨或下跌的动能减弱并有头部或底部形态出现，这里就有可能进入这波上涨或下跌的高位时间变盘区域或低位时间变盘区域，下一个时间变盘窗口就有可能形成趋势的转变。

实战案例

如图6-1所示，沙河股份（000014）在触底反弹之后经历了三波段的走势结构。第一个上涨波段进行了11个交易日之后开始回调，股价回调到位后再次上涨，走出第三个波段。当股价同样走到第11个交易日的时候，上涨走势力度衰弱，上涨乏力，则第11个交易日的这个时间窗口就要引起我们的注意，并且采取减仓或清仓的措施。

图6-1 沙河股份（000014）2015年5月至9月的日K线走势图

如图6-2所示,大连热电(600719)在2015年12月触顶之后,开始了连续的五浪下跌。当下跌到第五浪时,下跌的力度减弱,股价开始小幅横盘,从高点下来的时间刚好是第40天,一个完美的时间窗口期。此时,可以适当地参与操作,跟随市场的这波上涨走势。

图6-2　大连热电(600719)2015年10月至2016年2月的日K线走势图

第二节　时间对称定量法

股价运行的时间有一定的对称性,若上涨或下跌趋势中走出3个波段后再上涨或下跌动能减弱,并出现头部形态或底部形态,而且该波上涨或下跌的时间已经达到上一波的上涨或下跌的时间,这里就有可能是这波上涨或下跌的高位变盘时间窗口或低位变盘时间窗口。

图6-3　时间对称定量法

图6-3中，第一个上升波段运行的时间为T1，第二个上升波段运行的时间为T2，当T2接近T1时，如果第二个上升波段在小周期上的上涨结构已经完整，则很可能要展开调整。如果在大趋势向下的环境中反弹波段很可能已经完整，行情即将开始拐头向下。

实战案例

如图6-4所示，苏宁易购（002024）在三波上涨过程中，第一波的上涨时间为32根K线，经过两周时间的调整后，股价再次上涨，而第二波的上涨时间也正好为32根K线。两波上涨的时间符合时间对称定量法所阐述的操作方法。同时如果仔细研判两波上涨的涨幅，就会明显发现，两段上涨的幅度相同，都是30%左右。时间对称和空间对称在本案例中达到了完美的契合。

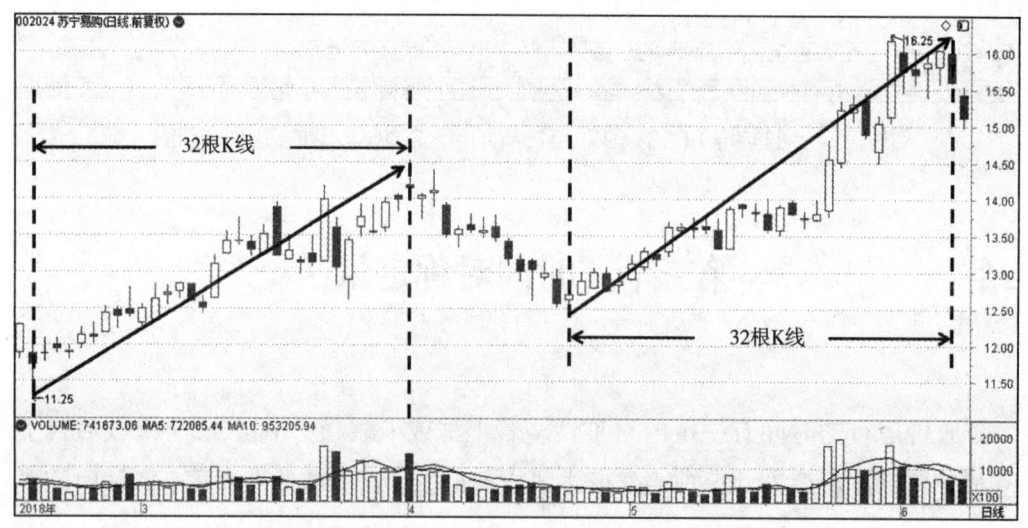

图6-4　苏宁易购（002024）2018年2月8日至6月8日的日K线走势图

如图6-5所示，维维股份（600300）在大趋势向下时走出了一波60分钟级别的反弹行情，该波段在60分钟K线上走出了3个波段，是由15分钟K线上两个向上运行的波段和一个调整波段构成的。第一个上涨波段运行了42根60分钟K线，第二个上涨波段运行到41根60分钟K线后出现了小的顶部，此时的第二个波段在15分钟上已经走出了完整的五浪上涨。当运行时间满足了时间对称规则后，如果小周期波段到位就是最好的出场点。

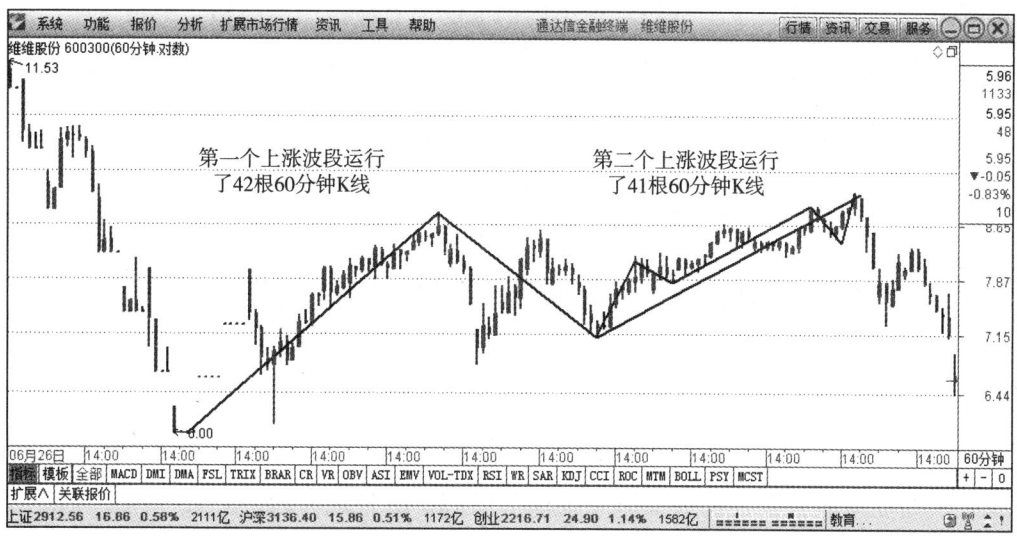

图6-5　维维股份（600300）2015年7月3日至8月20日的60分钟K线走势图

第三节　空间对称定量法

股价运行的空间有一定的对称性，若上涨或下跌趋势走出3个波段后再上涨或下跌的动能减弱，并出现头部形态或底部形态，而且该波上涨或下跌的波段幅度已经达到上一波的上涨或下跌的幅度时，这里就有可能是这波上涨或下跌的高位变盘点或低位变盘点。

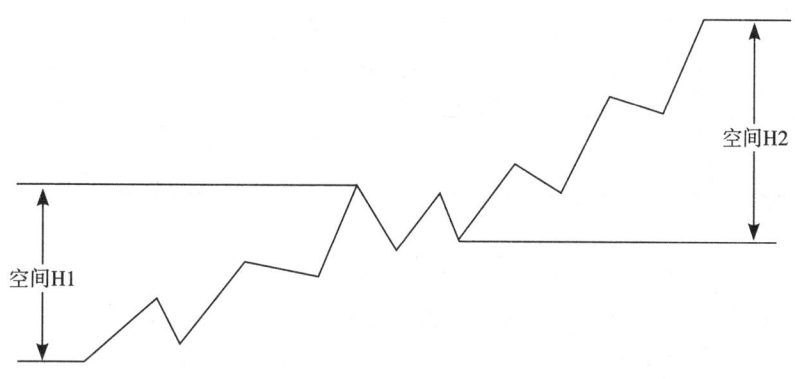

图6-6　空间对称定量法

图6-6中,第一个上升波段的涨幅为H1,第二个上升波段的涨幅为H2,当H2接近H1时,如果第二个上涨波段在小周期上的上涨波段已经完整,则很可能要展开调整。如果在大趋势向下的环境中反弹波段很可能就已经到位,行情即将开始拐头向下。

第四节 黄金分割空间定量法

股价运行空间有一定的比例性,若上涨或下跌的趋势中走出了3个波段后上涨或下跌动能减弱,并出现头部形态或底部形态,而且该波段上涨或下跌的空间已经达到上一波空间的黄金分割比例,这里就有可能是这波上涨或下跌的高位或低位区域。重要的黄金分割比例有38.2%、50%、61.8%、138.2%、150%等。

实战案例

如图6-7所示,安迪苏(600299)日线上的一波上涨后,第一波回调打在了前一个上涨波段50%的位置上,反弹后再次向下打压到前一个上涨波段的80.9%

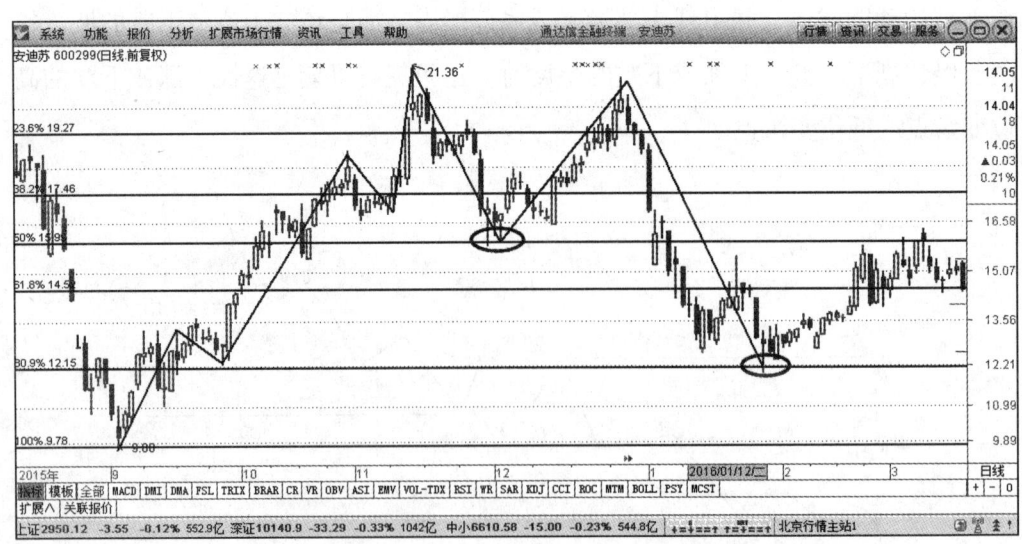

图6-7 安迪苏(600299)2015年8月至2016年3月的日K线走势图

的位置上，刚好都是重要的黄金分割位。操作时，如果此时在小周期上的下跌波段走出了完整的结构，那就会形成对应的反弹行情。

第五节　斐波拉契时间定量法

股价运行的时间变盘窗口有时是斐波拉契数列中的某个数字或接近某个数字，如5、8、13、21、34、55、89……若此时上涨或下跌趋势中已经走出3个波段后动能减弱，并出现头部形态或底部形态，这里就有可能是这波上涨或下跌的高位或低位的变盘时间窗口。

⚠ 特别提示

如果小周期的趋势性动能没有减弱，即使时间达到对称位置、黄金分割比例位、斐波拉契中的某个数字或接近某个数字，也不会出现变盘。如果上涨或下跌趋势走完3个波段后动能减弱，时间又到对称窗口、黄金分割比例窗口、斐波拉契数列中的某个数字或接近某个数字，那么可以肯定股价进入高位或低位的变盘时间窗口。

⚡ 学员互动

2018年12月3日，上海的史女士拨打股市120的电话进行咨询：

史女士：

老师您好，我研究技术分析快有十年时间了，看过您的这本《趋势为王》之后解决了很多问题，先对老师表示感谢，同时有个疑问困扰了我很久，就拿天赐材料这只股票来举例。天赐材料在2017年6月1日到9月12日3个多月的这波反弹行情中，9月11日的阳线是双突破的位置，且量价健康，为什么股价不涨反跌呢？

股市120：

非常高兴这本书能够帮到你，从你提的问题可以看出你学习是非常认真的。首先要强调的是，股价的运行一定是在趋势中，当发现看不懂股价的走势时就说明前期对趋势级别的定位出现了问题，此时要求我们用更大的周期进行分析。

天赐材料前期处于大级别的下降趋势中，图6-8中的下降趋势线是连接更早的不断降低的高点形成的，虽然图中的反弹波段形成了对前期长期下降趋势线的突破，但是要明确，因为构成该股价运行"因"的前期下跌趋势的级别较大，所以此时要形成对前期下降趋势的反转必然形成对应级别的底部，这样才能实现充分的换手，进而才足以形成上升趋势。

天赐材料该这个看似反转的行情的第一个上涨波段运行时间为35个交易日，接下来回调是26个交易日，再次上涨是13个交易日，整个运行的时间为74个交易日，显然和前面已经下跌了一年的下降趋势是不对等的。而且从波段之间的时间关系上不难发现，第二个上涨波段的时间刚好运行到前一个下跌波段运行时间的一半，这是非常重要的时间节点，在关键的趋势选择的位置上遇到了变盘时间节点是要引起注意的。

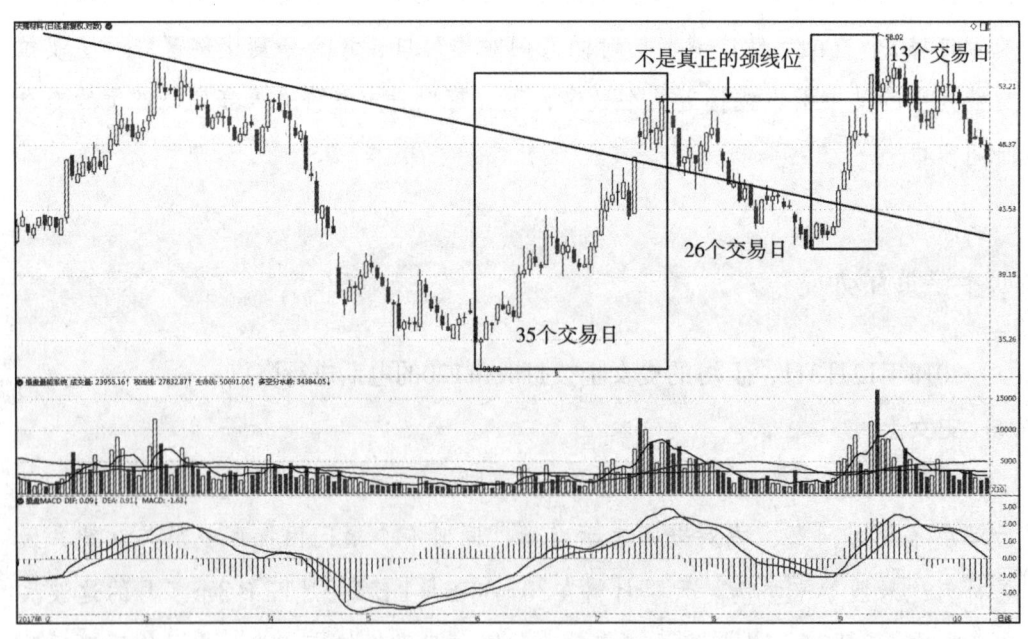

图6-8 天赐材料（002709）2017年1月20日到2017年10月17日的日K线走势图

虽然在走势上可以看到前期高点构成的颈线位，但是再次向大家强调，技术分析不是执着于股价形上的变化，而要从博弈和思维的角度进行分析，只有这样才能规避掉市场中的无数假信号。天赐材料的颈线位没有问题，问题出在股价选择突破的时候并没有经过充分的蓄势和换手，运行新的引领趋势的资金还没有充分吸筹，此时股价是走不远的。

思考题

1. 顶底定量法的重要性是如何体现的？
2. 如何在时间上对顶底进行定量分析？
3. 如何在空间上对顶底进行定量分析？
4. 黄金分割对顶底空间上的定量是如何体现的？
5. 斐波拉契数字对顶底时间上的定量是如何体现的？

第七章

顶底形态的走势特征

经过上一章的学习,我们对于顶底的时空定定量法则有了深刻的认识,对顶底的研判也有了大致的印象与概念。在判断顶底时,时空定量法则给我们的只是一个大的框架,让我们从时间和空间的角度大致研判顶部和底部,但是往往会出现一些误差。

为了解决这个误差问题,我们必须继续学习走势的特征,通过多方面的技术形态以及时间、空间的定量法则,综合判断顶底的形成。顶底的判断往往影响着我们在交易中的操作行为,只有准确地判断出顶底的位置,我们才能赚取最大的利润,避免不必要的损失,可见研究学习形成顶底的走势特征十分重要。

📈 投资箴言

> **形态识真龙,趋势照妖镜**
>
> 这是江氏操盘体系对形态和趋势的比喻,从这两个比喻中可以看出形态和趋势对于选股和分析股价的重要性。形态是展现一只股票基因是否强势的依据,趋势是最简单的识别股价当前位置的方法。交易不简单,但深刻理解趋势和形态后又是大道至简的,简单到像呼吸一样自然,像春夏秋冬一样有规律。

第一节　顶底的指标

前面已经从周期、波段、动能、时间、空间等多个角度深度分析了波段完整的条件，而波段完整的同时必然伴有顶底的产生，所以说波段完整的条件也是顶底产生的条件。简而言之，只有上升或下跌趋势走出3个波段后动能减弱，才有可能见到顶部或底部。波段不完整，即使动能减弱也只是上升或下跌过程的中继，不可能见顶或见底。上升或下跌波段完整后动能减弱，出现顶底形态，空间到位，时间到位，才有形成反方向拐点的可能。

在趋势末期和顶底形态中，技术指标形成明显的背离，背离时对应的K线以弱势K线为主，关于K线的深度解读，请阅读作者系列丛书之《买在起涨——K线组合利器》。

实战案例

如图7-1所示，亚光科技（300123）从2018年2月开始了上升趋势，在上升的五浪结构完整，时间和空间基本到位的情况下，在高位出现了长上影线，并且在随后的几天内以弱势K线横盘震荡，此时已经发出了警示信号特征。虽然从日线的结构上看，股价在顶部横盘尚未对上升趋势线形成突破，但是结合K线的形态和组合，技术指标形成的背离，以及时空定量法则等一系列技术参数，我们可以在上影线这天就知道整个上涨波段已经结束，从而规避后期没有必要的利润损失以及时间成本的损耗。

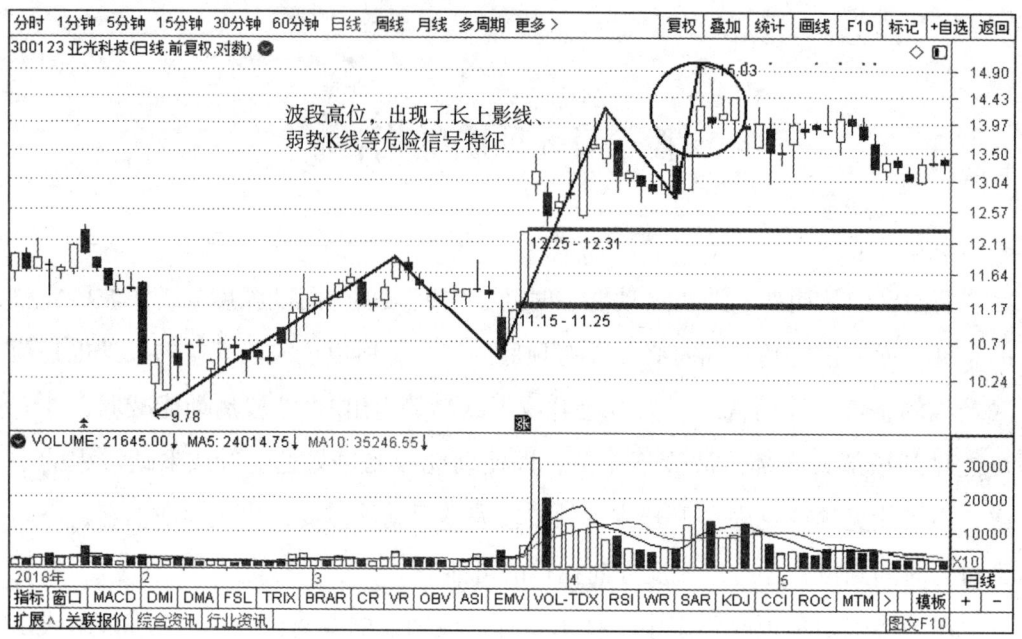

图7-1 亚光科技（300123）2018年1月至6月的日K线走势图

第二节 顶底的速率

出现顶底时大多是动能减弱，波段见三后时间和空间到位时出现的急速上涨或下跌大多是诱多或诱空。

上涨趋势的小周期走出3个波段后，动能减弱就见顶；

下跌趋势的小周期走出3个波段后，动能减弱就见底；

下跌趋势的小周期走出3个波段后，动能减弱后急速下跌为诱空；

上涨趋势的小周期走出3个波段后，动能减弱后急速上涨为诱多。

实战案例

如图7-2所示，招商蛇口（001979）在2017年10月至2018年3月的上涨趋势中，日线是该股的主周期，通过在前期走出了两个上涨波段以及一个调整波段，在高位的时候还是形成了上涨波段，但是该上涨波段的上涨速率明显降低，并且动能减弱，在顶部形成了量价背离，在时间和空间到位的情况下，顶部形态基本显现。

如图7-3所示，最后两天的急速拉升是主力出货上涨诱多，从60分钟周期看，

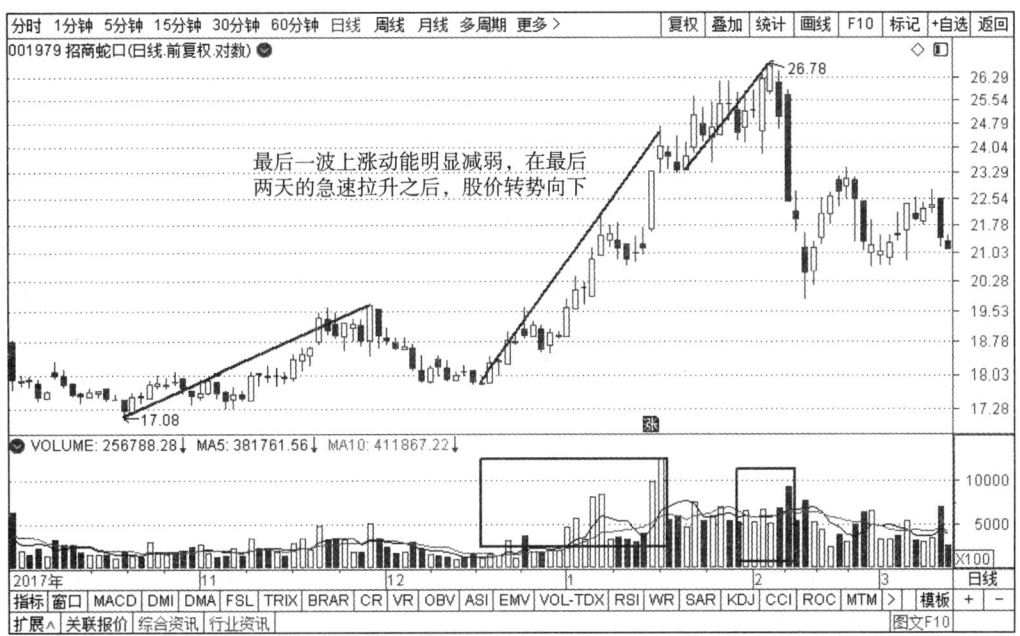

图7-2　招商蛇口（001979）2017年10月至2018年3月的日K线走势图

图7-3　招商蛇口（001979）2018年1月11日至2月5日的60分钟K线走势图

已经形成了顶背离，股价上涨创新高，但成交量却没有上升，投资者如果在此刻认为是突破上涨并买入的话，将会掉到主力设好的圈套内，悔恨莫及。

第三节　顶底的确认

投资炒股，一买一卖说来再容易不过，只要不是顶，任何时候买都是有盈利的；只要不是底，任何时候卖都是对的。但是大多数投资者对于顶底的研判，实际却是难上加难。以为是顶部了，往往是卖了之后继续上涨；以为是底部了，往往是买了之后继续下跌。这都是因为错判了顶底，从而导致了盈利的缩小和亏损的放大。有效地辨识顶底，可以帮助自己在正确的点位进行买卖。

1. 底部的确认

底部只有既突破了下降趋势线又突破了底部形态，即双突破后，才可以确认底部形成，否则都有没见底的可能，股价盘整之后可能还会沿着原来的下降趋势继续运行，创出新的低点。

2. 顶部的确认

顶部只有既突破了上升趋势线又突破了顶部形态，即双突破后，才可以确认顶部形成，否则都有没见顶的可能，股价盘整之后可能还会沿着原来的上升趋势继续运行，创出新的高点。

> **特别提示**
>
> 顶底的确认和趋势的确认要求是一样的，请仔细阅读上文，这里不再赘述。请大家一定要牢记的是，趋势的确认和顶底的确认是同步的，在新的趋势形成前，顶部和底部是不能完全确认的。

第四节 顶底周期的选取

股价构筑顶底时，在大周期和小周期呈现出不同的走势形态。小周期只是大周期图中的一个部分、一个细节，并不是全部。主周期在构筑顶部的时候，小周期可能还处于上涨的走势之中，这时要从大周期入手，注重大周期的风险，放弃小周期的机会。与此类似，务必判断好顶底过程中大小周期的情况，做好充足的应对，不要舍本逐末，丢了西瓜，捡了芝麻。

1. 主周期形成顶部

在主周期做顶的过程中，小周期仍能上涨，但小周期只要波段完整就会形成主周期的一个高点，小周期上涨到位就有可能形成共振头部，此时一定要以控制风险为主。如果此时小周期也处于筑顶过程，就会构成小周期的高点，此时一定要减仓；如果此时小周期处于做底过程，就会构成小周期的低点，理论上可以以小周期操作小级别的上升趋势，但我并不建议大家参与。

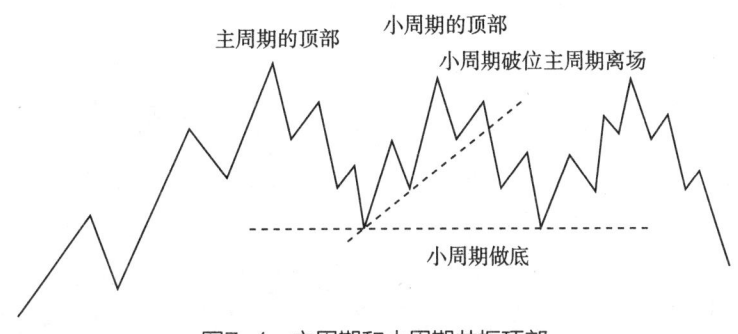

图7-4　主周期和小周期共振顶部

实战案例

如图7-5所示，安阳钢铁（600569）在日线上走完一个完整的上涨波段之后在顶部展开横盘，很明显该横盘区域为日线上头部的概率非常大。因为日线上横盘的振幅较大，横盘期间每波的涨涨跌跌在小周期上都会看到明显的结构，而该横盘区的下轨在小周期上就是底部形态，横盘区的上轨也会构成小周期的顶部形态。

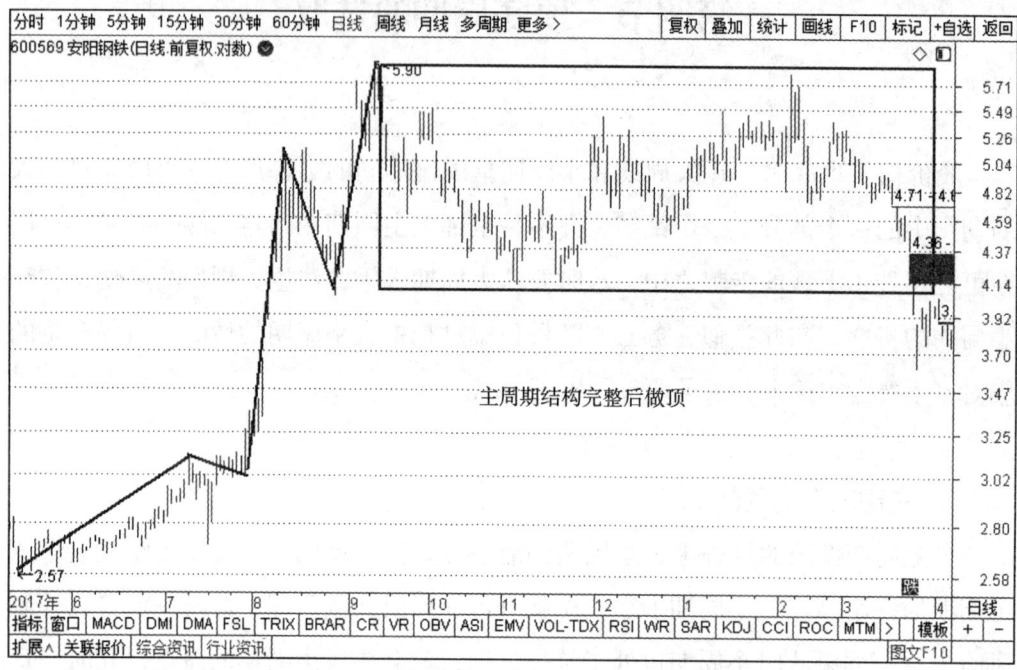

图7-5　安阳钢铁（600569）2017年6月至2018年3月的日K线走势图

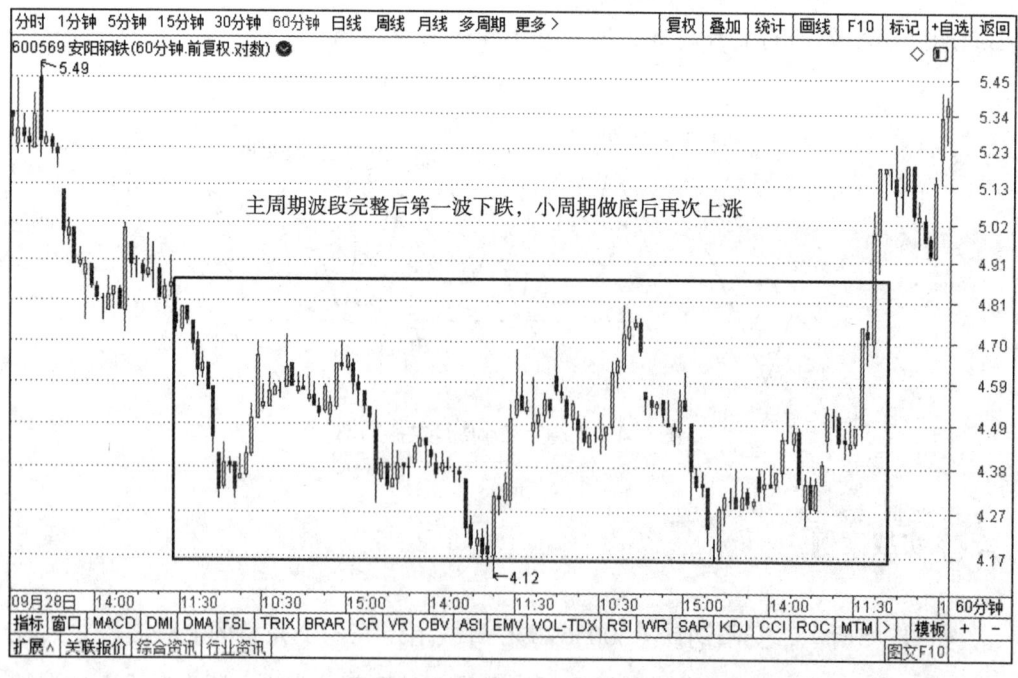

图7-6　安阳钢铁（600569）2017年10月18日至11月28日的60分钟K线走势图

图7-7 安阳钢铁（600569）2017年11月23日至28日的15分钟K线走势图

当60分钟K线向上反弹波段完整后，会在60分钟K线上走出做头的结构，就会形成小周期和主周期的共振做头，此时我们从15分钟级别上去寻找小周期的头部结构更加准确。如果在主周期上涨趋势波段到位时的高点没有离场，那么此时小周期也在做头时是第二次离场机会。

实战过程中对卖点的要求较低，尤其是做短线交易，通常只要发现风险性信号就要开始减仓以降低风险。通过趋势来识别的卖点基本都是最后的卖点，是用来防止亏损的，而不是用来盈利的，追求盈利的卖点是与买点和不同的操作风格密切相关的。

2. 主周期在上升趋势中

当主周期在上升趋势中时，如果小周期也处于上升趋势中，则属于共振上涨，此时应该以继续持仓或者考虑加仓为主；如果小周期处于调整期间，则是短期调整，小周期调整走势完整就可以以主周期买入；如果小周期处于做顶过程，则有上升途中的短期调整要求，理论上可以在小周期进行高抛低吸以达到降低成本的目的；如果小周期处于做底过程，主周期中途调整到位，立即加仓。

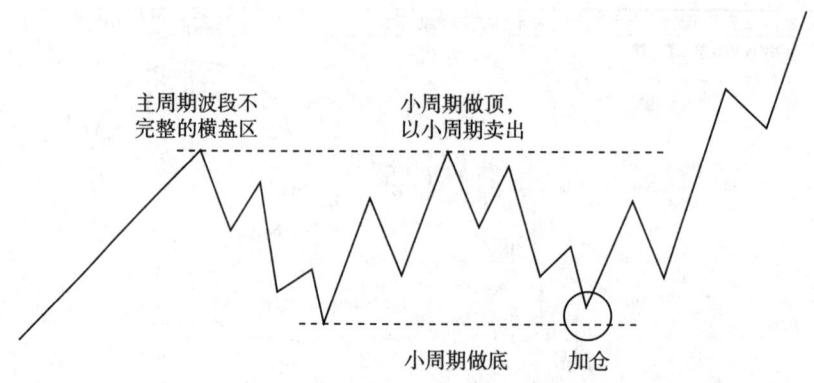

图7-8 主周期趋势中小周期调整

特别提示

实盘时，建议大家在上升趋势中不要进行高抛低吸，尤其是洗盘的时候，除非能够确认股价进入了调整状态。上升趋势中一定是以加仓为主，而不是在小周期的高点进行卖出，要求大家学习和识别洗盘的状态是为了找到洗盘结束的点进行加仓。

实战案例

如图7-9所示，精测电子（300567）在完成周线上的一波上升之后展开调整，因为股价前期经过了一轮充分的下跌，所以此时的上涨波段在对应的行情级别中应该有两个向上的推动波段和一个调整波段。从周线图中，可以明显地发现前期股价一直被压制在50元左右，足足有半年之久都未能攻破。而在突破50元大关的重要位置，股价又经过了4周的盘整时间，才消化了前期的压力盘。既然股价已经突破了之前的压力位，那么该压力位就会转变为支撑位，也就是说，突破之后的回调，大概率在50元附近止跌，具体还需要在小周期上去分析。

如图7-10所示，等到日线出现清楚的3个波段的调整后，也就是ABC三浪调整形成阶段性小双底形态后，才是抓取下一个上升波段的最好进场点。再看股价止跌价位，刚好在50元附近，这正好验证了50元的支撑，接下来股价必然会再次上涨，回到主周期的趋势之中。

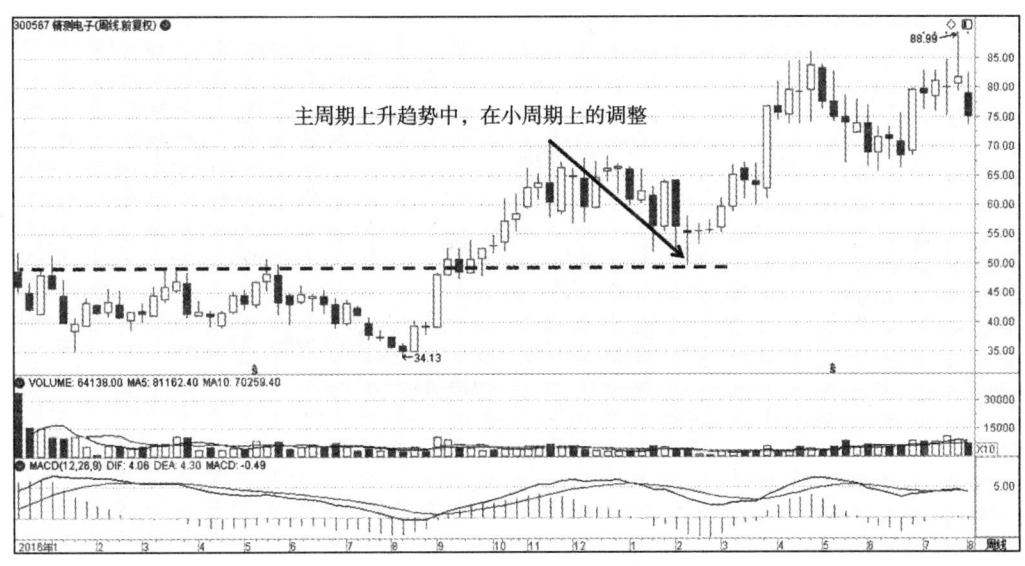

图7-9 精测电子（300567）2016年12月至2018年8月的周K线走势图

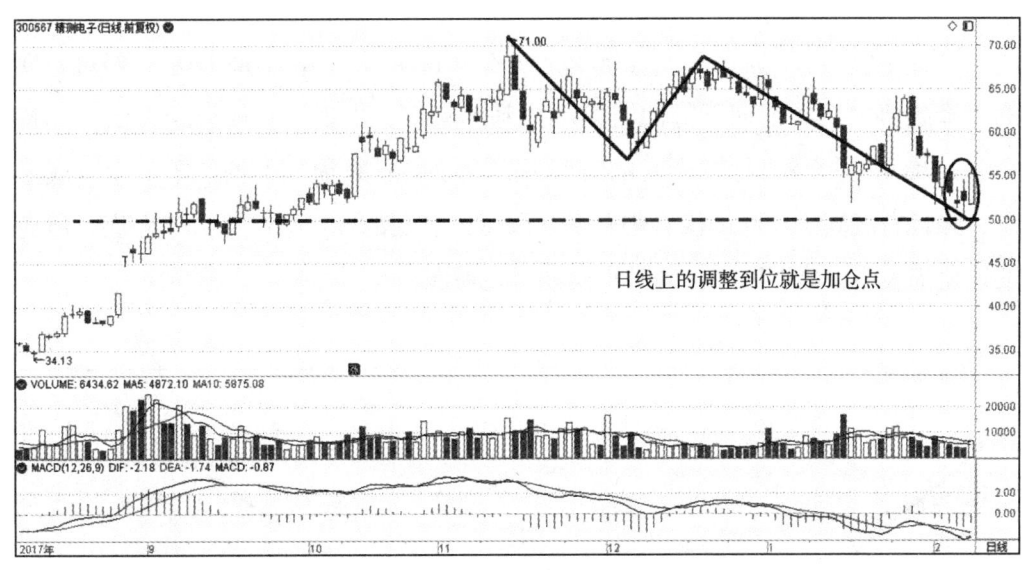

图7-10 精测电子（300567）2017年8月至2018年2月的日K线走势图

3. 主周期形成底部

在主周期做底过程中，如果小周期处于上升趋势，主周期有向上突破的可能，突破后只是主周期的上升初期，实盘可择机加仓；如果小周期处于下降趋势，小周期调整到位主周期就可以止跌；如果小周期处于做顶过程，就会形成主周期底部的阶段性高点，小周期上有调整的需求；如果小周期处于做底过程，则两个周期共振做底，一般是拉升前的相对低位，可以考虑重仓买入。

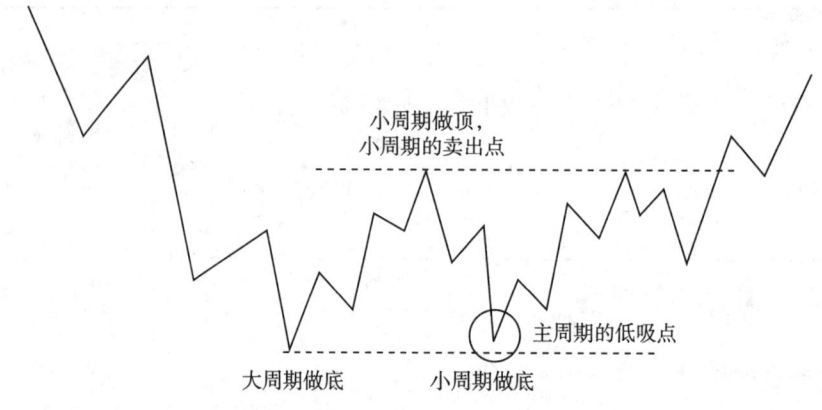

图7-11 主周期和小周期共振底部

实战案例

如图7-12所示，珠海中富（000659）在2018年6月至8月的时间里，经过长期的下降趋势之后，前期下降的波段结构基本完整，出现了日线周期上的底部特征。2018年7月至8月这一个月的时间内，股价在日线周期上构筑了一个双底形态，并且右底高于左底，没有创新低。同时，右底的成交量明显大于左底，所有的迹象都表明大周期做底，同时小周期也在做底。

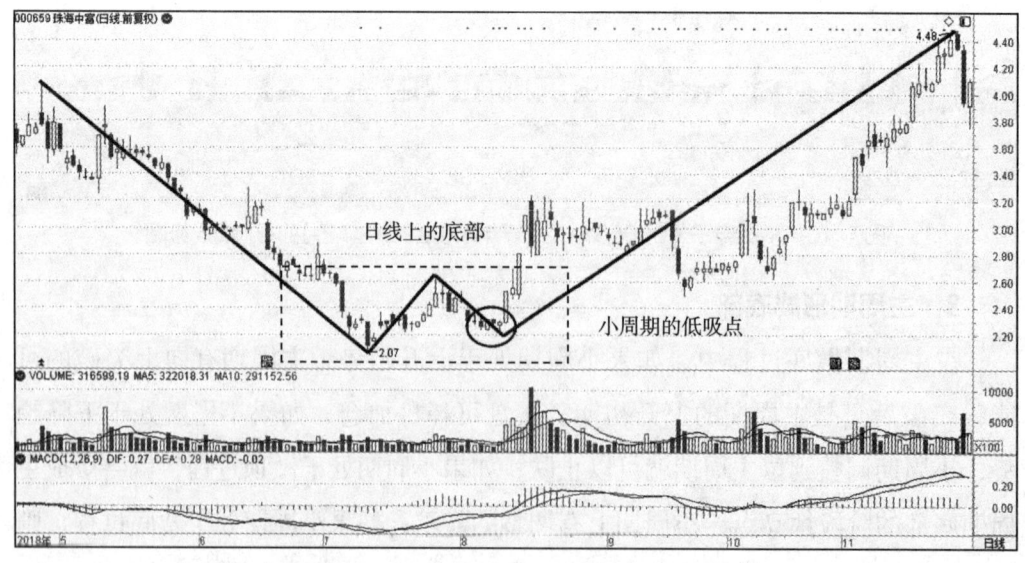

图7-12 珠海中富（000659）2018年4月至11月的日K线走势图

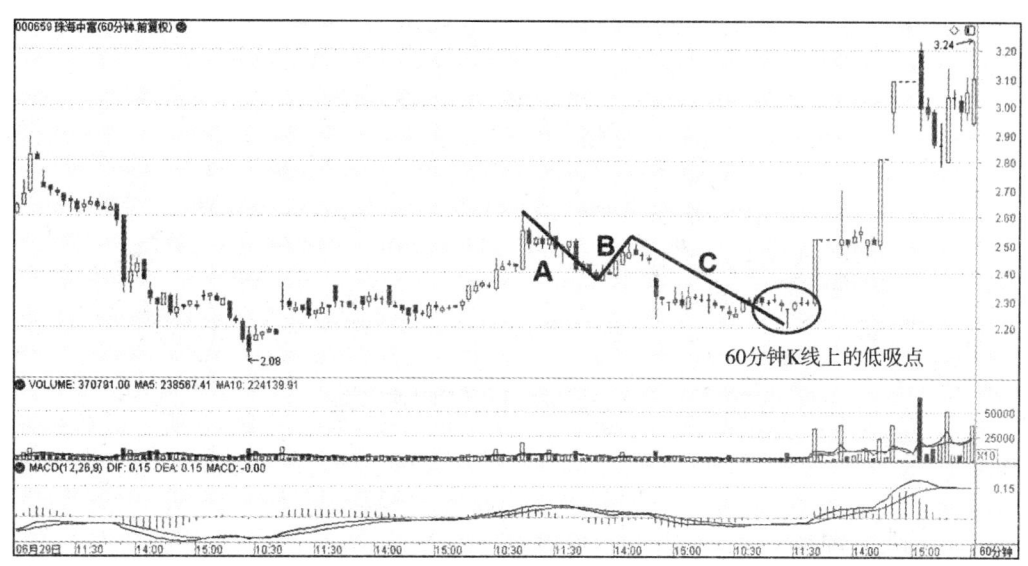

图7-13 珠海中富（000659）2018年6月29日至8月20日的60分钟K线走势图

大周期和小周期同时做底，此时我们就要进入，享受一波上涨走势。如图7-13所示，在第一波反弹上涨结束后，珠海中富形成了60分钟级别上的ABC三浪调整，且在C浪的位置并没有继续创新低，当再次放量站上平台时，形成双突破，此时可以确认趋势已经形成反转。当确认了趋势之后，小周期中的每一个低吸点都是加仓点，我们就应把握机会赚取更大的盈利。

4. 主周期在下降趋势中

当主周期在下降趋势中时，如果小周期处于上升趋势，只是小周期的行情，只要小周期做头就要小心主周期反弹到位；如果小周期处于下降趋势，两个周期共振下跌，待小周期下跌到位后会有小级别的反弹；如果小周期处于做顶过程，一旦遇到主周期的重要压力，需要立即减仓。

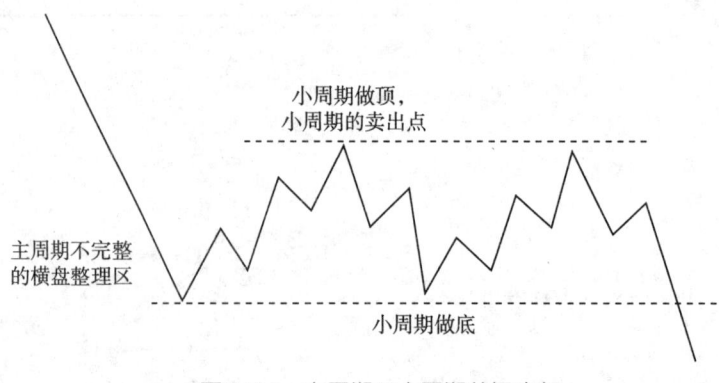

图7-14 主周期和小周期共振底部

实战案例

如图7-15所示，三超新材（300554）在2018年5月快速下跌后开始横盘整理，由前期的上涨趋势可知此次下跌至少是周线级别上的调整，而5月只完成了一个60分钟K线上的下跌波段，所以周线上调整的下跌还没有到位，后面至少还有一个下跌波段，且后面的下跌波段的空间和前面下跌波段的空间差不多。

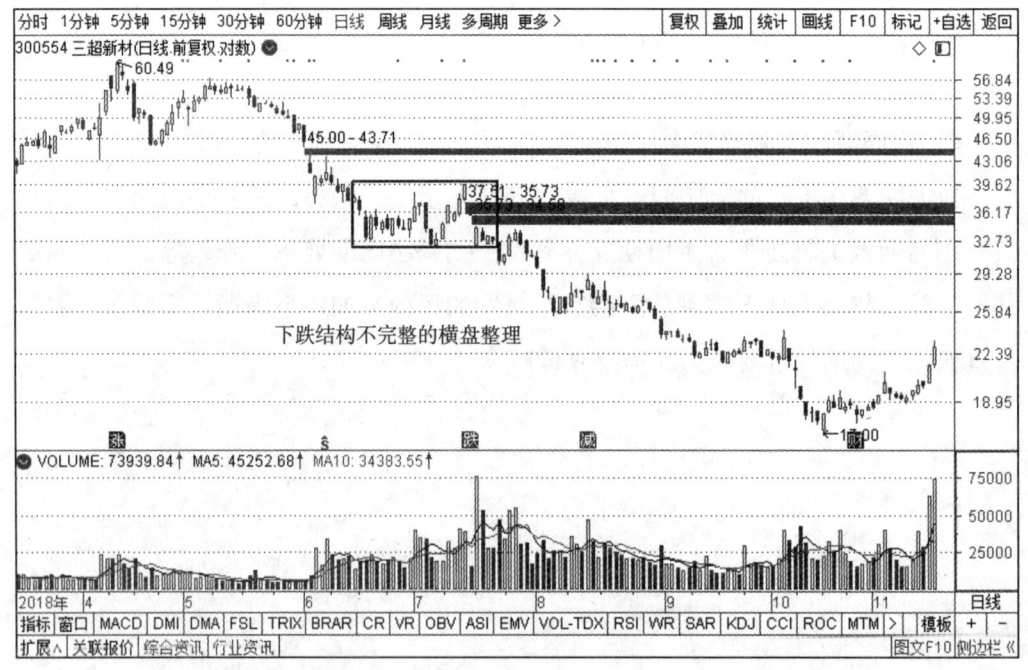

图7-15 三超新材（300554）2018年4月至11月的日K线走势图

在60分钟K线上对此整理区间进行详细分析，如果要在此时操作股票，只要60分钟K线上的一个波段在15分钟K线上走出了两个向上波段和一个调整波段就坚决离场，因为在大的下降趋势中上涨动能会被减弱，一旦空方开始反击，会再次发生快速杀跌的行情，面临的风险极大。

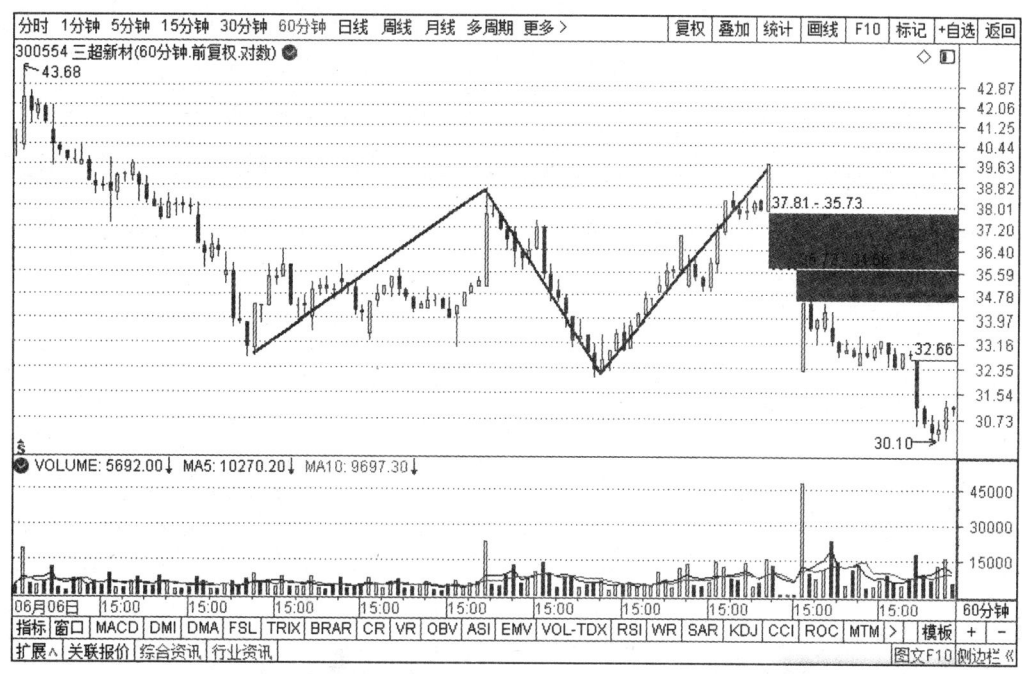

图7-16　三超新材（300554）2018年6月6日至8月2日的60分钟K线走势图

第五节　顶底形态的共振

对趋势转换的分析也是一种能量转换的分析，共振则能量加强，矛盾则能量减弱。共振有指标的共振、趋势的共振、资金的共振、板块的共振等各种形式，每种共振信号都为我们提供了选股和选强势股的信号，当然顶底的共振也是如此。

1. 顶底共振法则

顶底共振，是指多个周期的走势中同时出现顶部形态或底部形态。一个底部的形成需要波段、时间、空间等多个要素构成，只要其中的某一个或者某几个要素达到顶底的条件就可以视为共振。通常出现共振的周期数量越多，形成转势的概率越大。

实战案例

如图7-17所示，华西股份（000936）在2017年主周期的下降趋势中，形成了三波结构的反弹行情，下降趋势60分钟K线上的上涨波段运行了38根K线，随后的调整波段的调整深度刚好到50%的重要黄金分割位，而调整时间刚好经过了18根K线，接近前期上涨时间的一半，形成了明显的时间和空间上的共振。

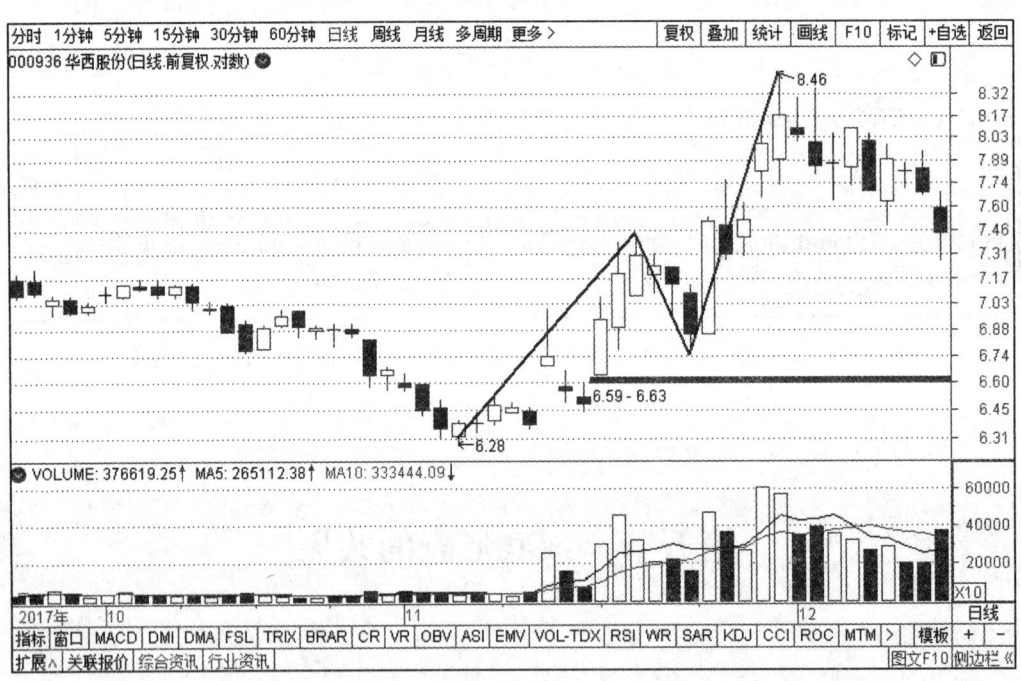

图7-17　华西股份（000936）2017年10月至12月的日K线走势图

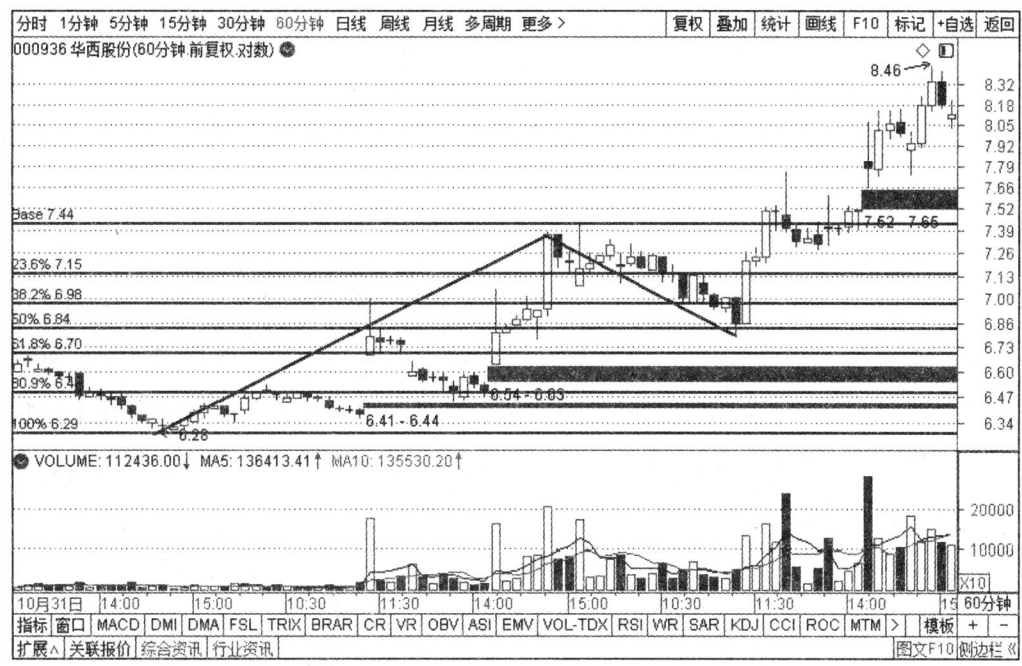

图7-18 华西股份（000936）2017年10月31日至11月30日的60分钟K线走势图

2. 顶底共振形成的条件

形成顶底共振之前，在大周期、主周期和小周期上会有种种迹象为形成共振做准备，对于上升趋势来说是风险信号，对于下降趋势来说是机会信号。不同股票在出现顶底共振之前不一定会出现以下全部信号，但至少会出现部分信号，请大家要牢牢记住以下条件。

1）两个或两个以上周期的波段动能开始减弱；
2）大周期上的趋势性动能减弱；
3）在重要的支撑压力位附近；
4）时间上接近重要的时间窗口；
5）形态上看，大周期、主周期、小周期头部或底部形态明显；
6）成交量萎缩或者放量滞涨；
7）顶部形态或底部形态明显有转势K线出现。

3. 多周期共振筑顶

大周期上升趋势走出了3个波段后动能减弱并形成单突破，主周期上升波段结构完整后动能减弱并形成单破位,这种状态就是大小周期共振做头,若形成双破位则共振头部成立。

实战案例

如图7-19所示,泰晶科技(603738)在日K线上的上升动能逐渐减弱,在K线的形态上走出了非常典型的弱势K线,代表趋势上涨的推动力量开始减弱。虽然日线上股价还在上升趋势中,但在小周期上股价已经构建了顶部形态,甚至已经提前走出了下降趋势。等日线上股价向下突破上升趋势线的时候,小周期的趋势性一定早已经被破坏了。

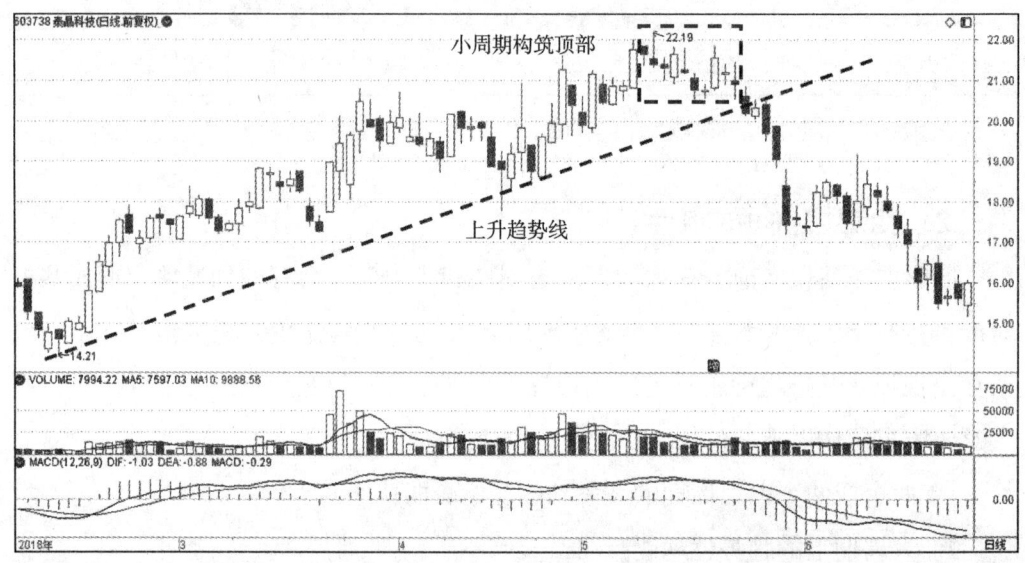

图7-19　泰晶科技(603738)2018年2月至6月的日K线走势图

图7-20中的弱势K线在10个交易日的横盘走势中,在60分钟K线上已经走出了横盘震荡的形态,随着股价重心的下移,基本确定股价在60分钟K线上构建的是顶部形态,最终选择向下的概率大。

天上一天,人间一年。大周期一个回撤,小周期就会提前形成下降趋势,这是万事万物变化的自然规律。图7-21中,60分钟K线上的重心在下移的顶部形态中,15分钟K线上已经形成了下降趋势。在多周期共振做顶时,小周期上会构建多个顶部形态,但也是小周期最先选择方向,此时小周期对方向的选择必然引领整个趋势的反转。

图7-20 泰晶科技(603738)2018年4月23日至5月25日的60分钟K线走势图

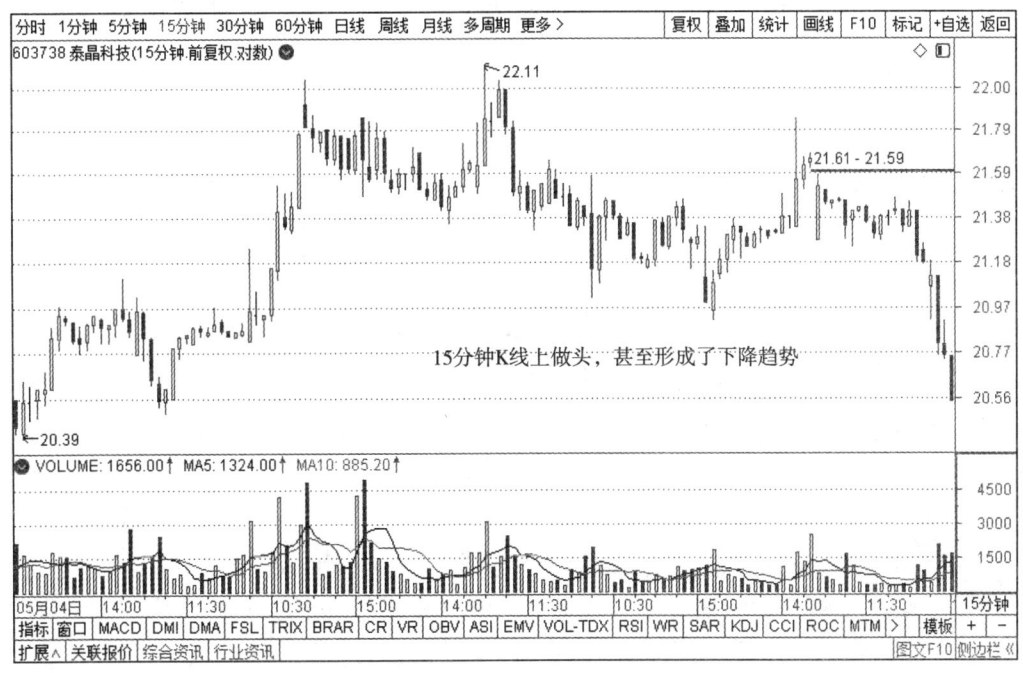

图7-21 泰晶科技(603738)2018年5月4日至17日的15分钟K线走势图

4. 多周期共振做底

大周期下降趋势走出3个波段后动能减弱并形成单突破，主周期下跌波段结构完整后动能减弱并形成单破位，这种状态就是大小周期共振做底，若形成双破位则共振底部成立。

实战案例

路畅科技（002813）在日线上止跌后，连续出现了多根弱势K线，在图7-22中表现为第一个方框内的底部。因为多周期之间存在较强的倍数传递关系，所以此时在小周期上一定已经走出了更为复杂的底部。60分钟K线走势图上左边的框和日线上的第一个底部是对应关系，此时还没有构成日线上和60分钟K线上的共振做底，因为此时在日线上还不能确认底部成立。可是此时15分钟K线上的底部和60分钟K线上的底部会形成共振底部，待日线上行情运行到第一个图上的第二个方框的位置时，才可能是日线上的底部，此时如果在60分钟K线和15分钟K线上同时出现底部形态，才能视为3个周期共振做底。

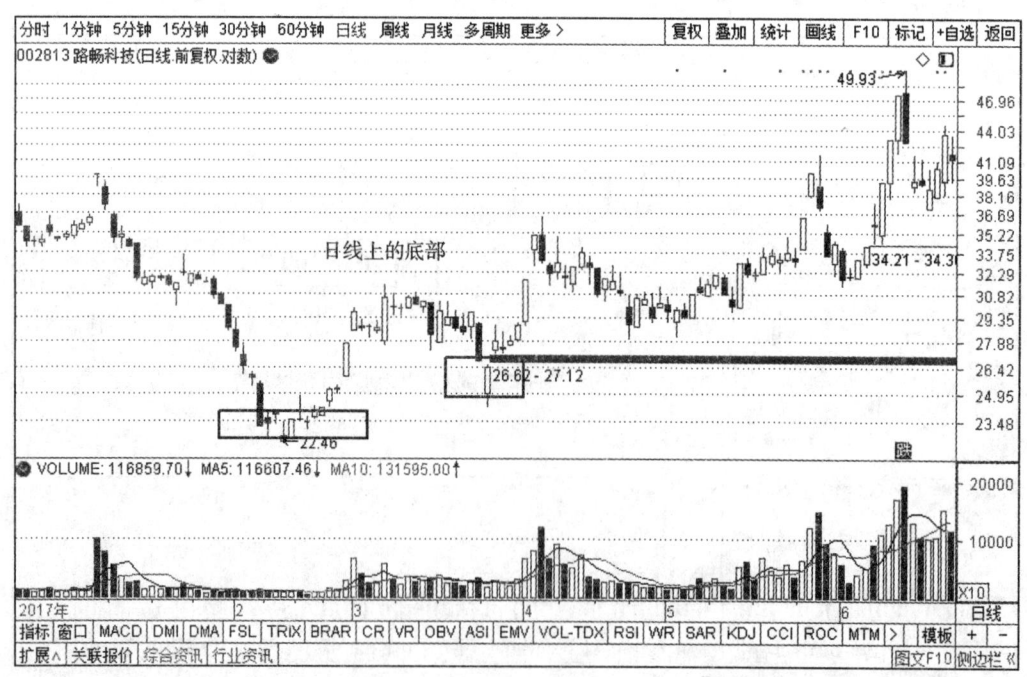

图7-22　路畅科技（002813）2017年1月至6月的日K线走势图

图7-23　路畅科技（002813）2017年2月2日至4月3日的60分钟K线走势图

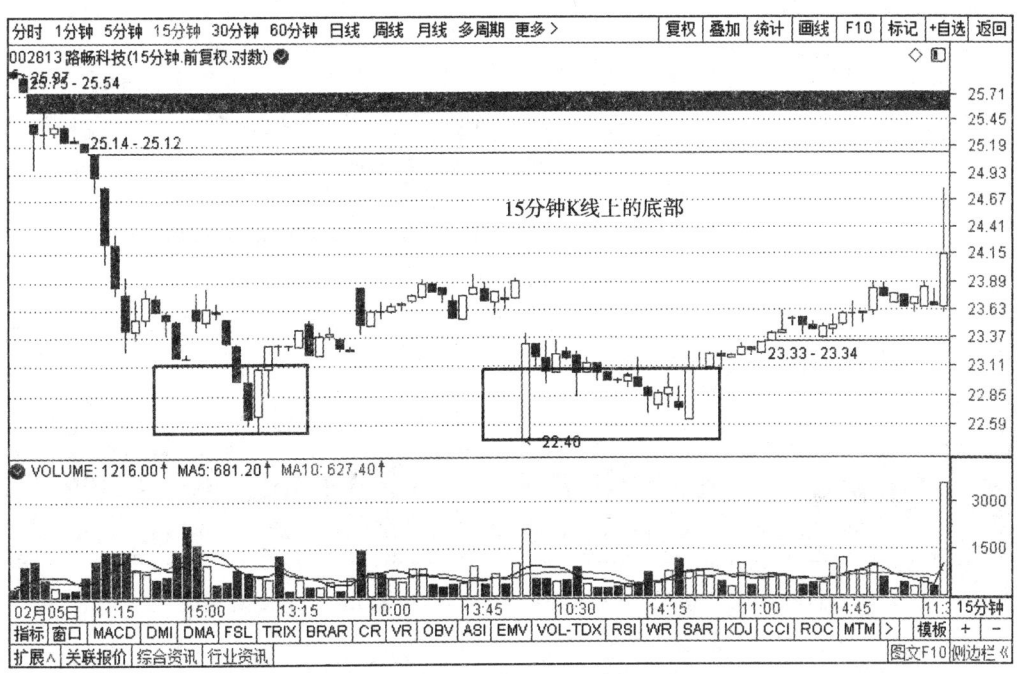

图7-24　路畅科技（002813）2017年2月5日至13日的15分钟K线走势图

5. 多周期共振上升

大周期上升趋势的波段不完整，小周期上升趋势波段也不完整，这种状态就是共振上升。这是股价持续上涨的状态，会一直持续到小周期的波段完整，而大周期波段不完整时，会在小周期上形成调整结构。

实战案例

上海家化（600315）在日K线上走出了明显的上升趋势，只要日线上的上升动能不减，上升趋势不被明显地破坏，此时小周期也一定处于上升趋势中，如图7-26所示。60分钟K线较日K线相比是小周期，在趋势的转折位置，只要60分钟K线上的上升趋势不出现问题，日线上的上升趋势就会持续向上运行。所以只要60分钟K线上的上升趋势线没有被跌破之前，两个周期就会处于多头共振加强向上的走势。

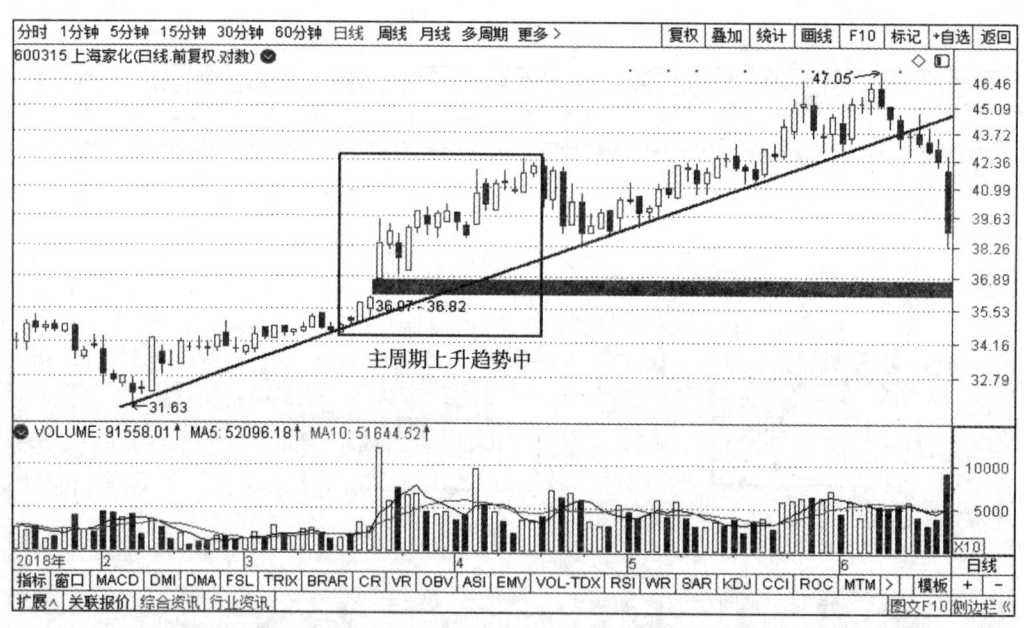

图7-25 上海家化（600315）2018年1月至6月的日K线走势图

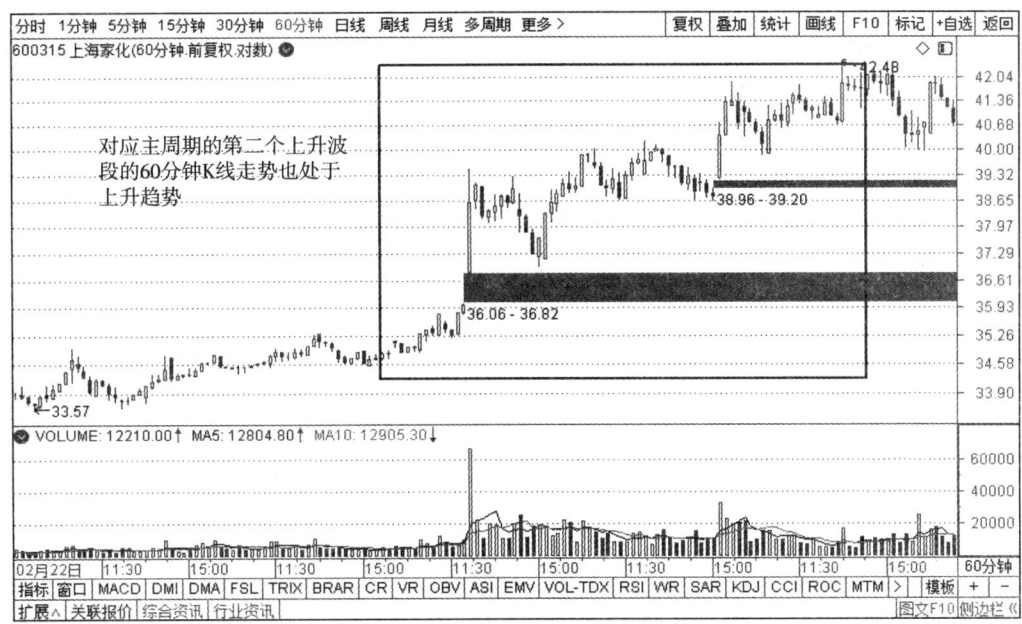

图7-26　上海家化（600315）2018年2月22日至4月19日的60分钟K线走势图

6. 多周期共振下跌

大周期处于下跌趋势，小周期也处于下跌趋势，这种状态就是多周期共振下跌。这种状态是股价持续下跌的状态，要一直持续到两者出现矛盾才能进入调整，即小周期波段完整后而大周期波段不完整，会开始小周期的调整，这只是小级别的反弹行情，两个或两个以上波段完整后才能进入大级别的反弹或上涨。

实战案例

三棵树（603737）在日线上已经处于明显的下降趋势中，尤其在下跌动能开始加强的时候，在小周期上通常会表现出比大周期更为强势的走势，请见三棵树在60分钟K线上的下降趋势。同上升趋势中的共振相同，只要60分钟K线的下降趋势不被破坏，两个周期就处于共振加强向下阶段，下降趋势是不会被扭转的，直到60分钟K线上股价站稳下降趋势线，日线上股价才有真正见底的可能。

图7-27　三棵树（603737）2018年4月至11月的日K线走势图

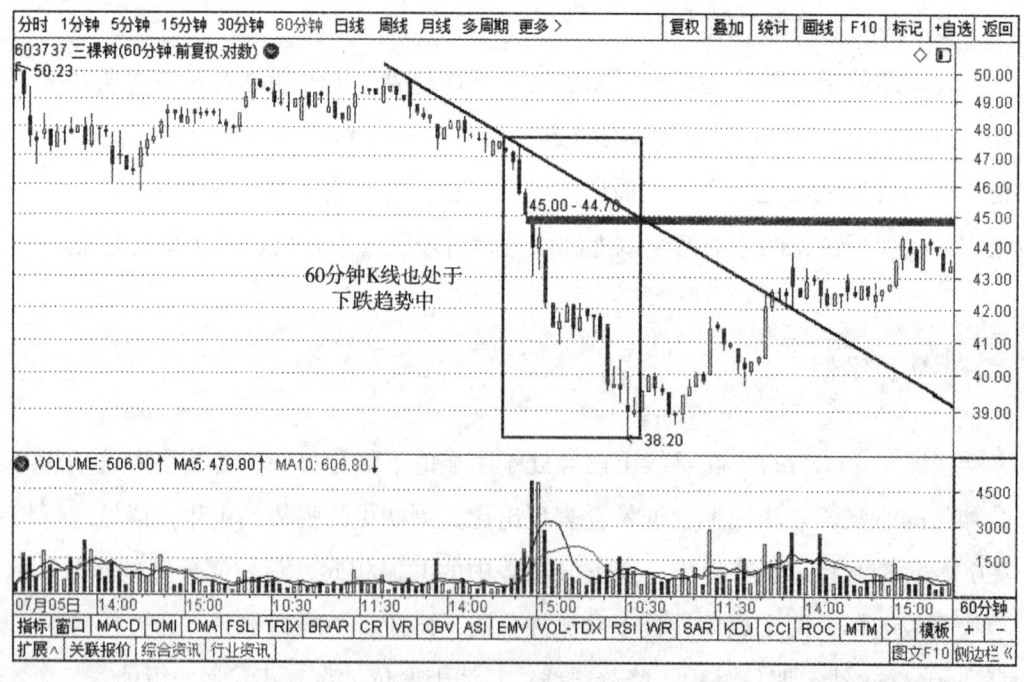

图7-28　三棵树（603737）2018年7月5日至8月22日的60分钟K线走势图

> **特别提示**
>
> 共振做顶时操作上应以逐步减仓为主，共振做底时操作上应以逐步加仓为主，共振上升时操作上应以持仓加仓为主，共振下跌时操作上应以空仓观望为主。

第六节　顶底形态的矛盾

顶底的确认也是趋势的确认，在研判顶底的过程中，更多地研判趋势是延续还是反转，从而可以研判顶底结构是否成立。趋势分析必须将主周期波段分析与小周期波段分析相结合，这种结合是整体与局部相结合，从而使我们完整把握趋势运行的全局。

在不同趋势级别的转化过程中，时刻伴随的是不同级别顶底形态的转变，毕竟每个趋势的形成一定是从某个级别的顶部或者底部演化而来。趋势分析的难点在于，一旦出现不同周期走势不一致的时候就很难得到确定性较强的信号，会让交易变得艰难。价格走势和形态运行是向投资者传递市场信息和信号的工具，不能确定信号的含义说明我们还没有读懂信号，也就没有建立起和市场的有效连接。形态是将股价变化从最小的单位向趋势进行传导的纽带，是每位投资者的必修课，江氏交易天机体系的《形态天机》是认知形态和趋势最重要的一门课程。

实战过程中，经常会遇到不同周期上顶底形态的矛盾走势，此时要通过以下5个定理进行分析，切忌主观臆断。

1. 定理1

根据在趋势的运行中大周期制约小周期的原理，当多周期的顶底形态出现矛盾时，应以大周期的趋势为主，也就是说大周期的支撑和压力作用会更强。

实战案例

如图7-29所示,天虹股份(002419)的走势中,在日线上形成了破位下跌后,股价进入了中长期的下降趋势中,在下降的时间没有达到和前期上升趋势或者顶部形态对等之前很难形成趋势的扭转。但因正在下降趋势中,股价依然会有上涨,只是对应的上升趋势的级别较小,运行的时间较短。在大周期向下、小周期向上时就构成了典型的多周期矛盾状态,此时应以大周期的向下趋势为主。

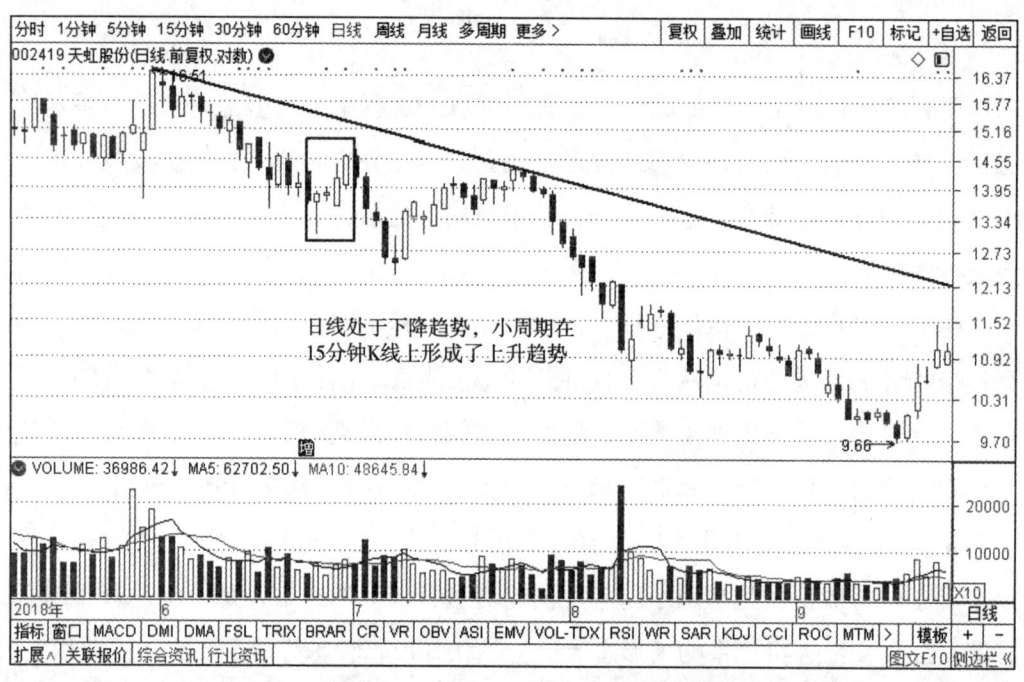

图7-29 天虹股份(002419)2018年5月至9月的日K线走势图

该反抽行情在15分钟K线上的走势如图7-30所示,无论分析行情还是要进行操作,都要明确该上涨行情只是大的下降趋势中的一个杂波,一旦破位必须快速看空和离场,因为在大周期向下的牵引下,股价后市向下运行的空间和时间难以预测。

图7-30 天虹股份（002419）2018年6月25日至7月3日的60分钟K线走势图

2. 定理2

大周期顶部一定是小周期的顶部，而小周期的顶部并不一定是主周期的顶部，可能只是主周期上的一个高点。

实战案例

如图7-31所示，锦富技术（300128）的一个震荡上升的波段运行中，虽然小周期又创了9.82元的新高，但基本已经确定上涨动能匮乏，前期小周期波段的顶部构成的大周期上的高点正在为大周期形成顶部形态做铺垫。在小周期的下降趋势跌破了大周期的上升趋势线后，基本确认大周期的顶部在构建中，股价再次反弹就是最后的高点，要及时离场。

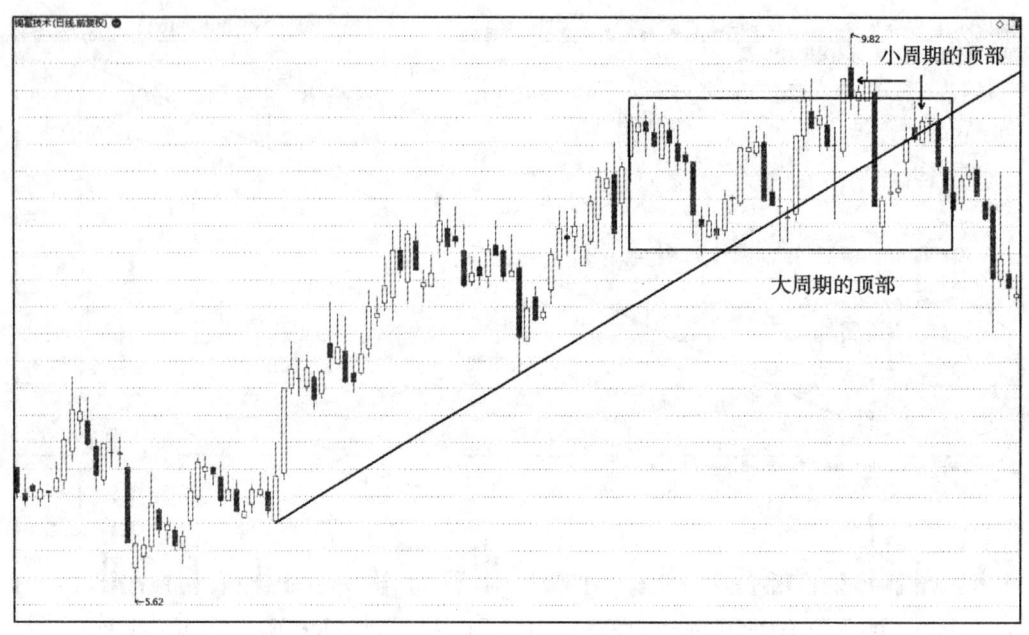

图7-31　锦富技术（300128）2017年6月27日至12月29日的日K线走势图

3. 定理3

主周期波段的底部始终是小周期波段的底部，而小周期波段的底部并不一定是主周期波段的底部。在大级别的下降趋势中，股价一旦进入横盘期就值得特别关注，目的是判断当下是真正的底部形态还是只是趋势中的一次喘息。

实战案例

如图7-32所示，雏鹰农牧（002477）用矩形圈注的位置为小周期正在反复构建底部形态，但是大周期上没有做出方向性选择之前只能按照横盘对待，而不是底部。该横盘区的走势实在偏弱，没有明显的资金进场迹象，股价最终还是选择了向下的方向，所以该平台只是小周期的底部，并没有转化成大周期的底部形态。实战时，这种形态的诱惑性非常大，在大熊市中如果股价还没有突破就急于进场，会加大操作的风险。

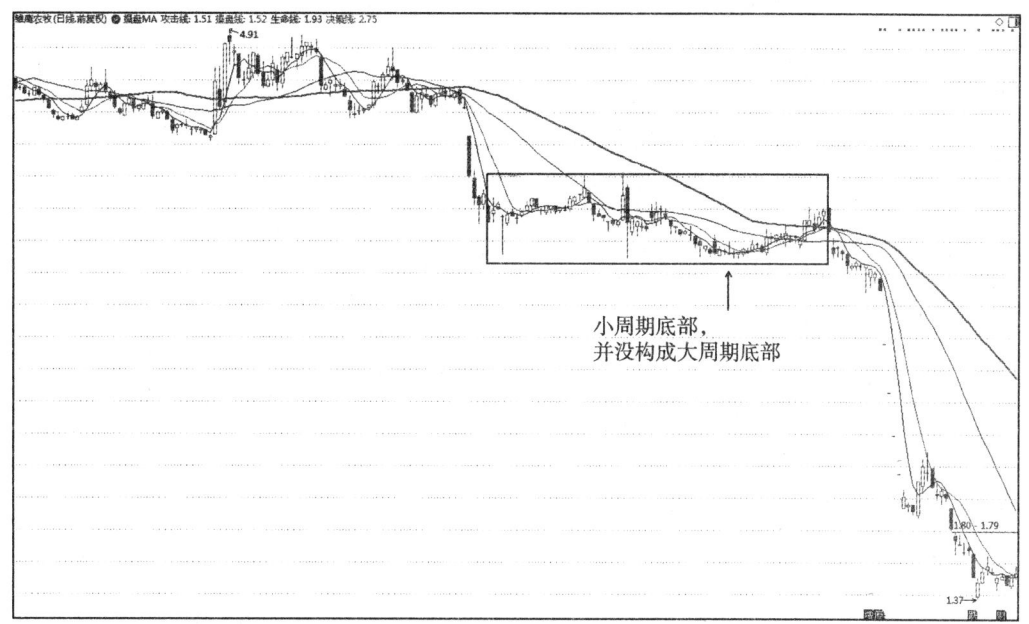

图7-32 雏鹰农牧（002477）2017年9月12日至2018年10月31日的日K线走势图

4. 定理4

小周期所形成的顶部形态与主周期所形成的顶部形态并不具有时间上的完全同步性，往往在小周期上形成顶部时，主周期还没有形成顶部形态，这是由于小周期比大周期对转势的反应更加敏感所致。

比如当周线形成顶部形态时，日线的顶部形态则无法超越周线上所形成的顶部形态。同时日线形成顶部形态时，周线往往并没有表现出明确的顶部形态，这是大周期的走势更为滞后所致的。大周期顶部形态的形成一定是从小周期顶部形态开始的。

实战案例

如图7-33所示，凯盛科技（600552）30分钟级别反弹的顶部由两个15分钟K线上的小顶部构成，小周期在构建第一个顶部形态时，还不能确认大周期上趋势性行情已经结束，需要进一步确认。但是由于小周期的走势比大周期的走势更加敏感，所以在交易的时候只能把小周期的顶部视为减仓信号而不是清仓信号。

图7-33 凯盛科技（600552）2015年8月6日至2016年2月16日的日K线走势图

5. 定理5

小周期所形成的底部形态与主周期所形成的底部形态并不具有时间上的完全的同步性，往往在小周期上形成底部时，主周期还没有形成底部形态，这是由于小周期比大周期对转势的反应更加敏感所致。

比如当周线形成底部形态时，日线的底部形态则无法超越在周线上所形成的底部形态。同时日线形成底部形态时，周线往往并没有表现出明确的底部形态，这是大周期的走势更为滞后所致的。

实战案例

如图7-34所示，宁波东力（002164）大周期的多重底是由3个低点不断在抬高的小周期底部构成的。在小周期的第一个底部形成时，还不能确定大周期已经到底了，所以只能按照小级别的反弹行情来对待。但是随着在小周期上反复构建底部形态，就为趋势的扭转做了足够的铺垫。

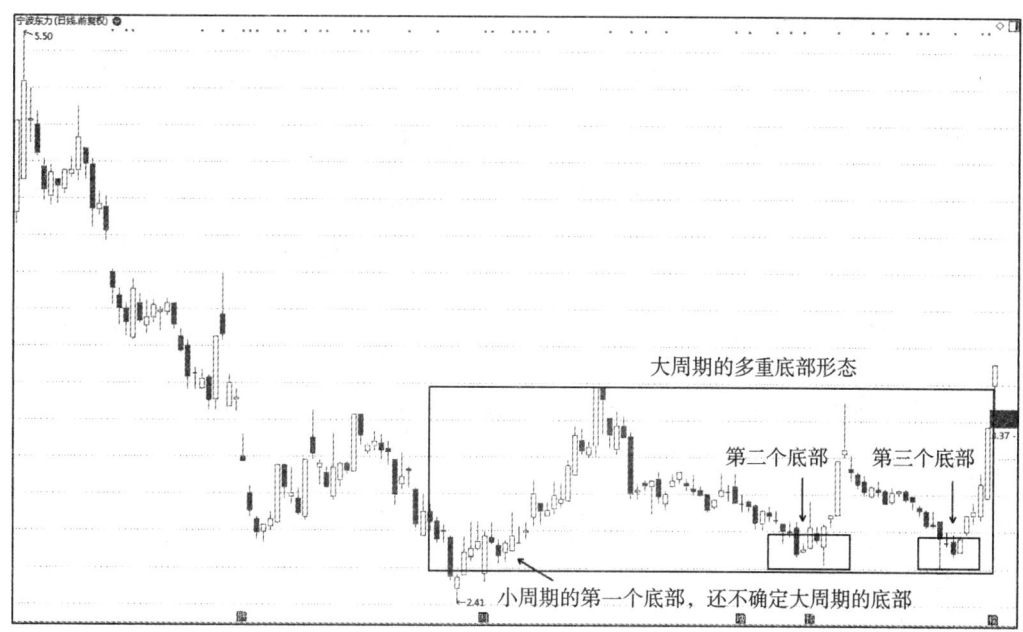

图7-34 宁波东力（002164）2018年7月13日至2019年2月15日的日K线走势图

第七节 顶底的强弱

不管是上涨趋势还是下跌趋势中，趋势性动能越强，趋势持续的时间也越久。但在趋势的运行过程中一定会遇到阶段性的顶底形态，此时必须通过对顶底形态各种因素的分析，研判顶底构筑的强度，以此来预测后期走势的方向。

顶底成立最重要的前提是对趋势线的突破，若不形成对趋势线的突破不能认为进入顶底的区域。一旦股价进入了顶底区域，就会展开多空双方的激烈争夺。进入顶底区域的初期，K线振幅会较大，以强势K线为主，但随着多空双方能量的释放，K线的振幅会越来越小。关于顶底区域K线的形态请参阅"江氏操盘实战金典"之《买在起涨——K线组合利器》。对于底部区域多空力量的强弱，主要分析多方力量是否能够战胜空方形成真正的底部，否则股价会再创新低；对于顶部区域多空力量的强弱，主要分析空方力量是否能够战胜多方形成真正的顶部，否则股价会再创新高。

1. 量能界定顶底的强弱

顶底区域的换手率越大，则顶底的力度也就越大；
顶底突破时的量能越大，则顶底的力度也就越大。

实战案例

如图7-35所示，杉杉股份（600884）从12元开始的上涨趋势，到达高点时涨幅达到了125%。在本次上涨过程中，可以明显观察到这轮上涨是标准的五浪上涨。而且在1、3、5上升浪的顶部，成交量明显快速放大，成逐渐放大的走势。在5浪的顶部，一根巨量大阴线砸下来，预示着市场已经到了趋势扭转的时刻了。

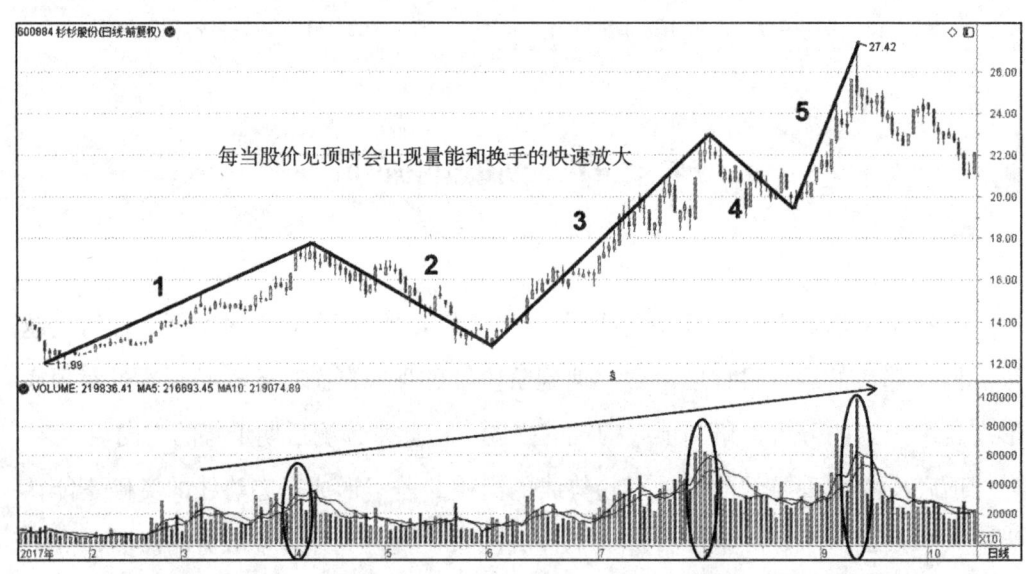

图7-35 杉杉股份（600884）2017年2月至10月的日K线走势图

2. 最强的顶部

股价跌破上升趋势线后，没有跌破上升第五浪的低点，反弹后再创新高，对应C浪的下跌不再创新低，而是构成了小周期底部低点不断抬高的趋势，这样的顶部后期继续上涨的概率非常大。如果用小周期进行买卖，一定要注意在突破前上涨波段的高点时将仓位买回，否则后期很可能会踏空。

第七章 顶底形态的走势特征

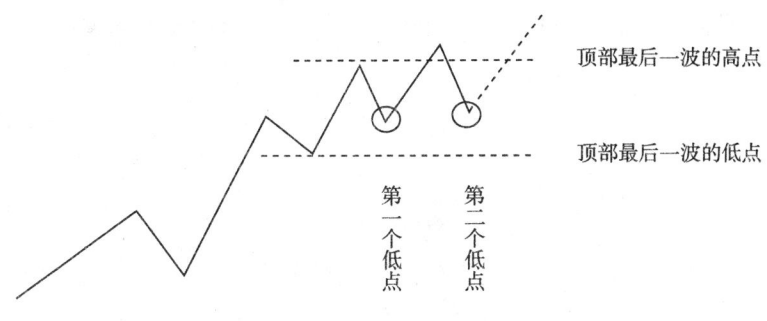

图7-36 最强的顶部

实战案例

如图7-37所示，新钢股份（600782）在2018年7月的反弹形成了上升趋势行情，第一个上涨波段在60分钟K线上走出了完整的五浪上涨结构，随后开始了调整，调整的幅度没有跌破前面上升趋势中第五浪的低点，所以调整非常强势，后期沿着原趋势继续上行的概率非常大。

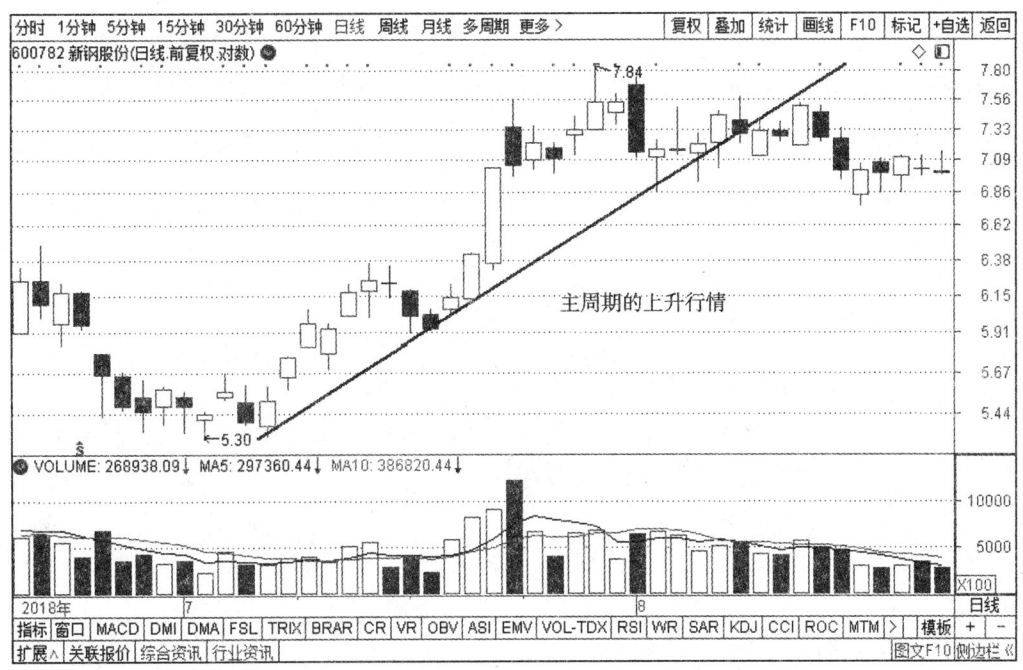

图7-37 新钢股份（600782）2018年6月至8月的日K线走势图

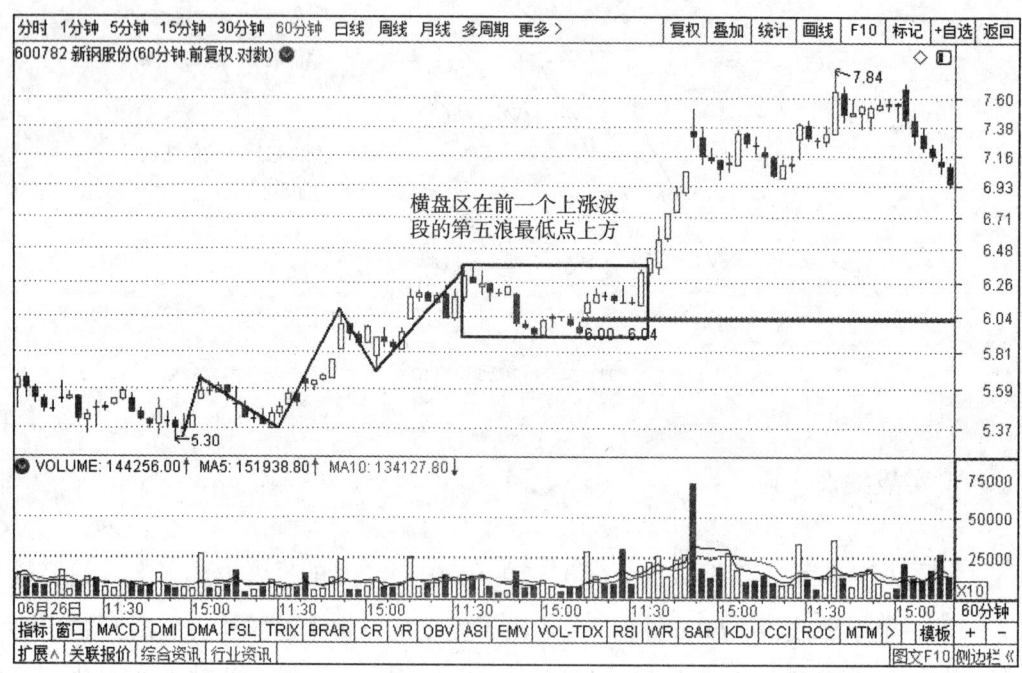

图7-38 新钢股份（600782）2018年7月3日至31日的60分钟K线走势图

3. 一般的顶部

股价跌破上升趋势线的第一波下跌打在了前上升趋势第五浪低点的位置，随后反弹不创新高，但是C浪的下跌也不再创新低，则构成了收敛的形态。该种形态是典型的做顶形态，一般会在顶部区域横盘一段时间后选择向上突破。横盘的幅度不一定很大，规律性较差，基本会走比较复杂的结构，用小周期操作应谨慎。

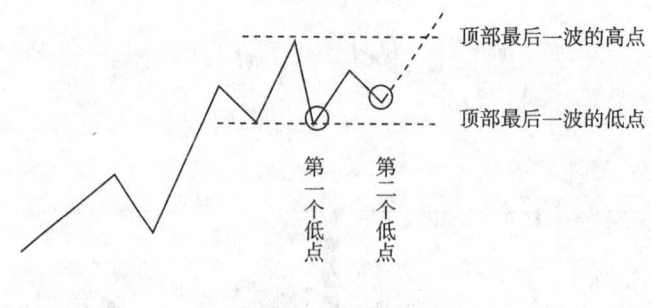

图7-39 一般的顶部

📈 **实战案例**

如图7-40所示，春秋航空（601021）在2018年4月开始的一波反弹行情中，形成了60分钟K线上的上涨波段，在60分钟K线上涨波段结构完整后进行调整，调整的深度达到了前上升第五浪的低点，且跌破了该低点，调整的幅度较深，所以需要较长的横盘时间来修复较深的调整。待新的形态走好，一旦向上突破就是后期行情的启动点。

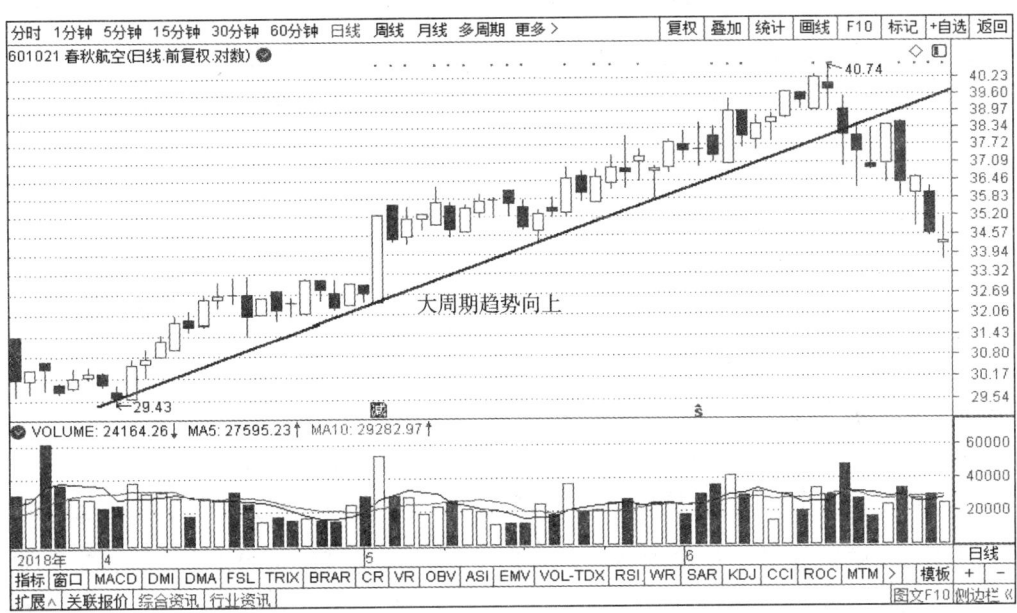

图7-40　春秋航空（601021）2018年3月至6月的日K线走势图

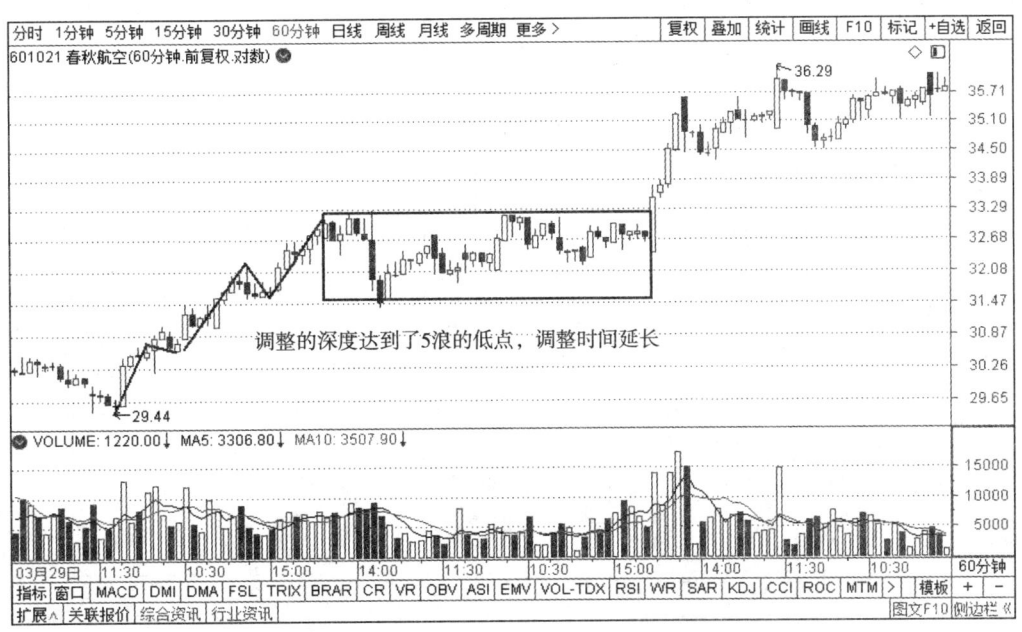

图7-41　春秋航空（601021）2018年3月29日至5月16日的60分钟K线走势图

4. 最弱的顶部

股价跌破上升趋势线后的第一波下跌直接跌破了前期上涨趋势中第五浪的低点，之后的反弹无力，反弹的高点没有突破第五浪的低点，股价的重心下移，后期股价走弱，选择弱势盘整甚至趋势反转的概率较大。股价见顶卖出后谨慎用小周期操作。

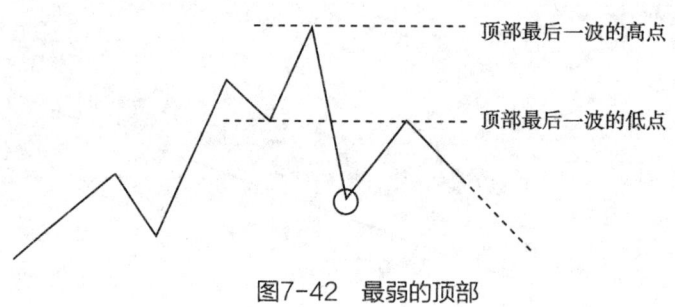

图7-42 最弱的顶部

实战案例

如图7-43所示，陕西煤业（601225）在2017年1月开始的上升趋势中的5个波段结束后，第一波下跌非常凶猛，已经跌到了前波上涨的80.9%的位置，空头明

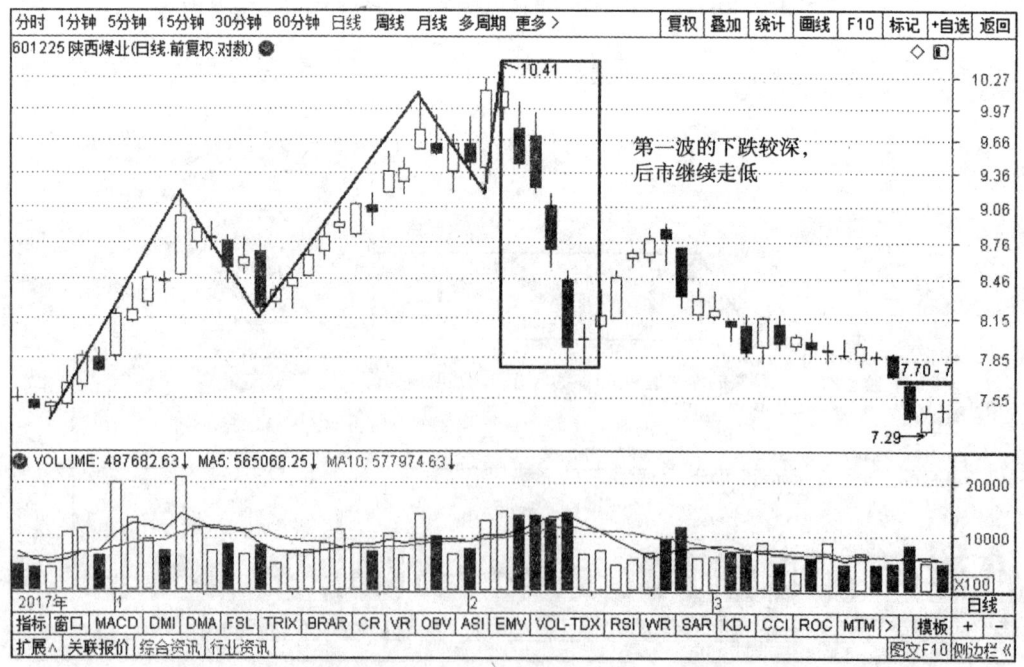

图7-43 陕西煤业（601225）2017年1月至3月的日K线走势图

显占据了优势,所以后市继续走低的概率非常高,要么弱势横盘整理的时间会延长,要么会走出向下的反转趋势。

5. 最强的底部

股价向上突破下降趋势线的第一波反弹,如果可以上升到之前下跌趋势中的最后一个整理平台之上,而且后期横盘的低点不会跌破前期整理平台的低点,或者只要后期调整的低点不创新低,都可以认为底部成立,一旦股价向上突破底部整理区间的上轨,就可能开始新的上涨趋势。

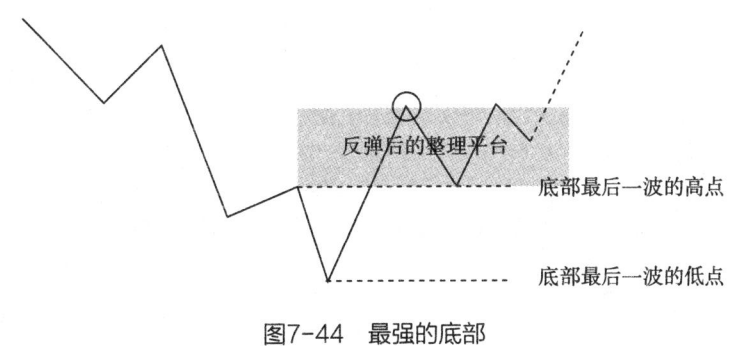

图7-44 最强的底部

实战案例

如图7-45所示,太极股份(002368)在2017年11月以来处于下降趋势中,当下跌结构完整后,迎来了第一波反弹,突破了前期下跌波段的最后一个整理平台,也就是反弹第四浪和下跌第五浪的共同高点,这一波的反弹可以算是强势反弹,上涨的幅度较大。随后一个短暂的回踩并没有跌破前期下跌趋势最后一个整理平台的最低点,形成了趋势的反转,当再次向上突破前一波最高点的时候,就可以确认开始了上涨行情。

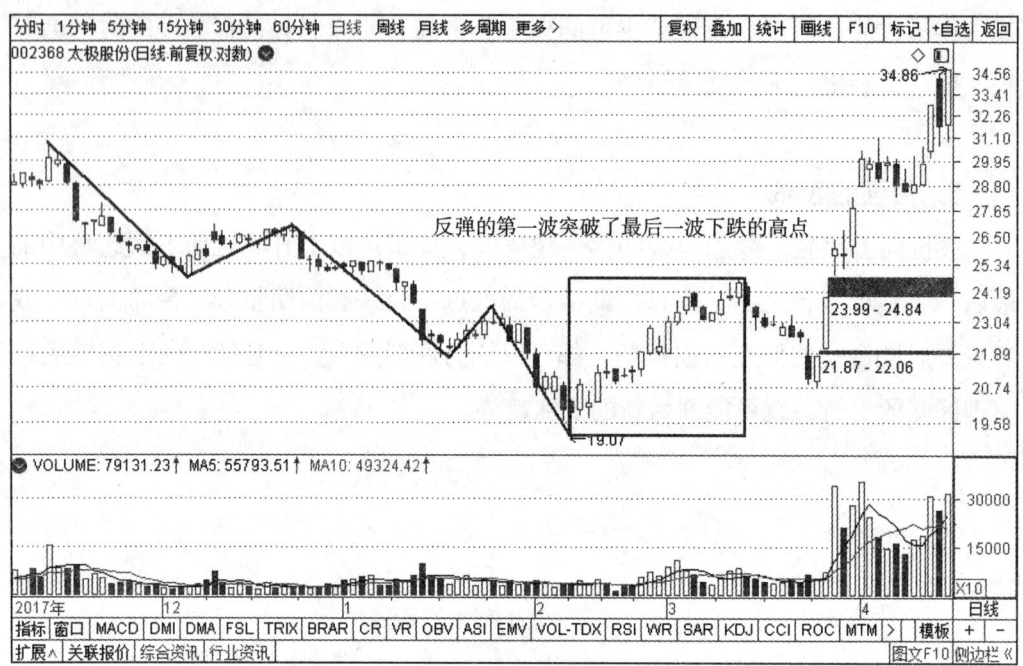

图7-45　太极股份（002368）2017年11月至2018年4月的日K线走势图

6. 一般的底部

股价向上突破下降趋势线后的第一波反弹，如果刚好到达了前期下跌趋势中反弹第四浪和下跌第五浪高点的位置，之后盘整期间股价不再创新低，而低点不断抬高，逐渐形成一个盘整平台，一旦股价向上突破就会走出新的上升行情。但是平台整理的时间很难确定，而且还需要判断真假突破，如果是假突破，股价回到平台，整理时间会延长。

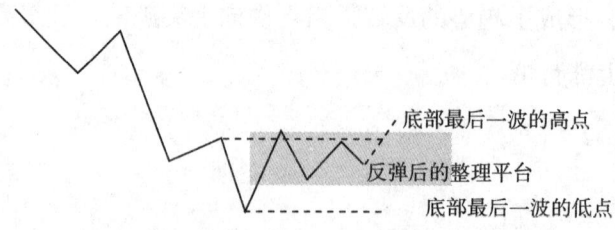

图7-46　一般的底部

实战案例

如图7-47所示，特力A（000025）在60分钟周期上的下跌趋势结构完整后，第一波反弹刚好到了下跌第五浪的高点，之后的盘整期间低点不断抬高，走出了明显的底部收敛三角形，小阳线向上突破后回抽到收敛形态的上轨遇到支撑，之后正式启动上涨行情。

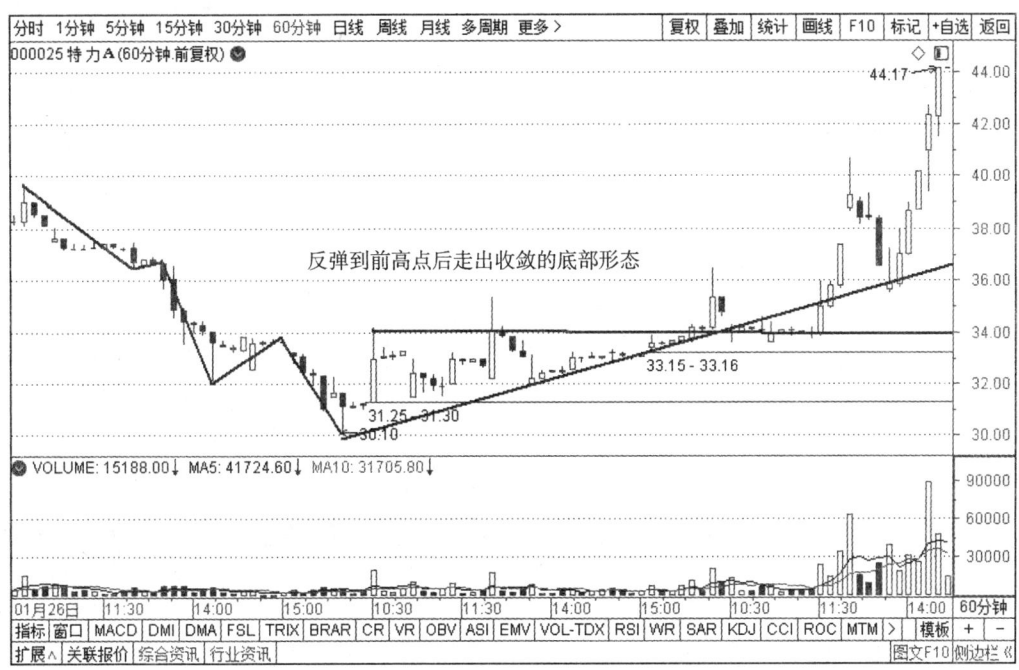

图7-47　特力A（000025）2018年1月26日至3月7日的60分钟K线走势图

7. 最弱的底部

如果股价向上突破下降趋势线后的第一波反弹没有超过前期下降趋势中的最后一个整理平台，随后的B浪调整又创了新低，则股价的重心还在不断下移，后期继续走出下跌趋势的概率比较大。这样的底部向上突破的概率很小，投资者不能在这样的形态中打伏击。

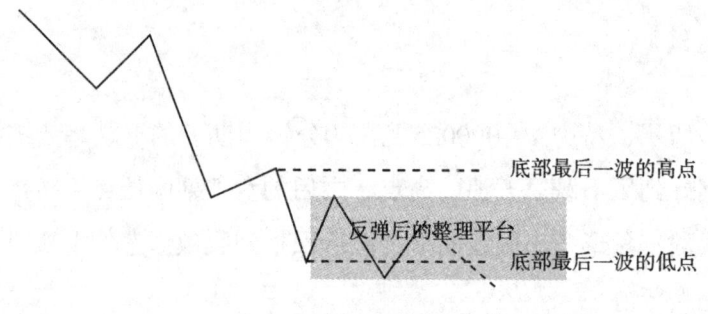

图7-48 最弱的底部

实战案例

如图7-49所示,全志科技(300458)在前期的下跌趋势中下跌波段结构已经完整,反弹很弱,形成了一个整理平台,该整理平台的重心在前下跌波段最后一个整理平台之下,股价重心下移。在整理平台区间内形成了三波的反弹整理,整体反弹动力偏弱,后市比较悲观,一旦股价向下突破,又会开始新一轮的五浪下跌。

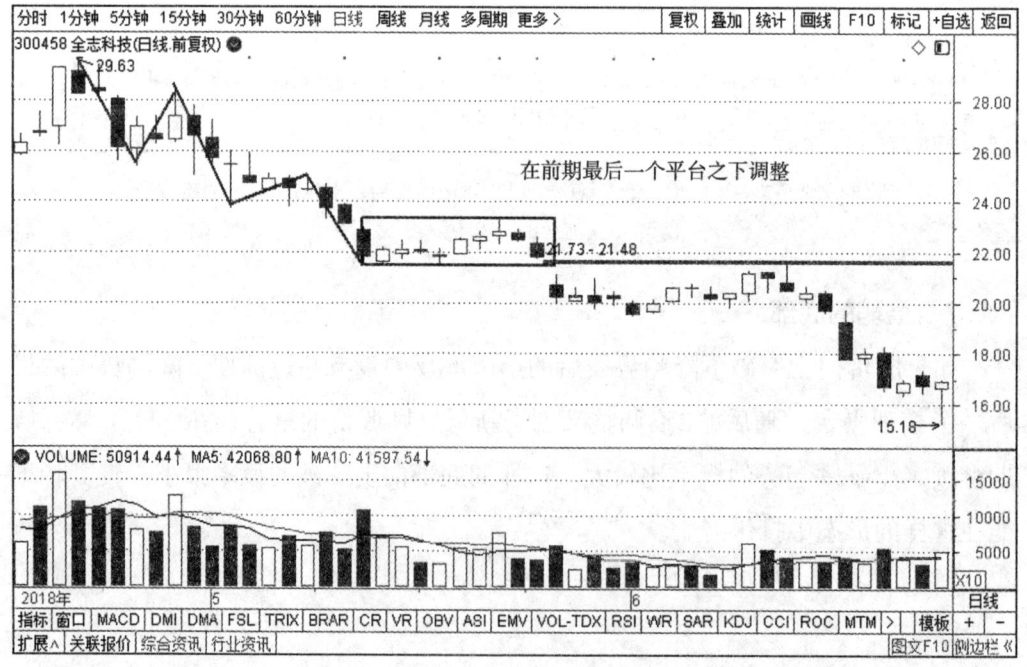

图7-49 全志科技(300458)2018年4月至6月的日K线走势图

第七章 顶底形态的走势特征

学员互动

2017年10月16日，成都的杨女士拨打股市120的电话进行咨询：

杨女士：

中兴通讯在3月至6月整个上升波段的利润我都基本拿到了，在6月30日开始的整理平台时也在想会不会还有走一个向上的波段，但是调整的整理平台对上升趋势线形成了突破，在8月4日那一周又出现一根大阴线的周线，令我感到十分的不安，于是果断地清仓卖出。但是卖出之后股票就开始上涨，不知道问题出在哪里。

股市120：

首先，恭喜杨女士在前一个上涨波段中赚取了可观的收益。如图7-50所示，从日线级别上来看，在2017年6月26日达到阶段性的最高价，前期的波段结构趋于完整，随后开始形成了横盘整理区间。在横盘整理区间内，对于前期的修正上升趋势线形成了突破，并且在整理平台内部低点不断降低，可以看作是阶段性的头部形态已经形成了，所以在日线级别上来说，你的操作基本正确，也符合操作的手法。

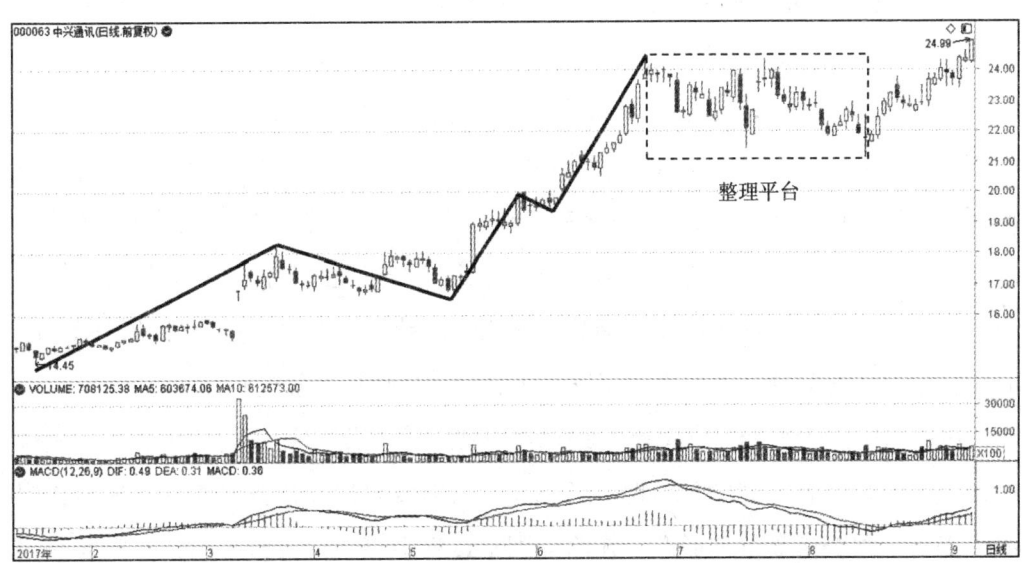

图7-50 中兴通讯（000063）2017年1月至9月的日K线走势图

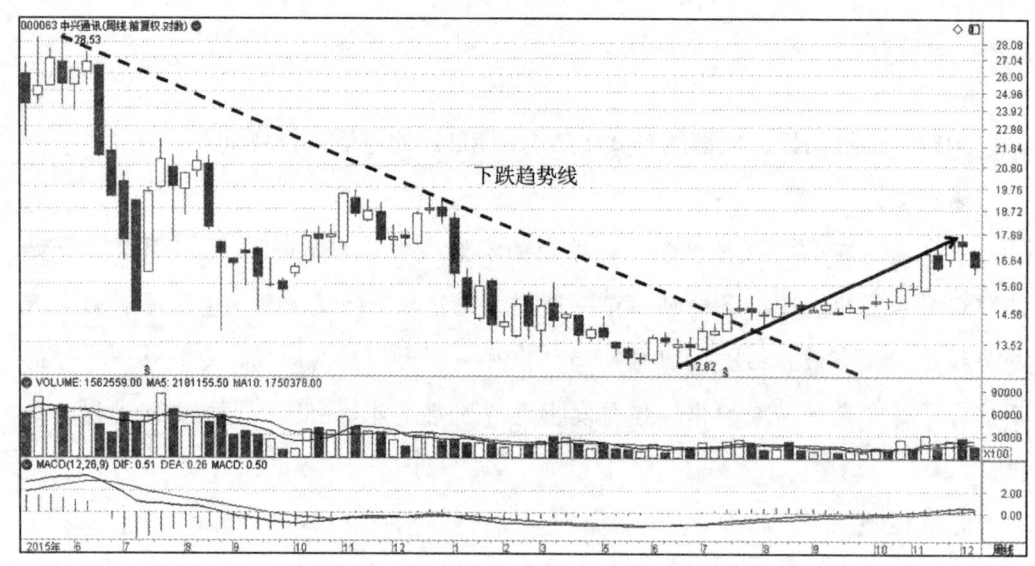

图7-51 中兴通讯（000063）2015年5月至2016年12月的周K线走势图

但是，放大周期在周线上面看，前面日线级别的五浪上涨结构是周线级别的第二个上涨波段。如图7-51所示，在第一个上涨波段的时候，已经对周线级别的下降趋势线以及形态线形成了双破位，趋势形成了反转。在上文中介绍过什么时候股价会五浪运行，什么时候股价会三浪运行的要点，但是波浪理论中的一个核心要点是3浪比1浪强则必有5浪。第一个上涨波段的角度平缓，在24周也就是将近半年的时间内，上涨幅度仅有37.91%。

如图7-52所示，第二个上涨波段同样是在24周的时间内，上涨幅度达到了69.69%，几乎是前一个上涨波段的涨幅的一倍之多。所以，在大盘环境正常的情况下，我们可以推测出在4浪调整之后，还会有5浪的出现。再来对比第一个波段和第三个波段的涨幅，基本差不多，也就是第三浪在上涨动能刚释放的时候就进入了横盘整理状态，或者可以将该状态称为"钝化"。此时是趋势性动能喘息的时候，但仅仅是喘息，一旦修正完毕一定会启动更快速上涨的行情。

最明显的一个特征是，该形态中已经突破了小周期的趋势线确认了一个波段的结束，但是没有突破横盘整理的形态线，所以没有构成转势。尤其是这种在周线上走出了强势横盘整理形态，在前面调整过程中也坚持持仓了的，一定要有耐心等待调整的结束；或者将自己的波段操作模式运用的完美无缺，在该上涨波段结束时就卖出全部股票，不参与调整，等待调整结束后，向上选择方向了再接回

第七章 顶底形态的走势特征

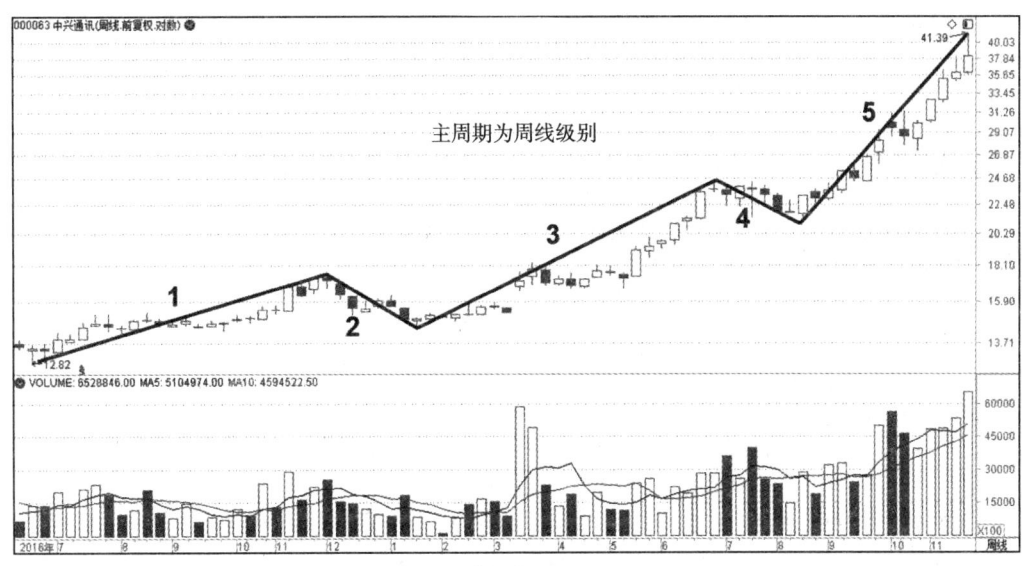

图7-52 中兴通讯（000063）2016年6月至2017年12月的周K线走势图

仓位。

在研究一只股票的时候，周期的转换、不同行情的界定，是首先需要研判的。正所谓放大周期看趋势，缩小周期看形态。只有在趋势行情确认的情况下，研究对应的顶底结构才是正确的做法；只有在趋势行情确认的情况下，研究小周期的形态才是正确的做法。

思考题

1. 顶底形态形成时会有哪些特征？
2. 速率和成交量对顶底形成的影响大吗？
3. 顶底确认的标准是什么？有几种方式？
4. 不同周期的顶底是如何转化的？
5. 顶底强弱的界定标准是什么？
6. 如何逐级放大周期进行操作？

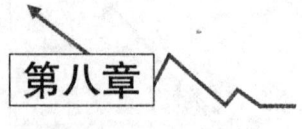

第八章
趋势的反转

趋势分析的要点全在于寻找趋势的反转点，这是踏准趋势节奏的关键按钮。无论什么级别的趋势，上升与下降趋势的转换一定是通过不同级别的趋势进行链接和传递的。一个日线级别的上升趋势在什么条件下会被一个30分钟K线的下降趋势破坏？一个周线级别的下降趋势又在什么条件下会被一个30分钟K线的上升趋势扭转？答案尽在本章中。

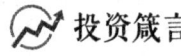 投资箴言

> **因上努力，果上随缘**
>
> 这是一句适用于任何一个领域的至理名言。在投资上，谁都免不了追求收益，但值得深思的是，这只是一个结果，是我们不能把控的，我们能够把控的只有过程。对于一次交易而言，过程包括操作前对标的做出的系列分析和做出的买卖行为，切记，交易中最后的卖出行为也是过程中的一部分，它不是结果。因为卖出行为是建立在对股价走势的充分分析后做出的最后一个动作，接近结果但不是结果。

第一节 下降趋势的反转

对于A股而言，所有的交易机会都来自下降趋势的反转，无论是被哪一类资金驱使的，最终一定会体现在某个级别的趋势上。无论是抄底还是追涨，反转信号没有出现和确认之前都不会有合适的交易机会。每一次好的盈利机会都是等来的，下降趋势的反转只是我们在等待好机会的过程中必须经历的一个环节，它并不等同于好的交易机会。

1. 下降趋势反转的必要条件

在分析下降趋势反转信号之前，一定要对前面的下降趋势进行充分的级别定位。如果前期是一个周线上的下降趋势，其中最后一个下降波段是60分钟级别的下降趋势，那么股价对周线级别的下降趋势与对60分钟级别的下降趋势形成反转的要求是截然不同的。

明确要反转的趋势级别后，可以把它定为主周期。要对下降趋势形成反转，要求主周期上的下降趋势一定要出现动能减弱的迹象，且至少由3个波段构成，由5个波段构成的见底的概率会更大。如果此时主周期上的下降趋势在时间和空间上也同时到了重要的变盘窗口，则基本确认前期的下降趋势会形成反转的必要条件成立。

在2018年A股全面下跌的环境中，大部分个股都走出了持续性创新低的走势，而且股价下跌的动能没有明显的减弱迹象，一直维持强势的下降趋势。对于这种情况，我们没有办法从下降趋势中找到下跌动能减弱的信号，但是可以等待后期出现小周期的反转信号来确定大周期的下跌动能减弱。

实战案例

如图8-1所示，盈趣科技（002925）的走势中，在最后一个30分钟K线的下跌波段中下跌的动能没有减弱，都由强势的阴线构成，此时只能等待股价在小周期上形成上升趋势来判断股价已经开始止跌了。所以，盈趣科技在30分钟K线上走出上升趋势后才构成了股价可能会反转的必要条件，当然这个衡量下降趋势反转的必要条件也适用于其他个股的分析中。

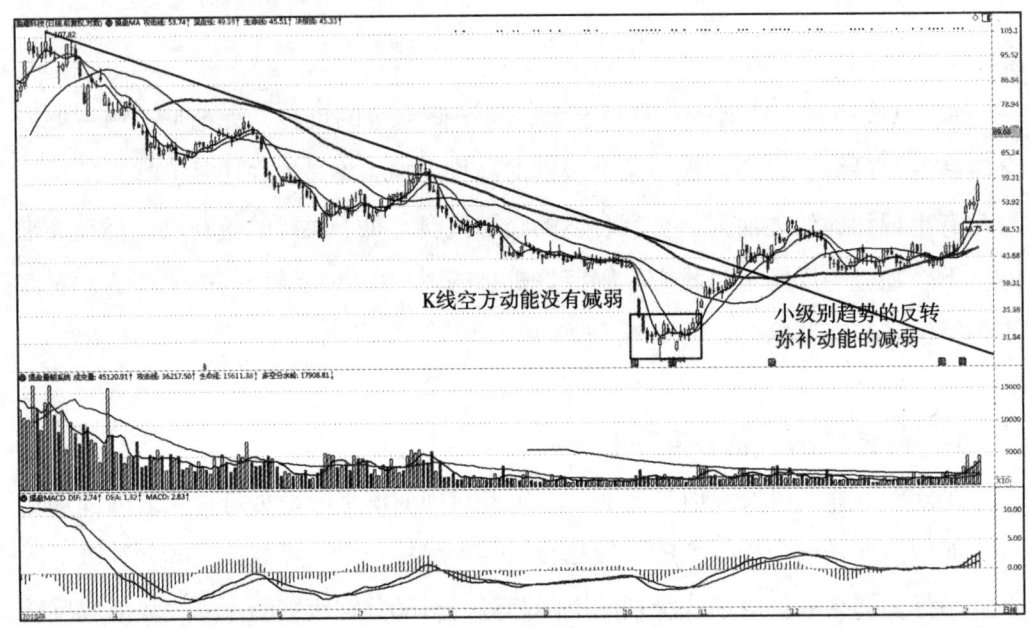

图8-1　盈趣科技（002925）2018年3月1日至2019年2月14日的日K线走势图

2. 反弹不破下降趋势线

如果小周期向上反弹波段完整后不能形成对主周期下降趋势线的单突破，说明后面仍然有创新低的可能，这时必须先以小周期的卖点卖出。

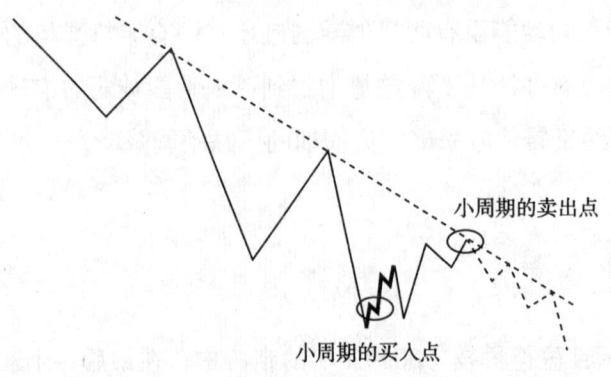

图8-2　反弹第一波没有构成单突破

实战案例

如图8-3所示,亚翔集成(603929)的走势中,在第一个低点出现后,股价再次向上不创新高,说明上升动能羸弱。股价再次向下时跌破了第一个低点形成了第二个低点,虽然第二个低点较第一个低点向下破位的幅度有限,但根据趋势的原理可以确认图中的下降趋势线。之后股价再次向上反弹,可是反弹的动能较第一个低点后的动能明显变弱,而且在反弹过程中每次回踩的幅度都较深。

当股价运行到下降趋势线附近的时候,股价上涨的动能再次减弱,没有碰到下降趋势线就再次下行,而且跌破了前期的3个低点。如果股价的一次反弹行情没有办法突破下降趋势线,则说明该股票的空方势力依然强大,短期内还不具备多头操作的机会。

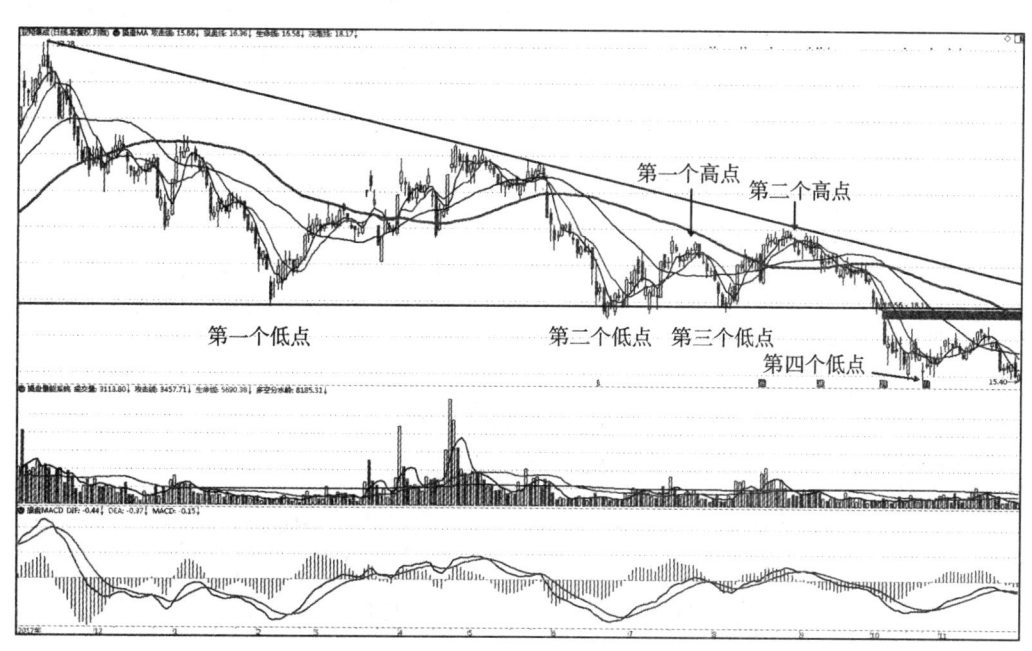

图8-3 亚翔集成(603929)2017年11月3日至2018年11月30日的日K线走势图

3. 反弹上穿下降趋势线

如果小周期波段完整后能够对主周期下降趋势形成有效突破,那么就以主周期持仓或者以小周期冲高调整不创新低后再形成的买点加仓。

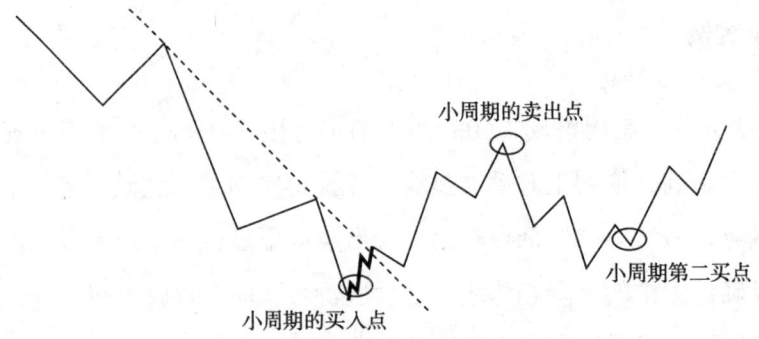

图8-4 反弹第一波构成单突破

实战案例

如图8-5所示,诺力股份(603611)走出典型的单底形态,虽然在反弹过程中没有涨停板,但是该反弹波段没有明显的回撤,也是一种强势反弹的表现,最重要的是该反弹行情的第一个波段就形成了对下降趋势线的单突破。这类走势形成趋势反转的概率较大,因为这是多方动能较强的表现,之前作为压力的下降趋势线已经演变为重要的支撑位。所以,构成有效支撑的位置都会形成好的买入点,这种买点是进可攻退可守的位置。

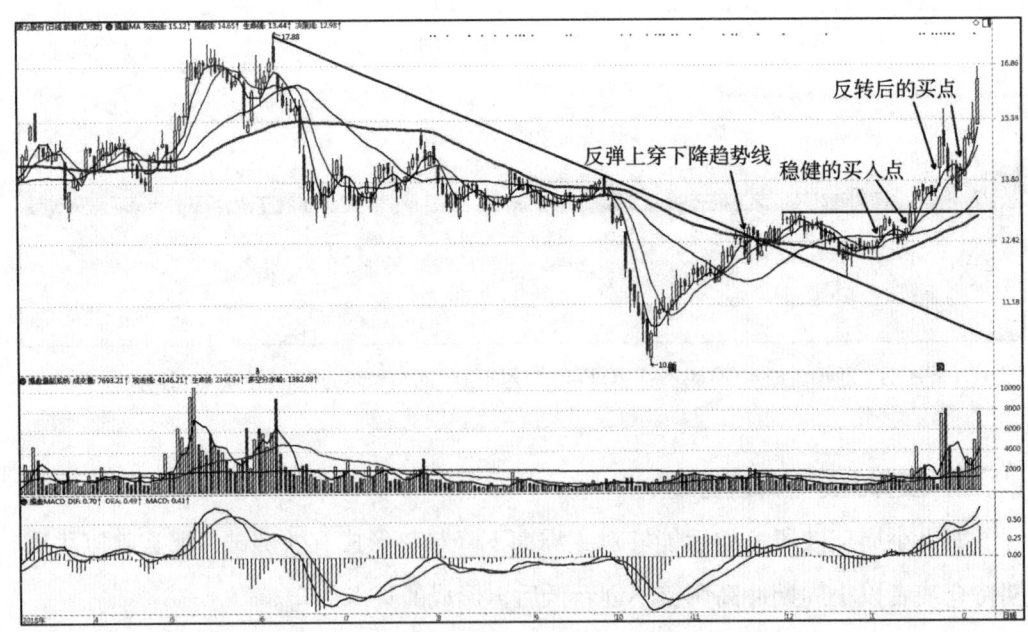

图8-5 诺力股份(603611)2018年3月8日至2019年2月14日的日K线走势图

4. 反转后的买点

如果不愿参与底部震荡，那么等待主周期形成双突破后再以主周期买入。江氏操盘体系强调以趋势为王，所以要求大家在趋势运行中找买点，也就是说，反转后的买点是最建议大家参与的买点，虽然双突破前的买点成本较低，但不确定性也较大。

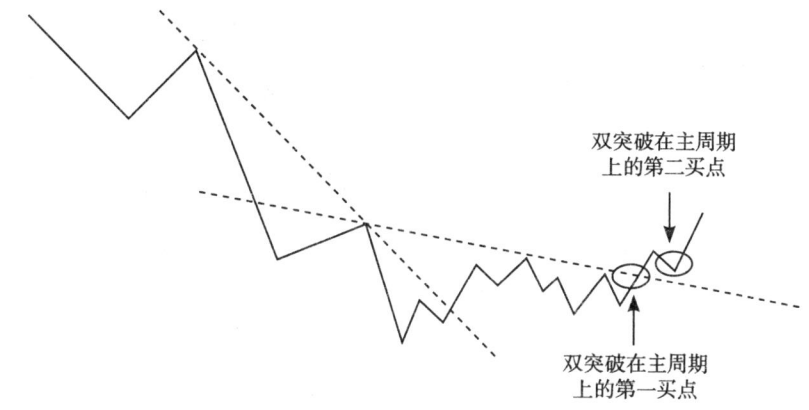

图8-6　双突破后主周期上的买点

在图8-5中诺力股份的走势中已经标注出来反转后的两个买点，此时股价已经在上升趋势中，股价在小周期上的回踩会受到大周期的支撑，而且市场环境已经形成了较为强烈的做多意愿，所以此时的买点不仅稳健性好而且还可以在最短的时间内获利。

第二节　上升趋势的反转

在理论上上升趋势和下降趋势的轮回具有对称性，也就是说对下降趋势反转的分析反过来就适用于上升趋势。但是实际情况是有差异的，这种差异是由于在高位和低位时市场的人气和对未来股价走势预期截然不同导致的，所以在形成趋势扭转时的反转动能和K线形态均是不同的。

1. 上升趋势反转的必要条件

在上升趋势运行中，要想实现对该趋势的反转，一定先要有上升动能减弱的信号，无论是在波段的数量还是时间和空间上，都出现足够多的警示信号，要求我们对当下的多头思维提出质疑。此时，一旦小周期形成了对趋势线的单破位，就是卖出的点位，而且小周期的反向运行很可能会引起主周期的转势。

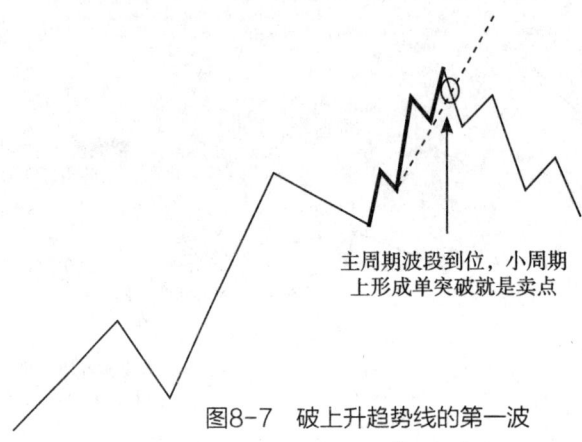

图8-7 破上升趋势线的第一波

实战案例

如图8-8所示，这是当升科技（300073）在大级别的宽幅震荡中的两个上升波段的走势，也就是小级别的上升趋势的走势。从两个上升波段的运行形态上不难发现，这是两个上涨动能和市场资金偏好都截然不同的上升趋势的轮回。

在第一个上涨波段中，强势资金的迹象特别明显，从15.95元的低点开始，股价第一个上涨波段走出了非常凌厉的上攻走势，资金做多的意愿非常强烈。在由涨停板推动的上升趋势中，一旦K线的形态走弱，就会形成第一个重要的趋势反转信号。此时股价在形态上无疑是在趋势中，但更确切地说是一种多方动能的释放。

在第二个上涨波段中，股价以震荡上升为主，每次向上运行了一点空间后就会面临大幅回撤，但依然维持了低点和高点依次不断抬高。对于这种走势，一旦股价回撤到了上升趋势线的位置，就是一个非常重要的多空双方争夺的位置，有支撑则依旧看上升趋势，一旦向下跌破趋势线则会构成趋势的反转。这类走势在前期向上的过程中多方动能就不强，就是继续向上也不能奢望有强势拉升的走势。

图8-8 当升科技（300073）2017年4月11日至2018年8月8日的日K线走势图

2. 回调不破上升趋势线

在技术分析中，趋势线是非常重要的工具之一，它是我们衡量股价无序的走势中的一个规范工具，但是又不能把它作为一个分毫不差的刻度尺，这其中的"度"也是一种平衡，就像尽信书不如无书一样。

只要上升趋势线没有被跌破，股价就在上升趋势中运行，所以现价和趋势线之间的距离就变成回撤空间的可能范围。这个范围是每一次实盘时给予的账户能够接受的回撤，给予的多头行情的回撤空间，所以只要在这个范围中，趋势就没有改变，上升趋势就不会反转。至于股价在该回撤之后的再次向上运行不创新高，将会构成顶部形态中的重要信号，在江氏操盘体系后期陆续出版的书籍中会详细介绍。

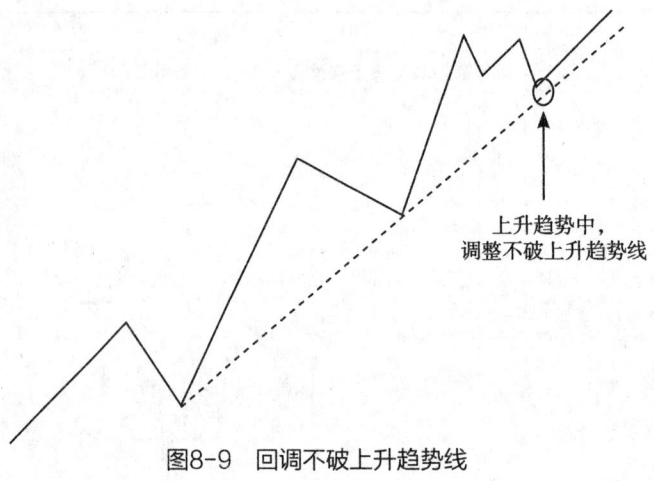

图8-9 回调不破上升趋势线

📈 实战案例

如图8-10所示,奥克股份(300082)在上升趋势的运行中,出现了上涨动能在不断加强的信号,体现在该趋势的第二个波段的启动点有大阳线。可是在第二个上升波段运行的空间并不太大的时候就出现了向下的回撤,且回撤的过程中阴线的实体较大,空方动能释放较强烈。在股价回撤到上升趋势线的位置时先出现

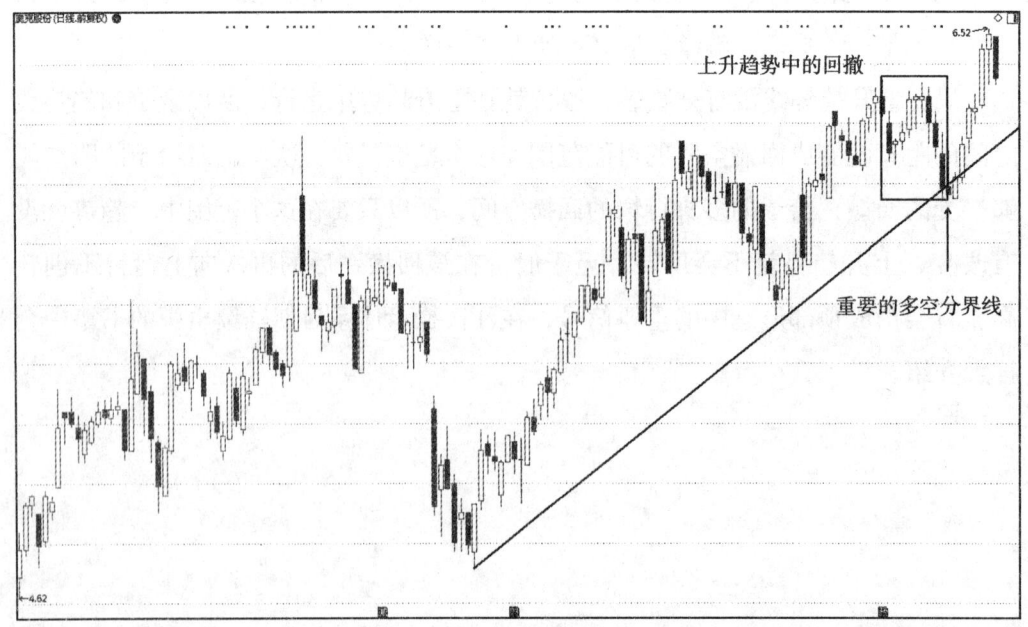

图8-10 奥克股份(300082)2018年7月6日至2019年2月15日的日K线走势图

了下降动能的减弱，虽然小阴线跌破了上升趋势线，通常情况下我们还需要等一等，还需要一到两根K线的确认。第二天股价开始出现了阳线，并又回到了上升趋势线之上，此时可以基本确定该上升趋势线的支撑作用较强，趋势暂时没有出现反转。

3. 回调跌破上升趋势线

股市中的循环是非常公平且有规律遵循的。对于强势股，我们会享受到其强势上行时的超额盈利，然而一旦它们出现反转后我们没有及时离场，就要承受短时间内的大幅回撤。在大盘环境不是大牛市的情况下，强势股通常会表现为怎么强势上涨就怎么强势下跌，在趋势上则表现为对陡峭的上升趋势线形成单波的强势向下破位。

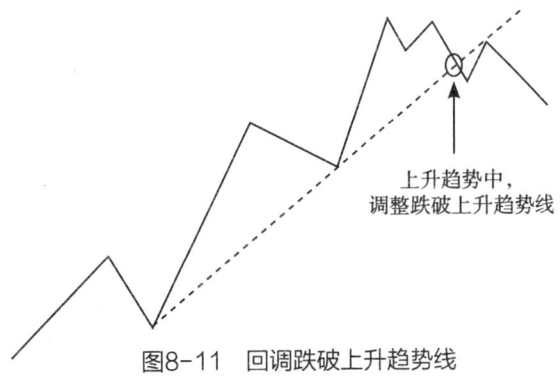

图8-11 回调跌破上升趋势线

实战案例

如图8-12所示，华纺股份（600448）的这段上涨属于资金推动型的强势上涨，但由于底部时间有限，仅是由3根K线构成的小底部，所以强势上涨对应的趋势级别并不大。这里要求大家明白，并不是股价上涨得越猛级别就越大，我们对趋势级别的划分更要求对时间维度有充分理解和认识。

连续6个交易日的强势上涨之后，股价出现了高开低走大阴线，其实从两个交易日前多空的分歧开始加大，出逃的资金日渐增加，此时已经出现了较为明显的筹码兑现的信号。股价在日线上并没有出现典型的顶部信号，但是一根大幅跳空低开的阴线直接跌破趋势线后就确认了趋势的反转。

图8-12 华纺股份（600448）2018年1月25日至9月19日的日K线走势图

特别提示

主周期的做顶阶段可能还会创新高，在这个位置是否选择持仓全看个人的操作风格。如果选择持仓，只要股价没出现双破位，仍可持股；如果不想参与做顶阶段，则在主周期波段、时间、空间到位后小周期形成卖点时离场。

学员互动

2018年11月7日，济南的刘女士拨打股市120的电话进行咨询：

刘女士：

老师您好，东湖高新今天涨停板打开了，收盘只涨了4%，趋势还在，但是资金的分歧开始加大，后期会怎么走？我现在持仓而且仓位较重。

股市120：

其实对于东湖高新这类上涨的股票，如果前期已经有20%以上的盈利后，出现今天的这种放量假阴线就可以开始减仓了，此时兑现部分利润会让我们处于更为有利的交易状态。

缩小图形看趋势，放大图形看量价。这是我们江氏操盘体系经典投资格言中的一句，要求我们通过大周期来判断股价当下所处的位置，在小周期上通过量价的关系来寻找交易点位。图8-13中的下降趋势线是连接东湖高新两个更早的高点形成的一根长期下降趋势线，11月7日当天股价还处于下降趋势之下，所以此时的上升趋势的级别有限，最多视为30分钟K线上的反弹。

可是对于强势资金驱动的小级别上升趋势要辩证来看，只要资金的做多意愿没有改变，股价的上涨就不会结束，其间出现的洗盘和短期调整只是为了股价后面继续上涨。东湖高新前期最后两个下跌波段非常值得研究，倒数第二个是连续4个跌停板形成了快速杀跌，其间没有套牢盘；最后一个下跌波段是在构成了一个3个月的阶段性平台后的向下破位超跌。所以该上涨是前期大部分筹码深度套牢后，强势资金引领的超跌反弹，最重要的是股价运行到刘女士提问当天时已经对前期的短期套牢盘形成了解套，短期内没有实质性抛压，所以该高开低走的阴线具有明显的洗盘性质。那我为什么又给出了减仓的建议呢？

一方面从趋势的角度看，这根高开低走的大阴线是明显的趋势强度减弱的信号，另一方面股价即将遇到下降趋势线的压力；从长期运用趋势方法进行交易的角度看，此时就是要减仓，用剩下的仓位博取后面的上涨空间。当然，如果你不

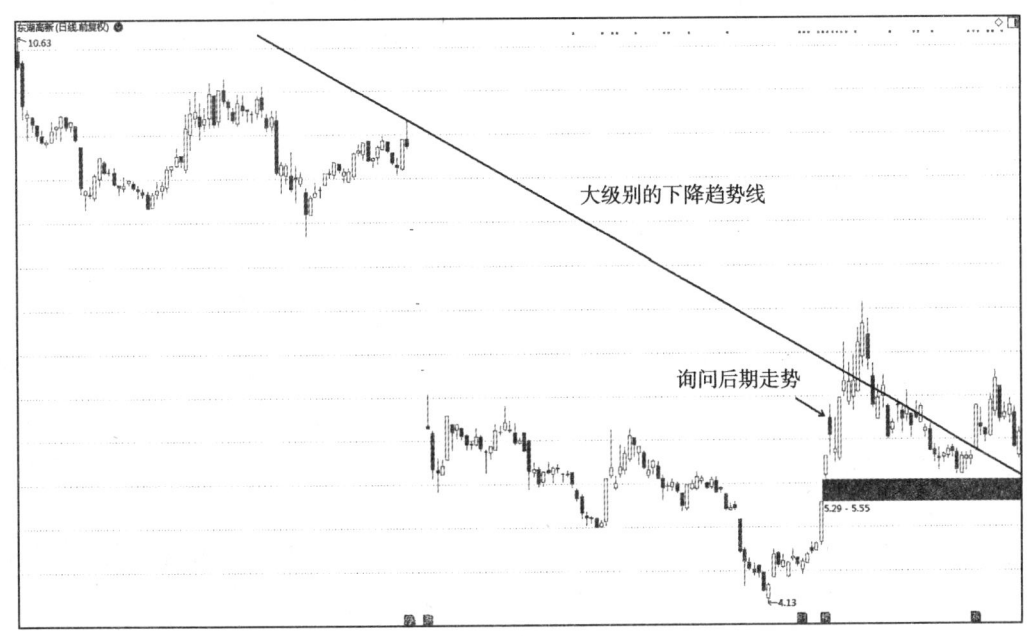

图8-13　东湖高新（600133）2017年11月16日至2019年1月4日的日K线走势图

依据趋势理论，单纯地从资金的状态判断股价还没有涨完要继续持仓，也是对的，而且还会赚得更多。但是我们江氏操盘体系分享给大家的一定是让大家实现长期稳健盈利的方法，而不是为了追求一次交易的最大化却为承担更大的风险埋下隐患。

思考题

1. 上升趋势的转势和下降趋势的转势有什么区别？
2. 下降趋势的转势分为几种情况？哪种最强？
3. 上升趋势的转势分为几种情况？哪种最强？
4. 分析趋势转势对实盘交易有哪些重要作用？

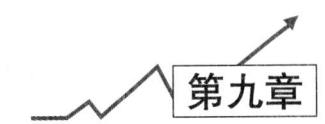

第九章

趋势与实战：买卖点位

本章主要讲解在不同级别的顶底形态形成后，怎样用不同的周期按自己的风险承受能力进行交易。要特别强调的是，不同的趋势级别要通过多个周期确定买卖点位，不同趋势级别的买卖特征在不同周期中的体现也是截然不同的。实战操作中不要预测市场，而是要尊重市场，要严格按市场的实际走势、买卖点位构成要点和自己的交易计划进行交易。

📈 投资箴言

> **三分技术，七分博弈**
>
> 　　学习技术分析不是要求我们现在画线和分析真假突破，而是要求我们逐渐养成独立思考的博弈思维。为什么假突破比假突破本身更重要，为什么趋势的级别在变大比趋势级别变大本身更重要？技术描述的是一种形态，而博弈则是事物的本质。交易在形上千变万化，但在本质上是始终如一的，只有抓住根本才能长存，否则最多成为一颗流星。

第一节　实操的八大步骤

实盘交易一定是建立在对历史走势充分分析的基础上的。分析是运用因果关系理论从历史走势的规律、形态等要素中进行研判，进而对后期走势有一个初步的预判。而操作则是一个要求更高的、对未来做策略性决策的行为。所以每一次交易的时候，一定要明白当下股价所在的位置、仓位所面临的风险、进场后股价会如何运行、应对策略是什么……

一个好的交易步骤，会对未来所有的情况都有一个预见，对于所有的突发状况有一个认知。这个交易步骤必须具有程序性，也就是让投资者在正确的时间做正确的事情。当发生了什么情况时，先做什么，后做什么，注意事情的轻重缓急，有计划、有目的、有阶段地周密执行计划。

在江氏操盘体系中，我们要求每位学员牢记以下步骤，并在任何一次交易中都要做到清晰分明。

第一步：分析当下的趋势级别，是否有资金进场推动该趋势的运行；

第二步：如果第一步答案是"是"，则要找到对应的大周期、主周期和小周期；

第三步：确定各周期上的趋势和波段的形态、时间和空间；

第四步：分析主周期中各波段间的关系，判断当下是否有交易信号；

第五步：如果第四步答案是"是"，则要分析该交易信号的风险和利润空间；

第六步：在小周期上找下单点位；

第七步：制定后期走势的风险应对策略；

第八步：制定后期的仓位管理策略。

第二节　下单点位的分类

大周期和小周期相互影响，相互制约。在操作的过程中，应判断当下走势与大周期走势的关系。下跌趋势中的小幅上涨只是一个短线反弹，反弹过后必然是一个短线的高抛点。在低价位处的横盘震荡，回调走势而不创新低，证实了这时是一个底部的低吸点，是一个真正能够让投资者捡到廉价筹码的位置。而当股价上涨乏力，大周期图上走势也愈加弱势的时候，这个高价位便是一个货真价实的高抛点。大周期和小周期相结合，能够判断市场当下所处的位置，以及是否适宜进行操作买卖。

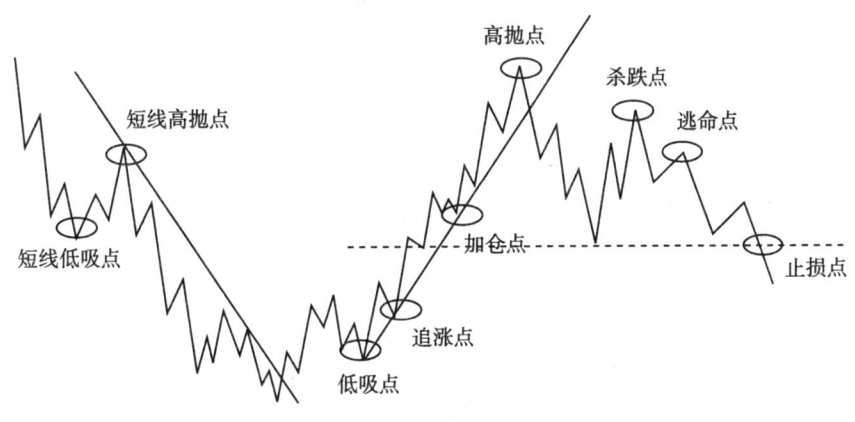

图9-1　操作点位图谱

1. 短线低吸点

当主周期刚进入下降趋势中，或者已经在持续的下降趋势中时，在对应的小周期上形成单底，只能是小周期级别的行情，可以用更小的周期找买点。例如，当前主周期是日线上的下降趋势，对应的小周期是30分钟K线，此时如果在30分钟K线上形成单底形态，就可以在5分钟K线上寻找下单点位。但是请大家牢记，此时只是小级别的趋势，盈利空间有限，不建议大家操作，如果一定要在下降趋势中博取盈利的投资者，可运用我们讲解的游资操盘手法进行操作。

2. 短线高抛点

它是与短线低吸点相对应的，如果在出现短线低吸点时买入股票，那么在小周期上走出3个完整波段，即两个向上波段和一个调整波段的时候一定要离场。此时主周期还在下降趋势中，小周期大概率情况下会服从主周期的方向。例如，在日线的下降趋势中，30分钟K线上已经在第二个上升波段了，在5分钟K线上可以看出明显的5个波段的运行结构，此时一定要无条件离场。

实战案例

如图9-2所示，亚太药业（002370）在2018年5月见顶之后，形成了趋势的反转，在快速的杀跌之后，6月21日开始的反弹比较强势，在30分钟K线上走出明显的低点不再降低的形态后可以轻仓进场。因为前期超跌严重，所以一定只是短线的反弹机会，最多只能是30分钟级别的行情，需要到15分钟K线上去寻找下单点。没突破下降趋势线的反弹只能按照两个上涨波段和一个横向调整波段进行操作，而大的下降趋势通常会减弱上涨的动能，所以第一个上涨波段结束后通常会

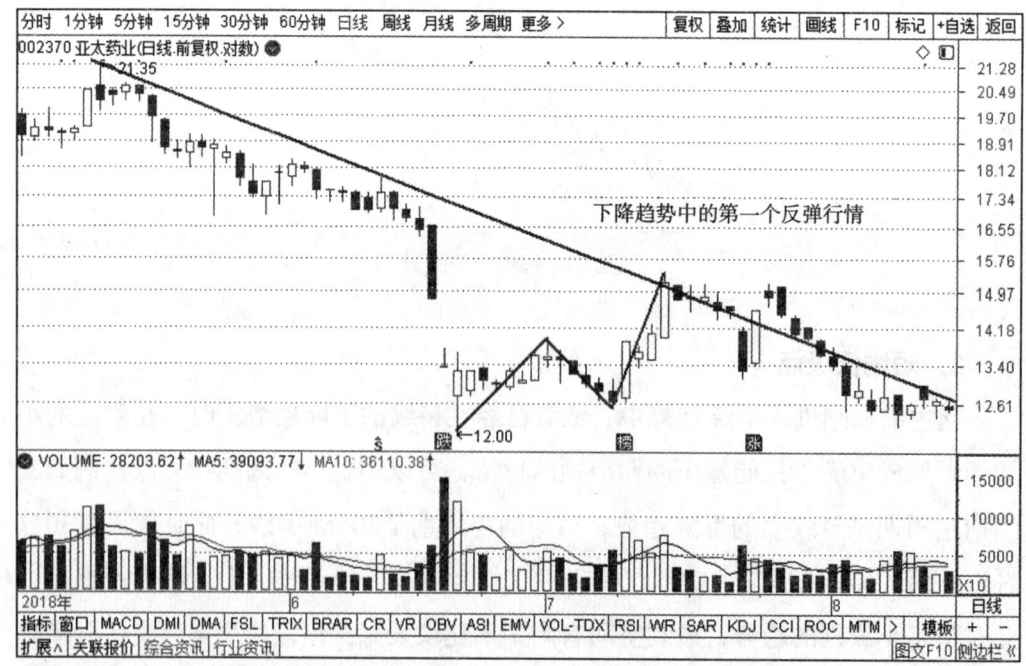

图9-2　亚太药业（002370）2018年5月至8月的日K线走势图

面临较深的回调。在30分钟K线上第一个上涨波段完整后,一旦5分钟K线的行情出现了向下的单破位就要快速离场,即图9-3中的短线高抛点1。

如图9-3所示,如果在第一个高抛点没有及时卖出,可以等待回调之后,30分钟K线上的第二个上涨波段结构完整后,就是该反弹行情最后的离场点。下跌趋势中的股票不会像大级别的上涨趋势行情的末期一样,会给我们高抛点、杀跌点、逃命点、止损点等很多次逃跑机会,而是刀锋上舔血的操作,所以一定要快进快出。做短线如果不能有效地把握好最佳出场点,就很可能被套。

图9-3 亚太药业(002370)2018年6月8日至7月23日的60分钟K线走势图

! 特别说明

主周期的下跌动能减弱后,出现的第一波反弹行情也存在很好的操作机会,而该波行情同上面介绍的短线操作机会不同的是,该波行情在小周期上会走出1-2-3-4-5波的结构。但是这波行情只能作为短线行情在小周期上进行操作,不能作为主周期的低吸点,因为见底后第一波反弹后的下跌幅度难测,通常会打到前低点附近,很容易被套。

3. 低吸点

真正可能会转变成大周期的低吸点，一定是发生在主周期出现了明确的底部形态后，而不是第一个底部运行中。虽然超跌反弹的行情很多，可是这样的行情很多是有高度没有宽度，也就是说运行的时间较短，需要我们对资金动向有足够的把握后才能捕捉到。

在主周期上的下跌波段完整，并且伴随明显的下跌动能减弱，经过了一波反弹行情后形成股价出现明显的止跌迹象，虽然股价会再次探底但是不会再创新低，此时股价才会进入真正的做底阶段，此时参与的买点可能会形成大级别趋势形成前的低吸点。这是从趋势形成的角度来确定该买点，在研判时一定不能忽略资金动向和意图。

低吸点形成的过程中会呈现以下主要特征：

1）主周期对下降趋势线已经形成单突破；

2）小周期上完成第一次反弹后向下调整的走势结构完整；

3）主周期和小周期都有底部形态；

4）主周期对下降趋势形成单突破上涨时，最好能突破原下降趋势中最后一个整理区域后回调，且再次回调的幅度越小越好；

5）该买点应先以小周期操作为主，若该买点在见底的那一波下跌幅度的一半以上形成买点，说明多头强势，否则较弱。多头强势则股价可能会直接突破底部进入上涨趋势，多头弱势仍有可能持续震荡；

6）小周期的上升结构完整，如果不能突破底部形态，一定要在小周期形成卖点时卖出，如果突破了底部形态就可以主周期加仓和持股；

7）如果参与该买点，一定要注意在小周期底部区域一半位置以下形成卖点或破坏性底部形态时要及时止损。

4. 追涨点

追涨点是主周期上升趋势确认之时，股价放量突破底部区域时的颈线位时形成的买点。这个买点伴随着上升趋势的确认，可是由于趋势确认的标准是人为进行量化的，所以一定会有失败的时候，这就要求操盘手在参与这类买点时，对当下聪明的资金是否愿意引领股价进行趋势性运行做出明确的判断。

追涨点形成的过程中会呈现以下主要特征：

1）主周期对下降趋势线形成单突破后进入做底阶段，在小周期下跌波段完整后形成低吸买点，此时股价继续上涨，但是小周期上涨波段的结构不完整；

2）小周期上涨时必须放量，最好在小周期的第一个上涨波段或第二个上涨波段时放量；

3）最好选择主周期上股价对下降趋势形成单突破，上涨时能突破下跌趋势中最后一个整理区域的个股；

4）小周期形成低吸买点后的上涨波段完整后，必须达到底部区域的上轨附近或突破上轨，然后回调不破底部区域中轨。

> 特别要求

这类买点要以主周期操作思路为主，在这类买点买入后，小周期上涨波段完整后的调整不能再回到底部区域，否则突破无效，股价需要再次整理，只要小周期波段调整后回到底部区域，就要注意找小周期卖点止损。

5. 加仓点

上升趋势形成后，主周期上升波段不完整，在上升趋势中每次小周期缩量调整的回调波段完整后，就会形成加仓点。在主周期的上升趋势中，会出现多个这种加仓点，操盘手需要牢记的是，买入的位置越高风险越大，但对于强势资金推动型的上升趋势则不适用。

关于加仓点可分为两种，一种是低吸加仓点，即上升趋势中回调缩量到位形成的买入点；一种是追涨加仓点，即缩量后再放量上涨的初期形成的买入点。

加仓点形成的过程中会呈现以下主要特征：

1）主周期上升波段不完整；

2）主周期上升趋势中的某一波，对应小周期上涨波段完整后进入调整，小周期波段调整完整后形成底部形态，在双突破之前和之后都会在小周期上形成买点；

3）最好选择主周期上股价调整不破调整前最后一个整理区域，也就是调整结束位在上一个整理区域以上的个股。

6. 高抛点

对于卖点，每位投资者都希望能够卖在相对高位，尽量实现利润的最大化。高抛点是能够实现利润最大化的重要卖点，但是实战时能够准确判断的概率并不高，一定是操盘手在对引导股价运行的资金和人气有深度理解和认知后方可把握的一个卖点。

高抛点形成的过程中会呈现以下主要特征：

1）主周期上涨波段完整；

2）小周期上涨波段完整后形成顶部结构；

3）空间已到重要压力位；

4）时间接近变盘窗口；

5）股价出现急速上涨的信号，留下常见的警示性K线。

!| 特别提示

这类卖点形成后，小波段下跌完整后都会产生反抽行情，所以这个点位没有卖出的，不要急于在杀跌过程中斩仓，可等待小周期反抽行情波段完整后再次形成卖点时再卖出。

这个点位形成后，若调整不破上升趋势线，股价仍有再创新高的可能，小波段形成买点仍可买入，若调整破主周期上升趋势线说明股价进入做头过程，只能用小周期进行操作。

7. 杀跌点

主周期的上升趋势达到高位后，如果在对上升趋势形成单破位后再上涨，出现量价不健康时，在小周期上出现的卖点就是杀跌点。杀跌点是指在第二个高点形成时因为量价不健康而形成的一个卖点，第二个高点也可能会创第一个高点的新高，但是不影响我们对顶部的确认。

杀跌点形成的过程中会呈现以下主要特征：

1）主周期上涨波段完整后，对主周期的上升趋势线形成破位；

2）主周期破位后，小周期先下跌再上涨，上涨波段完整并出现顶部结构；

3）上涨的整体成交量呈现缩量。

> **特别提示**
>
> 对于这类卖点要注意的是，小波段上涨只要结构完整必须卖出，即使创出新高也要卖出。若反弹达到下跌幅度的一半时，小波段形成卖点一定要清仓，这是最好的卖点。

8. 逃命点

股价上涨到高位，主周期上顶部形态明显但尚未破坏顶部形态，小周期再次出现的卖点就是逃命点。此时股价一定是处于大级别趋势的顶部形态中，也就是中长线主力资金的出货区，每一次小周期上反弹的高点都可能成为以后的最高点，所以一定要卖出。

逃命点形成的过程中会呈现以下主要特征：

1）主周期上涨波段完整，对主周期的上升趋势或形态形成单破位以后；

2）主周期顶背离后，头部已经明显，小周期下跌后再上涨，上涨波段完整时股价不创新高；

3）破坏小周期的顶部形态。

9. 止损点

止损点是指主周期上股价对上升趋势和形态形成双破位时的卖点。此时是确认主周期形成下降趋势的开始，市场实现了从多头到空头的根本性变化，如果前期还存有一点点对多头的侥幸，此时都是要放弃的。这是最后一个卖出的点位，你的执行力再差，当市场出现止损点的时候也一定要卖出，否则账户会出现多大的损失是无法预计的。

止损点形成的过程中会呈现以下主要特征：

1）主周期形成对上升趋势线和顶部形态颈线位的双破位；

2）只要小周期下跌波段不完整，双破位时一定要止损，如果破位时小周期的下跌波段是完整的，可以等待反弹的高点再卖出；

3）不需要放量确认；

4）也不需要时间和空间的确认。

特别提示

止损点出现后一定要清仓，若破位时小周期下跌波段不完整一般没有回抽，若破位时小周期下跌波段基本完整会有回抽，但若股价回抽不到头部形态之内仍会继续下跌，即使回抽到头部以内，不突破头部区域一半以上仍会再破位下跌。此时不要随意买入，只有主周期形成新的上升趋势时才能买入。

实战案例

如图9-4所示，海思科（002653）在2017年11月至2018年2月的下跌过程中走出了明显的下跌趋势，2月中旬出现了明显的止跌做底的迹象。海思科这波行情比较强势，与它上涨初期出现的大阳线密不可分。关于K线形态以及黄金大阳线的知识可以参考"江氏操盘实战金典"之《买在起涨》和《涨停聚金》。

在整个下跌趋势中，海思科的跌幅达到48.32%，且两个月的下跌过程没有

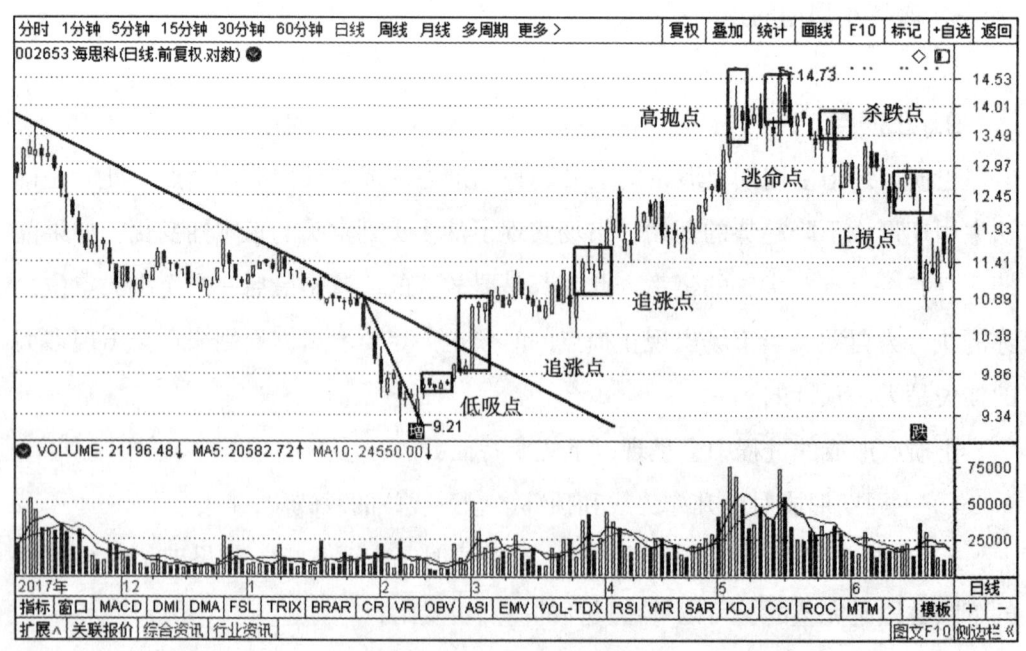

图9-4　海思科（002653）2017年11月至2018年6月的日K线走势图

一次像样的反弹,导致股价处于严重超跌状态,这些都为后期强势反弹埋下了伏笔。在最低点时,一根中阳线突破小级别的下降趋势,形成了一波反弹,在反弹上升时构建了一个15分钟级别的小平台,平台回调到位的位置也是第一个低吸点,对应后期最少会出现一个15分钟级别或者30分钟级别的上涨行情机会。

突破小平台后,又以一根接近涨停板的大阳线强势突破了长期下降趋势线,随后开始构筑一新的小平台,大阳线的二分之一作为防守位,起到了重要的支撑作用,在30分钟K线上明显走出了底部不断抬高的趋势。30分钟K线上的上涨趋势已经形成,没突破前期重要支撑位后的回踩都是追涨的好时机,尤其是在突破最后一根下降趋势线的时候,同时也突破了前期的整理平台,突破的大阳线量能健康,是捕捉后期强势行情的最好追涨点。

当上涨动能开始减弱,30分钟K线上的上涨波段已经完整,时间、空间都已经达到了反弹行情的要求,又到了前期高点,留下了一根长上影线后基本是该波反弹行情的高点,也是我们最好的离场点——高抛点。

在前高点的位置,股价上涨动能明显减弱,调整后再次上涨无力,已经确认反弹行情结束,此时是我们快速离场的逃命点。在顶部末期,股价再次出现了快速拉高上涨的诱多迹象,但是量能和分时盘口的波形已经给出了明显的上涨不健康的信号,那么此时的上涨无疑是主力最后的拉高出货,随后将是快速杀跌。

杀跌点出现后双头形态已经走完,一旦股价向下跌破头部颈线位,就可以确认趋势反转,而此时跌破头部的颈线位是我们最后的止损点。

第三节　趋势持仓原则

顺势而为,乘势而起。市场走势不外乎三种情况,上涨趋势、下跌趋势以及盘整趋势。盘整趋势是积蓄力量的过程,而上涨与下跌是趋势延续阶段。在上涨过程中,我们能做的以及唯一需要做的便是耐心持股,等待上涨力度的减弱,等待卖点的到来;在下跌过程中,需要做的便是保存现金,耐心等待下跌力度减弱,等待买点的来临。

1. 买入点最小回撤原则

每位投资者都遇到过买到牛股却持不住仓的问题。解决这个问题的第一个要点就是买点，只有选到一个进场后不会大幅套牢的买点才是在后期上涨中能够坚定持仓的基础。通常情况下，我们买进去后股价就反方向运行，给我们账面上造成10%以上的浮亏，然后股价开始弱势横盘，直到我们被磨得没脾气。

终于有一天股价开始弱势攀升，用了九牛二虎之力爬回到我们的成本区，终于解套了，还是先出来吧，可以选更好的标的，这只股票太弱了。可是离场后这只股票就开启了强势的主升段。坚定持股的第一大障碍就是进场初期不能出现大幅套牢，这会改变我们的心态，会让我们本来看多的心态变得小心谨慎，就是这种谨慎会让我们错失更大的机会。

所以本书一再强调，最好的买点是有支撑位的位置，这里可以让我们进可攻退可守，而且通常面临的止损位空间不会太大。这样的位置进场后，要么构成趋势的转势要先离场，要么就已经产生利润了，是使我们免于陷入账户持续浮亏泥潭的重要方法。

东方通信（600776）是2019年通信设备板块和开年行情的总龙头，也是为A股在2018年的低迷走势宣告结束，虽然市场中此时向东方通信一样走势的标的并

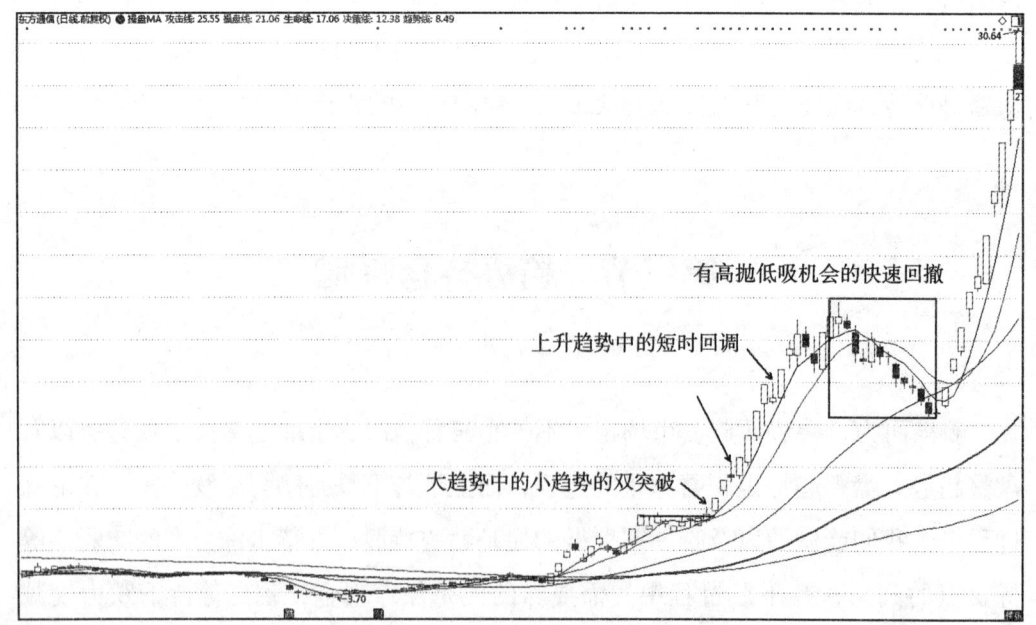

图9-5 东方通信（600776）2018年8月17日至2019年2月22日的日K线走势图

不多，可是一旦大牛市来临，类似该股的强势走势会琳琅满目。如果在对东方通信有持续看多的预期后，如果在图9-5中强势回调波段的高点买入，就要承受26%的浮亏，因为这是一个没有合适支撑作为风控的买入点，就会导致股价出现大幅的回撤。

2. 趋势中接受小级别的调整

一旦所操作的主周期的底部确认后，只要没有走完两个上涨波段和一个反向的调整波段，且后一个上涨波段动能没有出现明显的减弱迹象，就坚决持股，中途的调整也应全程参与。江氏操盘体系一再向大家强调，在上升趋势中不要刻意追求高抛低吸，因为结果基本上都是成本越做越高。趋势一旦形成就有着强大的牵引力，反方向的运动是不可控的，所以在趋势中去判断逆向趋势中可以操作的点位是可笑的。

尤其是在牛市环境中的强势股，股价调整的时间会变短，会把我们应该关注的小周期再次缩小周期，所以就会出现在我们关注的周期上还没有出现反向趋势结束的信号时，股价又强势地按照原来的方向运行了。

见图9-5，东方通信在上升趋势中的一次小级别双突破后进入强势上涨阶段，虽然没有一字板，但是股价以"涨不停"的方式走出了特立独行的走势。其间多以单日调整或者日内调整为主，如果在强势上升阶段卖出股票的话，很难再以相对低的成本买回了。面对后期的上涨要么望而兴叹，要么再次追进增加成本。

学员互动

2019年1月25日，上海的秦先生拨打股市120的电话进行咨询：

秦先生：

老师您好，全柴动力的这波行情非常强势，我的进场点比较好，但是没有一直持仓，1月16日当天低开后反弹没有到红盘区就卖了，可是后面的涨幅还是比较可观的，想让老师分析这种强势股的操作逻辑。

股市120：

秦先生的情况不是个例，是每位操盘手操作前期都会出现的一种错误行为。

首先我们从2019年1月4日开始的视频上就改变了2018年的看空思维，转变为看多，随着大盘底部的确认，在操作上一定以更为坚定的多头为主。多头思维中最为重要的一点是，追求盈利为第一位、风险放在第二位，尤其是强势股。

首先必须要向大家强调的是，无论是上涨还是下跌，股价都不是一蹴而就的，在上涨中必然会有下跌，在下跌中必然会有反弹。所以在趋势中对股价短时的反向运动的处理，是决定我们操作结果至关重要的因素。全柴动力在突破底部前高点的位置出现两个涨停板，已经确认了上升趋势，但同时股价从该波段的起点开始也有了超过30%的涨幅，所以此时股价出现回落是正常的。

其实随着我们账户盈利的提升，我们自己能接受的回撤也在提升，当账户盈利达到60%时出现5%甚至10%的回调都是可以接受的，但是在进场点的位置直接出现回撤10%就很恐怖了。操作一只股票的时候，最容易让账面盈利达到60%的方法就是在获得30%的实际盈利后减仓，所以仓位管理一直都是操盘手必修的一门课。

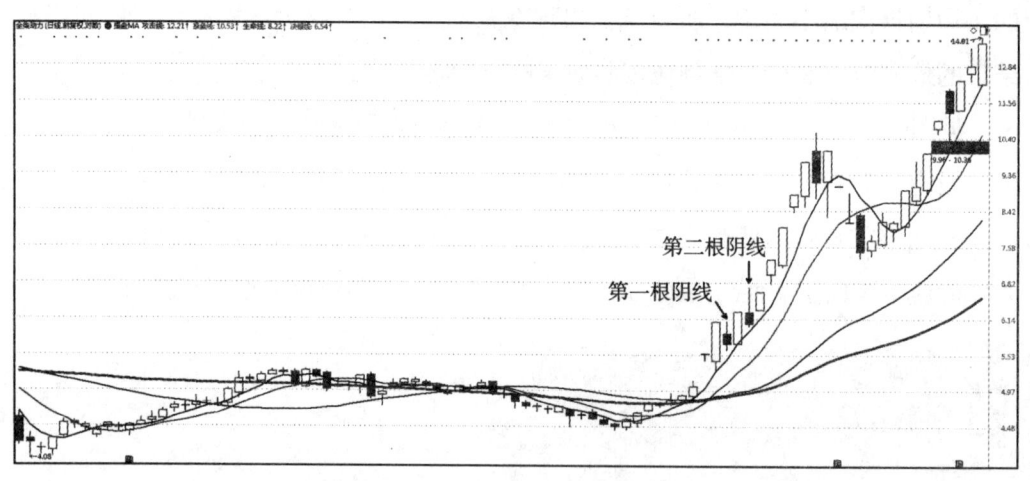

图9-6　全柴动力（600218）2018年10月16日至2019年2月25日的日K线走势图

请大家牢记全柴动力的图谱，在强势股的上升趋势中请接收适当的洗盘或者调整。图中第一根阴线完全在前一根大阳线的实体之内，而且并没有跌破5日均线，属于标准的单日洗盘强势股。再看第二根阴线，当天出现的长上影线可能会吓走很多筹码，操盘手需要修炼的心态是不随着股价的涨跌而起伏，趋势没有被破坏就坚定持仓。

思考题

1. 下单点中哪些是短线操作机会？哪些是中长线操作机会？它们之间是如何转化的？

2. 用主周期和小周期操作的持仓原则有什么差别？

3. 7种必须离场的出场点是什么？如果此时不出场的后果是什么？

4. 逆势操作和顺势操作的风险、收益情况如何？有什么规律？

5. 你的操作模式是顺势还是逆势？哪种更能带来稳定的收益？

6. 有多少种下单点位？每种下单点位对应的要素是什么？

第十章

交易的智慧：计划与总结

市场没有新鲜事，投机就像山川河流一样古老。投资不是心血来潮就能够在正确的时间点买入或者是卖出的，这都需要时间的积累，需要汗水的浇灌。没有人能够随随便便成功，成功的背后都是付出了常人难以想象的努力。

股市就如人生，失败的理由千奇百怪，但是成功的路径就那么几个。如果要想成为一名成功的交易者，就必须有一套属于自己的交易计划，以及一套实用的交易总结。每个人都会犯错，尤其是一些初入市场的投资者。但失败不可怕，可怕的是失败了不吸取教训，反而是一而再，再而三地犯错，这才是最难以容忍的。

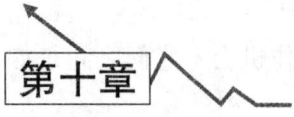
投资箴言

> **计划你的交易，交易你的计划**
>
> 从小学三年级开始，老师会要求我们记日记，回过头来看这是一个非常好的习惯，这让我们对全天发生的事情做了总结，让我们活得不那么粗糙。交易也是如此，想获取超额收益的人一定不能是一个粗心的人，要对市场给予我们的信号足够敏感才会找准节奏，而这种敏感就来自盘面经验的日积月累。

第一节　交易常思五问题

孙子曰："夫未战而庙算胜者，得算多也，未战而庙算不胜者，得算少也。多算胜，少算不胜，而况于无算乎！"市场如战场，对于市场的机会与风险，务必做到了如指掌。在股市中，我们所走的每一步都如履薄冰，稍有不慎，满盘皆输。未雨绸缪，让投资者自己能够在机会来临之时紧紧抓住，也能在危机崭露头角时及时远离。

1. 研判行情机会

大行情赚大钱，小行情赚小钱。在操作之前，先对市场做出定性的研判，当前会产生什么样的行情，是上涨不足一个月的反弹行情，还是持续上涨几个月的大牛市，不同行情下的操作策略是截然不同的。

很多投资者买进的时候对行情机会没有一点概念，别人说这只票好就买了，一下子涨了20%就受不了了，怕利润回吐赶快清仓走人，结果这才是大牛股的启动初期，后期还有更漂亮的行情。有的时候说做个短线，结果第二天直接低开，亏损5%后要等反弹再出，结果第三天再次低开亏损了10%。此时坚决不能卖，因为我一卖就会有反弹，之前吃过很多次这样的亏了，再等！第四天果然功夫不负有心人，高开2%，等向上再冲一冲就走，结果没有向上冲而是直接拐头向下，亏损到了13%。不能止损了，坚决持仓等待解套。

这是典型的没有计划的胡乱交易，本书从分析行情入手到如何制订交易计划，都逐一进行介绍，以帮助投资者建立一套比较完善的投资体系。

📈 **实战案例**

如图10-1所示，*ST天业（600807）在2017年7月至8月走出了日线上的一个五浪上涨波段，然后进行了ABC三浪调整，调整非常强势，C浪低点不再创新低,之后在小周期上确认小双底,低点也不再降低,此时在小周期上低吸进场。可以说这是捕捉主升行情的最好的进场点,然而在第三天的涨停板打开以及第四天的长上影线出现,已经有了15%左右的利润空间时,散户就开始担心要洗盘或者回调,所以要落袋为赢,等价格下来之后再低吸,做个小的滚动操盘。

结果股价第二天直接高开高走,不再给散户上车的机会,又一次彻底死在黎明之前,后期涨幅达到66%。高抛低吸在理论上是没有错的,但是对技术的要求非常高,因为这还是一种短线思维。在股价开始主升浪的时候一定不能再去想高抛低吸,因为此时股价上涨的速度是最快的,下车容易,再想上车就很难了。

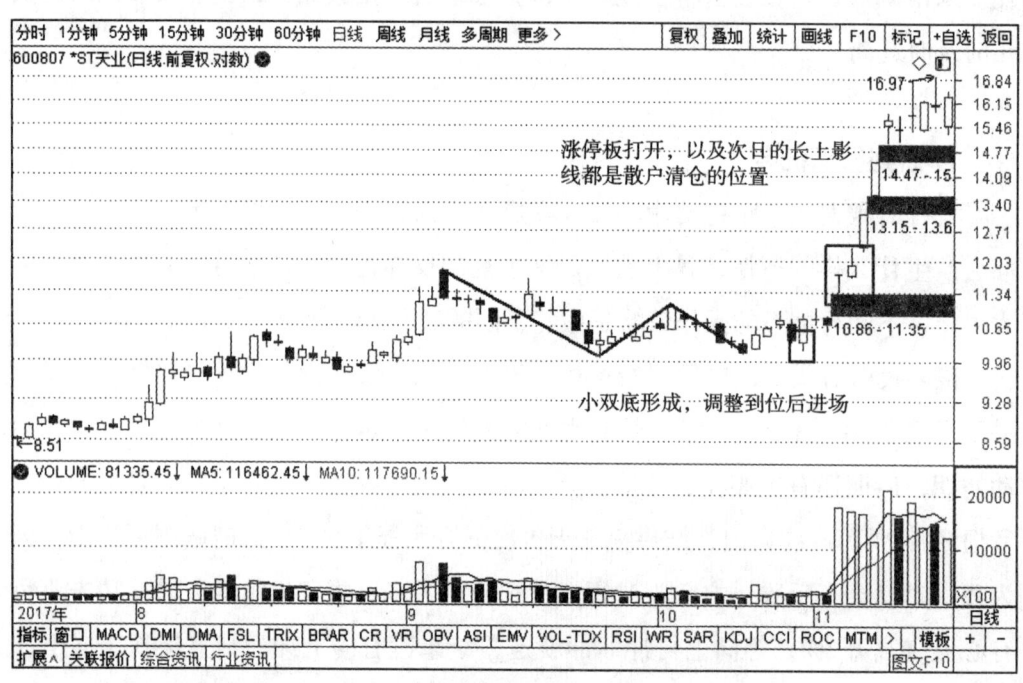

图10-1 *ST天业(600807)2017年8月至11月的日K线走势图

2. 条件是否满足

不同行情机会的产生,对前期的历史走势都有不同的要求,只有在每个行情产生的要求确认后才可能产生对应的行情机会。要根据不同行情机会产生的条件进行分析,当时的走势、形态能支持市场走出什么样的行情,比如横盘时间、下跌结构是否完整、量能的变化规律、是否有主力资金进场等。

实战案例

如图10-2所示,爱尔眼科(300015)在2015年7月至2017年9月走出了长达一年多的底部横盘整理,股市中有句谚语"横有多长,竖有多高",意思很简单,横向运行的时间越长,启动行情的级别就越大,上涨的空间也就越大。后文中会详细介绍启动周线级别行情和启动日线级别行情需要的横盘时间,以及对横盘期间形态的要求。

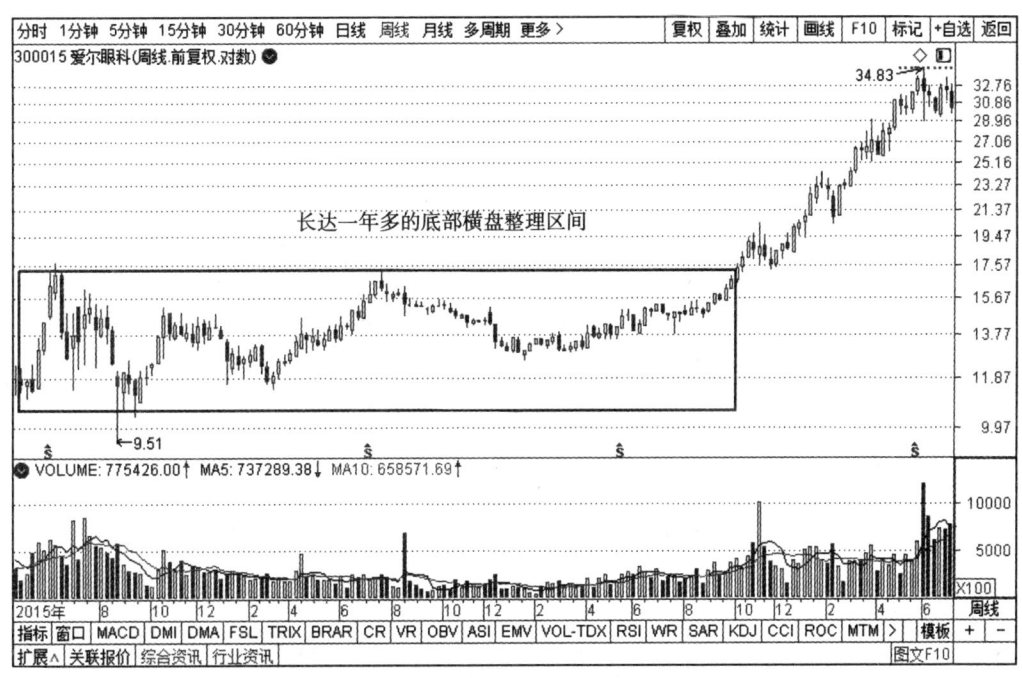

图10-2 爱尔眼科(300015)2015年7月至2018年6月的周K线走势图

值得注意的是,如图10-3所示,爱尔眼科在这波横盘之前并不是经过了一个结构完整的下跌波段,而是一个结构完整的上涨波段,也就是说该波段的上涨不是日线上的行情,而是周线上的行情,是日线上的第二个上涨波段。通常情况下,启动日线行情之前在底部的横盘时间为3~6个月,启动周线行情之前在底部的横盘时间为8个月以上,但是对于周线上的行情,完成第一个上涨波段后的横盘行情所用的时间,是要根据前一个上涨波段上涨的时间和空间综合分析的。

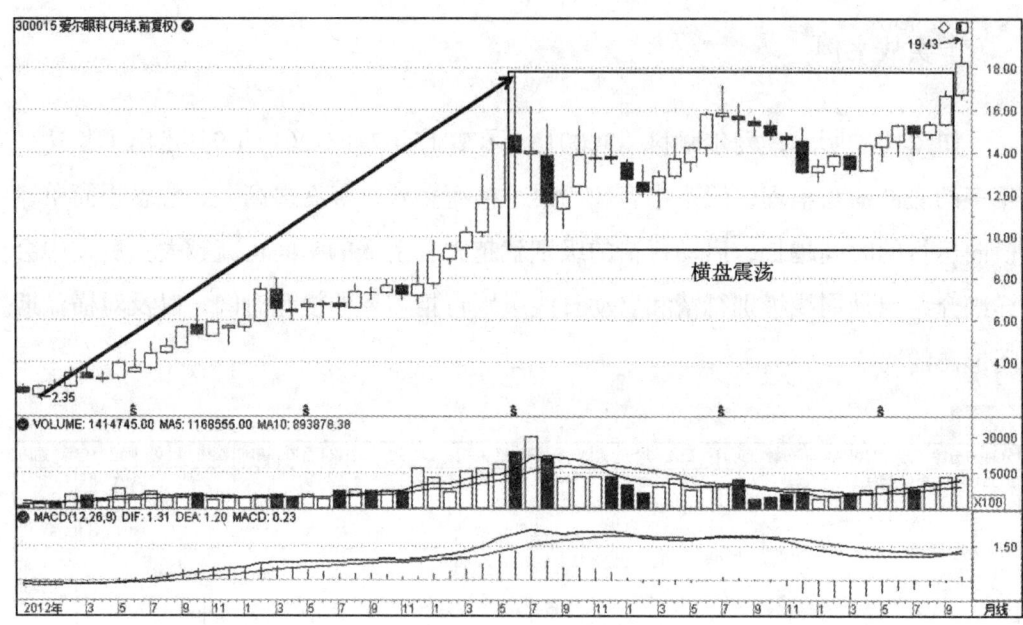

图10-3 爱尔眼科（300015）2012年11月30日至2017年10月31日的月K线走势图

借助本案例将多周期看盘和行情级别的转化简单提及，目的是让读者对它们有个初步的概念，在后文详细介绍的时候不会太陌生。

3. 明确位置状态

在确定会产生什么样的行情之后，要用"放大镜"看更小周期的结构，判断当前走势的状态和位置是否具有操作机会。本套体系采取的是三周期看盘的方式，三个周期分别针对大周期、主周期、小周期，每个周期都有特定的作用。如果前期具备了启动反弹行情的机会，而当前波段的上涨已经运行20个交易日，在小周期上已经走出了明显的五波上涨，就不具有操作机会了。

📈 实战案例

如图10-4所示，鼎汉技术（300011）从2017年11月开始下跌以来一直处于下降趋势，在经历了两波惨不忍睹的杀跌之后，走出了一个小双底形态的阶段性底部，下跌动能有明显减弱，具备了后期走出一波反弹行情的机会。先看图10-6中的第一个位置，在30分钟K线的走势上会清楚地看到这是第三浪启动的初期，选

第十章 交易的智慧：计划与总结

图10-4　鼎汉技术（300011）2017年11月至2018年11月的周K线走势图

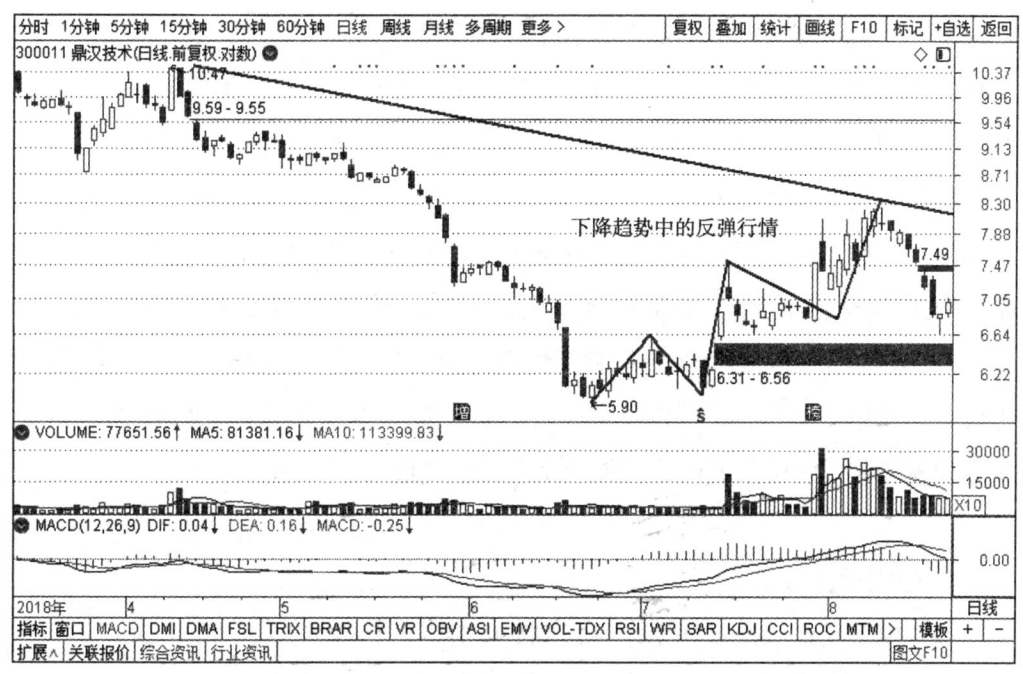

图10-5　鼎汉技术（300011）2018年3月至8月的日K线走势图

211

图10-6 鼎汉技术（300011）2018年6月19日至8月15日的60分钟K线走势图

择跳空缺口的方式向上攻击，是操作反弹行情非常好的进场点。第二个位置是第三浪走完之后调整第四浪的低点，对于看盘经验较弱的投资者来说，很可能把这个位置当作第四浪的低点，后期即将走第五浪。在波浪理论法则中，有一条规定是2浪和4浪的交替原则，2浪简单4浪就会复杂，鼎汉技术这波行情的2浪非常简单，所以会面临一个较为复杂的第四浪，第二个位置还不会构成第五浪的起点。

第二个位置可以买入吗？上文分析了这是更小级别的反弹的起点，后期最多走出5分钟K线上的行情，要不要操作完全依赖于操作者的技术水平。对于第三个位置，无疑是第五浪的开始，反弹行情通常只看3个波段，因为该波段第三浪的上涨远远比第一浪强势，所以一定会走出第五浪。可是波段即将见顶，如果在第三个位置操作反弹的第五浪，只能用小仓位快进快出。

4. 甄别操作模型

操作模型是江氏操盘体系一直强调的内容，同样的体系不同的人进行学习，一定会有不同的领悟和感受，形成的交易模型也一定不一样。每个人的性格、阅历不同，选择和偏爱的操作机会也会不一样，所以一定要确定当前的行情是否具备自己交易模型的要素，要切记在这个市场中不是所有的机会都是我们的，只有懂得放弃才能够获得更多，只赚我们能看懂的、属于我们的行情机会。

实战案例

如图10-7所示，中捷资源（002021）经过了前期一字板连续上涨后快速杀跌，下跌过程没有动能减弱的痕迹，2015年7月7日的跌停板之后停牌，也加入了千股停牌的队伍，2015年8月12日复牌之后，股价连续上涨一字板。此时的行情不能用波段之间的关系进行分析，需要结合基本面的消息、主力运作股价的操作模式综合研判。

在涨停一字板出现之前，你能看懂后期走势吗？如果不能就不要操作，去做能够看懂的股票就好了。

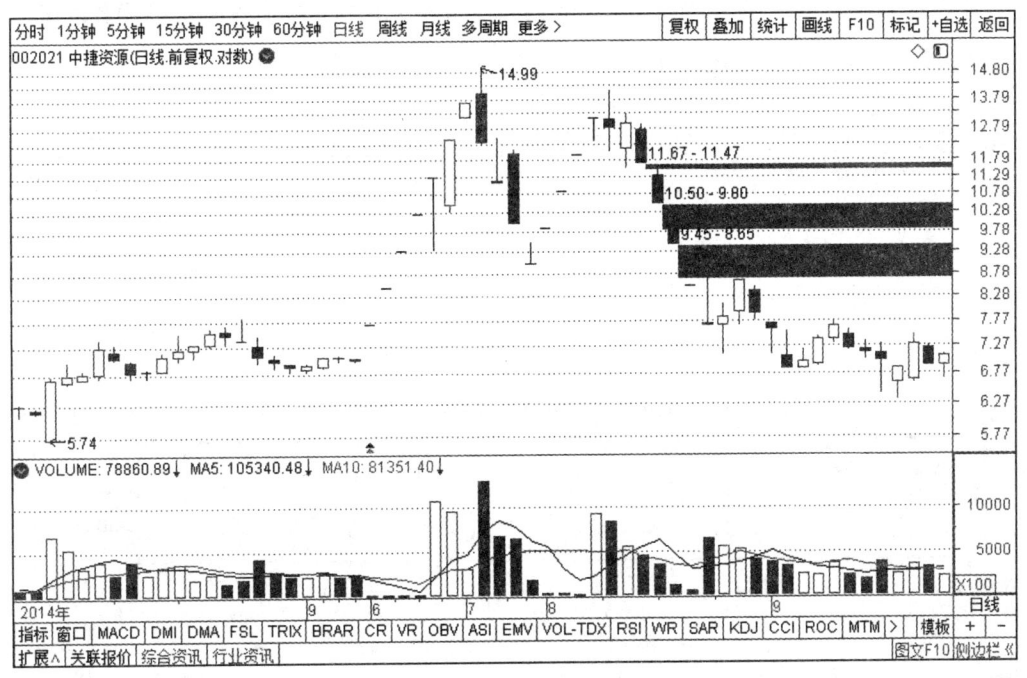

图10-7　中捷资源（002021）2014年6月至2015年9月的日K线走势图

5. 自我把控能力

前面的4个问题都是解决市场的问题，最后一个问题是最关键的，要解决自己本身的问题，简单来讲就是执行力的问题。有很多学员与我分享，前面几个问题都解决之后，到第五个问题就被卡住了，很难有所突破。就像第一章中提到的，股票操作分为三个层次，能够做到第五点的一定是能够克服自己的心魔，面对贪婪和恐惧还能够坚持自己本应该坚持的。如果当前是中长期的行情机会，进场后的持仓时间是3个月左右，目标盈利在70%以上，在没有达到预期之前，出现正常的洗盘行情依然持仓，坚持自己最初的交易计划。如果是短线机会，买入后出现亏损，股价没有按照预期的形态运行，此时一定要快速砍仓离场。

实战案例

如图10-8所示，创业环保（600874）在周线上经历了长达近两年的调整时间，2017年4月周线级别的上涨行情正式启动，会有至少100%以上的利润空间，后期的上涨行情是在8周内完成的，涨幅210%。当初看到创业环保行情启动的投资者一定大有人在，但是敢买入者就会打一个折扣了，买入后能够持有8周赚足这个波段利润的更没有几人了！

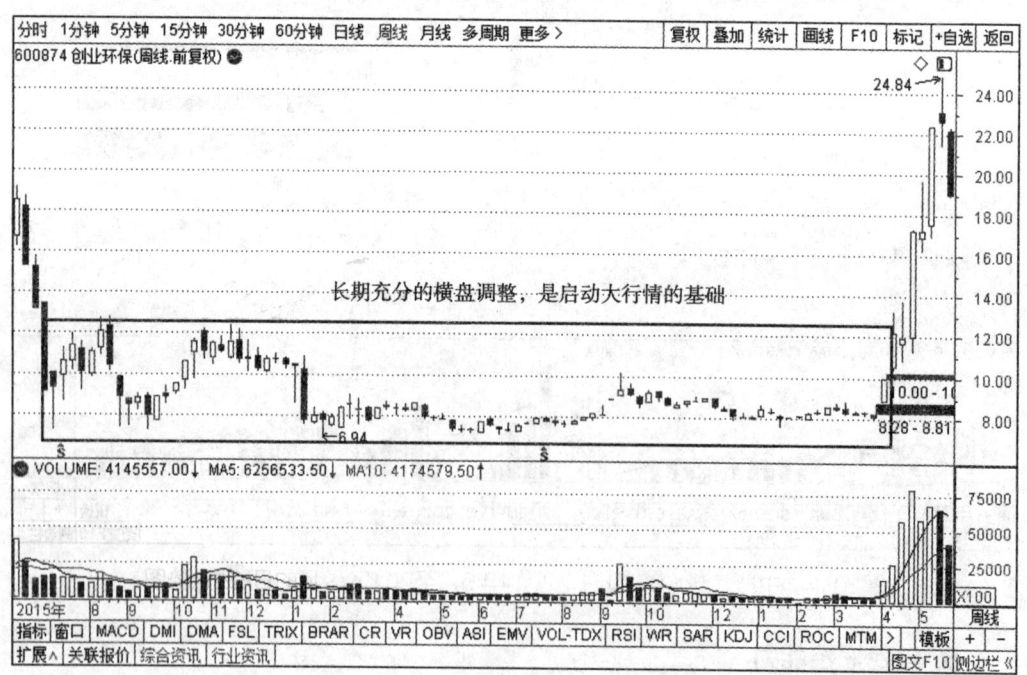

图10-8　创业环保（600874）2015年8月至2017年5月的周K线走势图

> **特别提示**

以上的5个问题都是需要在操作之前解决的，不能等行情走出来之后再看，随着行情的变化可以做出修正。在所有问题都解决之后再进场的会更有信心持有仓位，不会因为毛刺运动而出场。前4个问题是外因，由市场决定的，而最后1个是由自己的内心、人性决定的。

第二节　没有计划不要开始

从市场中学习技术，在战斗中学习战斗。我们在进行投资交易之前应写下自己的交易计划，设定目标，避免错失应得的利润。市场是变化莫测的，所以在交易之前一定要制订好能够应对市场的计划，而不是当市场走出某种走势的时候变得束手无策，该离场时死扛、该加仓时跑路，那很难在市场中有所斩获。

一名优秀的投资者，不会漫无目的地进行交易。他们会根据每个阶段及时间的性质，进行周密的计划，然后在股价的变化中做到游刃有余地交易。优秀的投资者在交易之前都会有属于自己的交易计划，以此来帮助自己辨识交易机会，同时防止自己被市场错误地诱导。

交易股票绝对是一件比谈恋爱简单很多的事情。这是我经常对学员讲的一句话，因为做股票真的很简单，没有我们想象的那么复杂，当你能够充分地认识市场、信任市场的时候，市场一定会给你充分的信息告诉你后期它要如何运行，如果你没有接收到这个信息或者发现接收的信息是错误的，只有一个原因，就是我们自身的接收系统出现了问题。

当技术分析的知识储备足够的时候，需要有个将所有学到的知识进行融会贯通的过程，或者说是我们自己进行的一个"悟"的过程，因为你看的书再多、听的课程再多，没有充分地吸收和消化，只是处于"懂了"的阶段，此时知识还是属于书的作者的、属于上课的老师的，并不是我们自己的。那么如何才能成为我们的呢？一定是在懂了的基础之上，不断地进行实战交易，并且不断地总结和完善，将所学到的术的层面的知识和我们自己原来的思维方式及信念系统进行完美对接后才会成为自己的知识，我们称这个过程为"开悟"。

一旦我们可以接收到市场给予我们的信息的时候，那种感觉是微妙的，就像情人之间的默契一样，已经走进了彼此的心里，产生了心理层面上的共鸣，一个眼神、一个手势就知道彼此内心的所思所想。当市场出现某个动作的时候，你会知道市场的意思是什么，或者能够很确定地在时间、空间上给后期走势做出明确的几种可能性的预期，而这时就是在计划我们的交易。我刻意回避使用"预测"这个词，因为对于证券市场来说预测本身就是错误的，市场的运行不会响应我们的预期。但是做计划是必须的！随着技术的增进，对于前期的某一段趋势，我们能够充分解读市场给予的信号，但是除了市场本身没有任何一个人能够绝对地把握住市场的走势，我们要达到的就是能够将原来多种的不确定性变为确定性。

每日交易计划模板

年　月　日交易计划　　　股票名称：　　　　股票代码：

	趋势/位置/形态	基本面
大盘指数	□一级行情　□二级行情 □三级行情　□四级行情	□一级利好　□二级利好 □三级利好　□四级利好
行业指数	□一级行情　□二级行情 □三级行情　□四级行情	□一级利好　□二级利好 □三级利好　□四级利好
总体环境	□9分以上　□7~9分　□6~7分　□4~6分　□4分以下	

对所要操作的个股对应的大盘指数和行业指数进行分析，进而研判它们当下具有哪种操盘机会，一级行情机会对应的是中长期趋势行情，所得的分数为4分；二级行情对应的是中级趋势行情，所得的分数为3分；三级行情对应的是反弹行情机会，所得的分数为2分；四级行情机会对应的是反抽行情机会，所得的分数为1分。在基本面上，一级利好是指国家级利好，有国家级的政策扶持，对国家中长期经济发展有重大利好，能够提高国家在世界上话语权的政策、改革等，所得的分数为4分；二级利好是指国务院级别的利好，有利于国计民生，对经济发展有快速带动作用的政策、改革等，所得的分数为3分；三级利好是指地

方级的利好，有地方政府扶持的重大利好消息，所得的分数为2分；四级利好只是行业周期的轮动等造成的阶段性利好消息，持续时间不会太长，所得的分数为1分。对大盘指数和行业指数打分完毕之后，将每项分数加总后除以16再乘以10，所得的分数就是总体评价的得分。

如果得分在9分以上，说明大环境状态非常好，投资个股的时机合适；分数在7~9分之间，说明大环境良好，投资个股的机会较合适；分数在6~7分之间，说明大环境一般，投资个股需要谨慎操作，且中长期投资机会不明显；分数在4~6分之间，说明大环境最多维持盘整行情，没有启动大行情的基础，谨慎操作个股；分数小于4，说明大环境平淡无奇，有可能出现一个小的利空就会引起空头的快速抛售，以观望为主。

特别提示：行业指数的重要性！

很多投资者根本不看行业指数，有的甚至连大盘指数都不看，而且还有冠冕堂皇的理由：我炒的是个股，不是指数！在江氏操盘体系中，大盘指数和行业指数有着决定性的作用，大盘指数好比是父亲，行业指数好比是母亲，在父母双方非常优秀的前提下才能够保证子女的优秀。有人会说大盘再差都有股票涨停，但是投资一定是要博取大概率事件，而不是怀着侥幸心理去做小概率事件。

大盘指数和行业指数是滋养牛股的沃土，只有土地肥沃时才能保证牛股健康快速地上涨。在股市中，指数涨不一定所有股票都涨，但是指数跌的时候一定大部分个股都跌，因为真正能够控制股价运行方向的主力们比我们更懂得一个道理：绝不能逆势而为！大盘涨的时候个股跌一跌没关系的，可能是洗盘，要想修复非常容易，因为市场还没有恐慌，但是在大盘快速杀跌的时候绝不能轻易接盘，一旦市场恐慌情绪爆发，跌下来的深度是无法预知的，修复起来则更加困难。

上面的表格只是一个给大家参考的模板，在实战过程中可以根据自己的投资风格进行调整，主要目标是为了能够更有效地分析大盘和指数的环境，为操作个股创造一个健康、稳健的大环境。

第三节　没有总结不要结束

当一笔交易结束之后，记录下自己的交易过程，定期地回顾自己的交易历程，分析自己的投资策略，总结自己不断犯的错误，避免以后再度犯错。不管生活、商业，还是投资市场中，复盘总结都是一种习惯与能力，复盘能够在事后对整个进程有一个整体性的梳理。一段时间之后，我们自身的交易技巧必定有显著的提升。

我们从刚开始接触这个市场，自己所学的技术还不能得心应手，还处在只能看懂图形表面意思的阶段，也是最痛苦的阶段，觉得自己学了好多东西，懂了好多东西，但还是不懂市场，觉得没有得到市场的眷顾，所以一部分人停止不前了。随着技术的精进，逐渐地爱上了这个市场，能够感受到与市场对话的喜悦，但是会遇到新的问题，赚不到钱！虽然技术上已经到了新的层次，但由于自己没有通过这套技术带来财富上的积累，所以还没有建立起充分的自信，就像一名医生能够找准穴位了，而且知道有很多穴位可以对某疾病有效，但是还不确定哪个穴位是最有效的。随着交易经验的增加，用自己的实战经验逐渐验证了自己的推断，当市场走出某种趋势的时候能够更果断地判断出后市的走势，并且能够做到坚决执行自己的交易计划，此时离成为这个市场的胜者已经不远了。

在股票投资这条道路上，说不公平也不公平，说公平也公平。说不公平是因为很少的投资者能够找到一位导师在这条道路上给自己指引方向，说公平是因为能够怀着一颗谦卑的心去学习的人少之又少，在这个市场上能够坚持到最后且拥有一片天地的英雄屈指可数。

作者的这套技术教给了无数有缘人，然而懂了前面的知识却不去实战、修炼，就只能停留在初级阶段。只有通过不断地去分析和领悟，才会有所成长和进步，下面的3个表格是我们在培训职业操盘手时也会用到的，目的是让大家能够养成良好的投资习惯。

每日交易总结模板

年　月　日交易总结　　　股票名称：　　　　　股票代码：

总体环境	□9分以上　□7~9分　□6~7分　□4~6分　□4分以下				
行情机会	□一级行情　□二级行情 □三级行情　□四级行情	下单周期	□60分钟　□15分钟 □5分钟		
建仓形态	□黏打磨　□空中加油　□拉高建仓　□拉高打压建仓 □茶杯口　□圆弧底　□其他				
主力操盘阶段	□建仓　□打压观察　□冰冻期　□预热　□试盘 □拉升　□洗盘　□出货				
买入理由		波浪	均线	量能	K线	MACD
	大周期					
	主周期					
	小周期					
止损条件	□固定止损_____　□移动止损条件　1. 　2. 　3.				
止盈条件	□固定止盈_____　□移动止盈条件　1. 　2. 　3.				

在交易之前就需要将该表格填好，只有将该表格中所有的要素都考虑清楚了，才能够保证后期交易的稳定性，不被市场的扰动影响操作计划。通常操盘都不建议一个人操作，而是有一个分工明确的团队，团队中每个人各司其职。股票进场之后，将该表格制定完毕就交风控员进行执行，只要走势满足了某个条件就会出场，否则一定是坚定地持仓，博取波段上更大的利润。

总体环境：是由上个表格继承来的，直接影响操作个股的计划；

行情机会：本书上文中已经详细讲解了如何区分不同的行情机会；

下单周期：对应的行情机会会有特定的下单周期，但是在实战中，为了使操作的点位更加精准，经常会把操作周期继续缩小，所以要明确下单周期；

建仓形态：在"江氏操盘实战金典"的《买在起涨》中会详细介绍不同的建

仓形态，每种建仓形态的后市走势有所不同，采用的操作策略也会不一样；

买入理由：通过大周期、主周期和小周期之间的关系，明确当前股价所在的位置和利润空间以及下单点；

止损条件：为了顺应市场走势，会有多种止损策略，需要将各种止损策略一一列举出来，一旦出现某种情况后坚决执行；

止盈条件：为了顺应市场走势，会有多种止盈策略，需要将各种止盈策略一一列举出来，一旦出现某种情况后坚决执行。

学员互动

2018年11月20日，上海的王先生拨打股市120的电话进行咨询：

王先生：

非常感谢老师在今年年初的清仓提示，我在2月27日将中兴通讯全部卖出了，因为这是我一直关注的股票，所以在下跌的过程也经常看一下它的走势。现在好像已经走出了底部，是不是可以进去了？

股市120：

首先一定要把满满的赞送给王先生，因为危险的提示信息给所有的学员都发了，在视频节目中也一再强调"狼来了"，可是能够把我的话听进去的人还是为数不多，大部分的投资者还处于对大盘上升的幻想之中。

中兴通讯在2018年的4月，卷入了中美贸易战中，成为美国最先对中国制裁的企业，这也导致在中兴通讯复牌之后出现了瀑布式的下跌，从最高点跌落下来的跌幅有71%，从哪里来的跌回哪里去了。但实际上，中兴通讯这只票的风险已经早就出现了，而不应该等到出现了美国制裁中兴的事件之后才后知后觉，在市场中唯有读懂点、线、面的关系，才能够实现稳定的盈利。

如图10-9所示，在周线上来看，从2016年的6月起涨开始的上升趋势，已经形成了周线级别的完整的五浪上涨结构，那么在主周期上涨波段结构完整之后，就一定要注意了，如果在这个时候小周期形成了共振头部，那么小周期的顶部就是第一高抛点。此时的风险系数也在不断提升，在顶部区域形成时，小周期的转势将有可能引领大周期一起形成趋势的反转。

第十章 交易的智慧：计划与总结

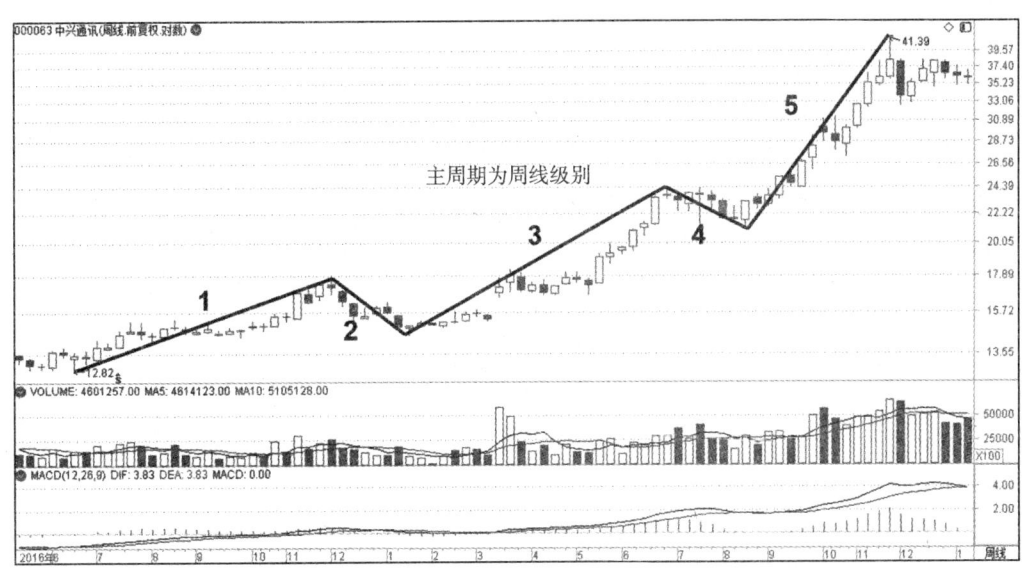

图10-9　中兴通讯（000063）2016年5月至2018年1月的周K线走势图

在周线的第五浪位置，我们再放到日线级别来看，也同样有在日线上的五浪上涨结构。如图10-10所示，在日线的五浪上涨结构完整之后，在顶部开始了做头的形态，形成了收敛三角形的形态，一般在顶底区间形成的三角形形态都是转势的信号，所以在三角形内部每一次股价上升到上轨附近都是逃命点。在2018年1月底，股价以一根向下跳空的小阴线跌破收敛三角形形态，第二天以一根向下

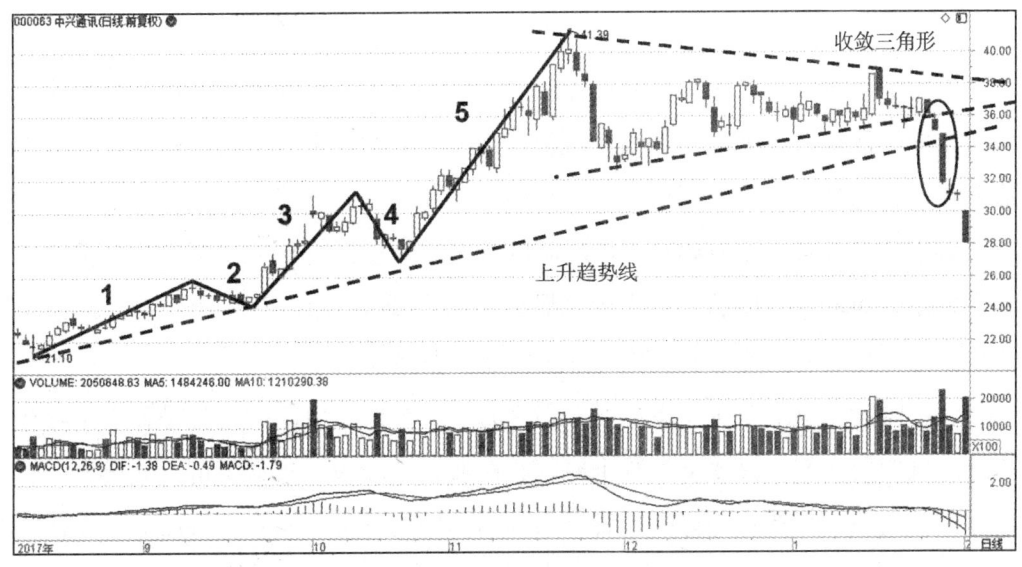

图10-10　中兴通讯（000063）2017年8月至2018年2月的日K线走势图

跳空的大阴线跌破上升趋势线。这时形态和趋势线都被跌破了，走势已经清清楚楚地宣告扭转。

最后我们在日线的第五浪的位置用60分钟K线来看，如图10-11所示，60分钟K线上波段完整，在顶部位置形成了单破位，点、线、面形成了共振的顶部，此时单破位就是危险信号，也是我们最早获悉的信号。这里是最佳的卖出点位，高抛点。

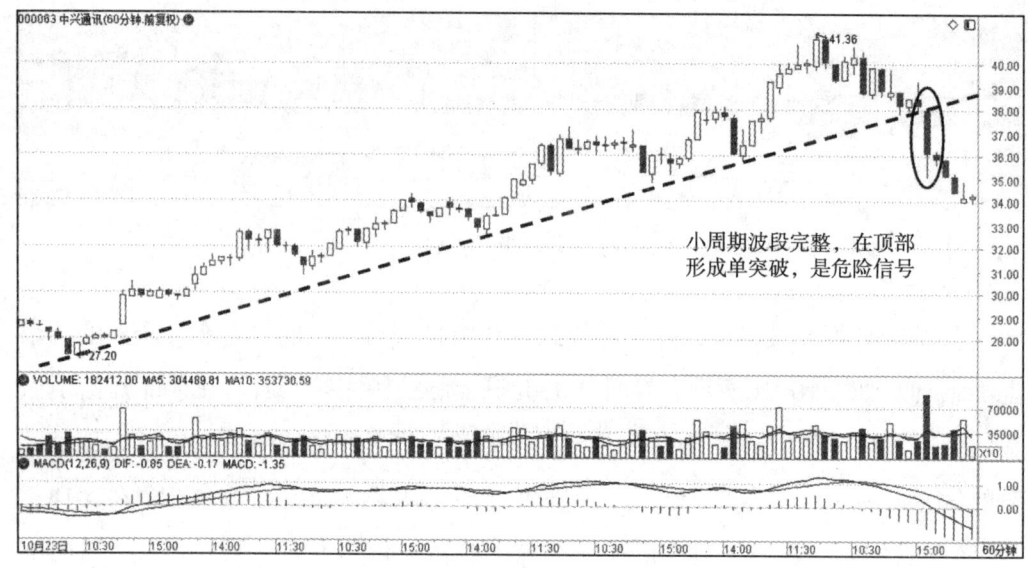

图10-11 中兴通讯（000063）2017年10月23日至11月28日的60分钟K线走势图

当前中兴通讯的位置，我们首先从周线级别来看，因为对应前期的上涨是周线级别的，画出一条下降趋势线，股价在前期瀑布式的下跌之后，慢慢在构建出底部形态，低点也不再创新低，慢慢抬高，当前上涨到下降趋势线处有压力，触线继续下跌。并且可以看到这一段时间的上升动能已经有所减弱了，量价关系出现了问题，再配合近期的大盘走势，那么基本可以确认这一次的上攻已经结束，需要经过调整之后，等待下一轮的再次放量上涨确认。

江氏操盘体系中，在趋势线下方不交易是一个操盘原则，尤其是技术学习还未到位的投资者们，只要坚守这个原则，在股票市场中就基本上可以规避大的风险。趋势为王，只有在趋势中，我们顺势而为才能赚足利润，逆势而为只会让我们损失加倍。

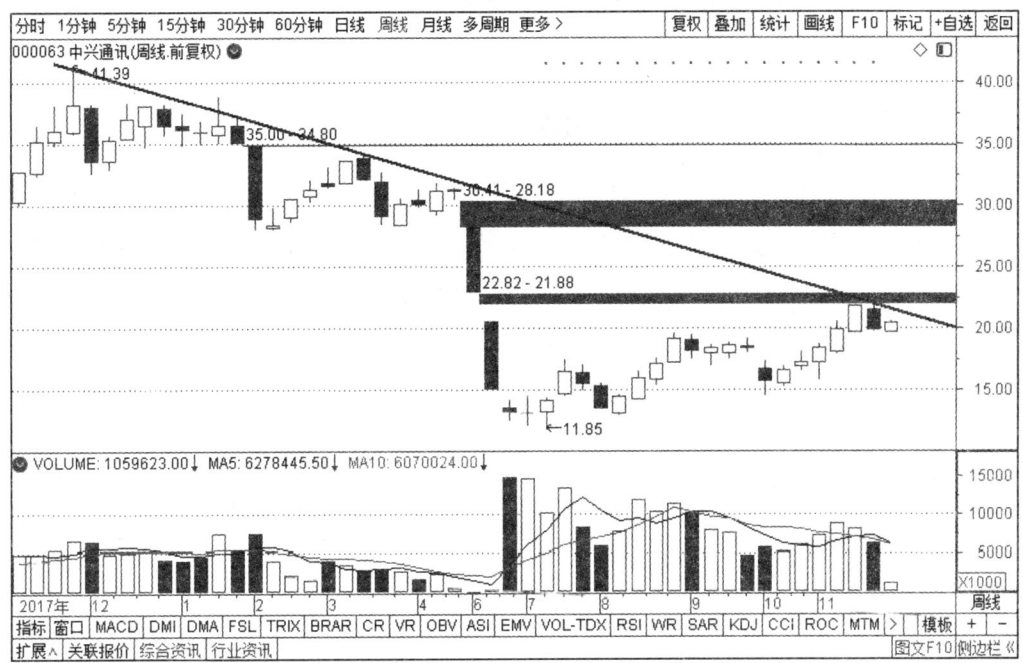

图10-12 中兴通讯（000063）2017年12月至2018年1月的周K线走势图

？思考题

1. 你的交易系统是什么？

2. 为什么要做交易计划？你能够严格执行交易计划吗？不能严格执行交易计划的原因是什么？

3. 你的复盘记录、交易计划、交易总结的模板是什么样子的？

4. 对于上文中提到的交易计划和总结中涉及的要素还有哪些是不太熟悉的？

后 记

曾经有过移民的想法，但是因为有个手续办起来比较麻烦就一直拖着，后来也就不了了之。现在回头想起这件事情，真的非常庆幸没有移民，因为在未来的十年、二十年甚至更长的时间内，中国的综合国力将会有翻天覆地的变化，世界格局也将有新的突破，而下一个世界级的时代红利必然在中国，尤其是中国的资本市场。

每当经济下滑，都是企业休整、体制变革的重要时期，政府会陆续出台系列政策，配合市场发挥优胜劣汰的竞争机制，同时也会为更有发展潜力的朝阳行业提供优越的政策福利，保证其能够在经济复苏时起到主力作用。"十三五规划"的开局，是一个时代的转折点，经济新常态、供给侧结构性改革、创新驱动、"三大战略"等政策正在为中国经济未来的发展做着全面的准备。

《趋势为王》是一本以技术分析为主的分析书籍，着重点在于趋势的形成和转变。我们要重视趋势线，但并不是说江氏操盘只是技术分析，我们同样重视基本面的重要性，唯有技术和基本面两条腿走路才会滋生大牛市，才会孕养大牛股。江氏操盘是海纳百川的，我们不会排斥任何一种理论和方法，而是会通过和A股市场进行有效的结合后，做到切合实际地量化和实战。

在2015年6月12日温州的分享课上，我和在场的学员说"如果下周一大盘不下跌，我从此不再讲课"，当天就是上证指数5178最高点出现的日子，下图就是我判断股灾来临时的依据。时间的延续证明了江氏操盘在研判大盘和个股上的准确性和实战性，而每一次所依据的重点就在本书中。

上证指数（999999）1990年1月~2019年3月月K线走势图

下图是2018年1月26日我在"好人好股"平台的视频上通过强调"狼来了"提醒投资者大盘出现风险的依据，此后就是2018年漫长的下跌，而我全年都在坚定地看空，按照我的指示在2018年没有操作减少几百万亏损的投资者不计其数。图形显示的信号非常简单，只要你认真阅读过本书并对趋势理论有深度的理解后就会明白其中的道理。佛度有缘人，如果你认真阅读过本书，并定期观看我每天

上证指数（999999）2015年9月11日~2018年6月8日日K线走势图

的视频，我相信总有一天你对大盘的判断水平会超过我。

从2015年6月熊市的开始到2019年3月，我精准研判大盘的顶底不少于十次，这也是我们江氏操盘能够被如此多投资者认可的原因，唯有时间和实战才可以检验真理。

如果你刚刚进入证券投资市场，很高兴你能够阅读此书，因为这必将决定你在这个市场中比别人少走很多弯路；如果你已经有足够的市场经验但是没有实现稳定盈利的目标，很高兴你能够阅读此书，因为这本书会让你对市场有个全新的认识，会让你以最快的时间回到正确的航线上；如果你在这个市场上已经获利颇丰，甚至已经名利双收，很高兴你能够阅读此书，因为这本书必将会引起你的共鸣，让我们成为有缘人。

最后，非常感谢北京大学中国金融研究中心证券研究所吕所长在百忙之中抽出时间为本书作序，也感谢江氏操盘基金团队的核心成员曲君洁、熊青龙、周波提供的操作案例，以及他们为江氏操盘团队后期将要运作的私募基金所做的一切准备。同时，我也要感谢我的父母和我的爱人贾红秀、女儿孙艺玮和儿子孙乾翔对我从事这个行业的支持；感谢李彦凯、李文捷、杨玲丽对本书的宝贵建议；感谢四川人民出版社人文出版中心主任王定宇编审的精心策划，副主任何佳佳编辑优秀的文案撰写，副编审何秀兰老师细致的文字加工。更要感谢阅读完本书的您，如果您对本书有任何意见或者建议欢迎同我们联系，我及我的团队的所有成员欢迎您的指正。

我们的使命

帮助亿万投资者树立正确的投资理念,远离投资失败的痛苦,实现财富稳健增长!

我们的愿景

提高中国人的财商,为每一个中国家庭培养一名合格的财富管理经理。

我们的宗旨

为客户提供实战、实效、实用的投资教育培训,为客户创造价值是我们永远的追求。

江氏操盘课程体系

江氏精品课

1. 趋势天机3天2晚
2. 短线操盘真经3天1夜
3. 牛股起涨十大模型3天1夜
4. 牛股操盘八大秘笈3天1夜
5. 股市立论与财富革命3天2晚
6. 操盘学3天
7. 短庄套利模型3天2晚
8. 黄金大阳线2天1晚
9. 黄金分割2天
10. 涨停套利模型3天
11. MACD趋势之道1天
12. 趋势天机精品班3天2晚

江氏弟子班

1. 黄金K线3天2晚
2. 形态天机3天
3. 波浪理论3天2晚
4. 黄金解套3天
5. 波段与量能天机3天2晚

6. 盘口定乾坤3天
7. 波段结构天机3天
8. 五维六法3天
9. 交易心理与神修7天

嫡传弟子班

（包含所有江氏弟子班课程和6次密训交流会）

1. 道氏理论10天6晚
2. 高级均线与操盘训练5天
3. 作量法则3天
4. 高级盘口3天
5. 操盘智慧3天
6. 基本面分析与调研5天

2019.5.24~5.26好人好股孙清（江海）老师《股市立论与财富革命》

20181103-1105中和应泰好人好股江海老师《黄金K线》大合影

江氏操盘　海纳百川　携手江氏　势不可挡

"江氏操盘"是创始人江海老师历经20年、数位江氏团队核心成员历经数年打磨而成的一套A股完整的、成熟的、具有实盘交易价值的操盘体系。如今，江氏人遍布全球各地，有数以万计的学员、逾400名弟子。然而，我们坚信，这只是开始！

对于技术，"江氏操盘"是海纳百川的，它以趋势理论为立足点，诠释了股价运行的核心逻辑，融汇了国内外一系列经典的投资工具。对于A股，更是专注于它的特征——政策市和主力市，形成了独特的主力资金追踪系统，足以应对牛熊的轮回。

对于人，"江氏操盘"是海纳百川的，它博大精深的内涵不仅能够解决任何一位交易者在操作上的问题，还帮投资者找回了藏在心底的正知、正念、正行。它的焦点在于投资方法，它的胸襟可以包容众人。它接受每一位善用体系、立志从无知走向卓越的投资人和交易者。好的教育不仅是给予知识，且能使人为人！

"江氏操盘"弟子是江氏操盘体系的中坚力量。每一位江氏人都是体系的构筑者，是大家的齐心协力让体系日益完善，是大家的坚定不移才让更多的投资者在证券市场中披荆斩棘。每一位江氏人都是体系的捍卫者，我们把系统作为我们的信仰，把系统的发扬和传承作为我们的使命！

虽然我们每个人都是一个微不足道的个体，但是我们愿意将我们所有的能量汇聚在"江氏操盘"这套系统上：一群人、一套系统、一个信念、一辈子！